Hello Image   Die Inszenierung der Dinge
The Staging of Things

Herausgegeben von / Edited by
Esther Ruelfs, Viktoria Lea Heinrich, Tulga Beyerle

Hello Image   Die Inszenierung der Dinge
The Staging of Things

Herausgegeben von / Edited by
Esther Ruelfs, Viktoria Lea Heinrich, Tulga Beyerle

Der Katalog wurde gefördert durch die Hubertus Wald Stiftung und die Ernst von Siemens Kunststiftung.
This catalogue is published with support of the Hubertus Wald Stiftung and the Ernst von Siemens Kunststiftung.

HUBERTUS WALD STIFTUNG

EvS
ERNST VON SIEMENS
KUNSTSTIFTUNG

Hello Image

Die Inszenierung der Dinge
The Staging of Things

MK&G — Museum für Kunst & Gewerbe Hamburg

HIRMER

Inhalt
Contents

In einem klassischen Kunstgewerbemuseum wie dem Museum für Kunst und Gewerbe (MK&G) in Hamburg befindet sich eine beeindruckende Vielzahl an Objekten. Diese dienen als Vorbilder, um über die Qualitäten von Gestaltung nachzudenken, zu diskutieren und daraus zu lernen. Die Sammlungsorganisation orientiert sich sowohl an Techniken und Materialien als auch an historischen Epochen. Die Bereiche Kunstgewerbe und Design sowie Europäisches Kunsthandwerk und Skulptur umfassen Objekte des Gebrauchs im weitesten Sinne. Hauptkriterium der Zuordnung zu einer der beiden Abteilungen ist der Zeitpunkt der Entstehung, als Weiche wurde die Mitte des 19. Jahrhunderts festgelegt. Die inhaltliche Ausrichtung der Bereiche Mode und Textil, Grafik und Plakat sowie Fotografie und neue Medien ist durch ihre jeweiligen Bezeichnungen umrissen. Die Sammlung erstreckt sich über mehrere Hundert bis zu Tausend Jahre, die Ursprünge sind mehrheitlich europäisch. Sie eint die gestaltende Disziplin, die sich in den unterschiedlichen Kontexten immer wieder neu entwickelt hat.

Mit größter Sorgfalt widmet sich das MK&G der Bewahrung, Beforschung, Präsentation und Vermittlung der Sammlungen. Demgegenüber ist die Betrachtung der Verbindungen zwischen den Bereichen und einzelnen Objekten und Akteur*innen lange Zeit wenig beachtet worden. In der Welt des Marktes und des Konsums von Designobjekten existieren zwischen Disziplinen wie Produktdesign, Modedesign, Grafikdesign und Fotografie enge Beziehungen, die entscheidend zur Entwicklung und Bedeutung einer Marke sowie zur Inszenierung von Produkten beitragen. Diese Inszenierung dient dem Ziel, die Aufmerksamkeit und das Vertrauen der Konsument*innen zu gewinnen.

Preface

A traditional arts and crafts museum like the Museum für Kunst und Gewerbe (MK&G) in Hamburg is home to an imposing number of objects. These serve as models for thinking about, discussing, and learning from the qualities of design. The collection is organized according to techniques and materials as well as historical epochs. The departments of Applied Arts and Design as well as European Decorative Arts and Sculpture both encompass utilitarian objects in the broadest sense; the main criterion for classification in one or the other department is the time of the object's creation, with the mid-nineteenth century serving as the dividing line. The focus of the areas Fashion and Textiles, Graphics and Posters, and Photography and New Media is reflected in their names. The collection ranges over several hundred to a thousand years, while its objects are primarily European in origin. What unifies it is the discipline of design, which has continually redefined itself in a variety of contexts.

The MK&G has dedicated itself with the greatest care to the preservation, research, presentation, and communication of its collections. In contrast, for a long time little attention has been paid to the connections between the areas and individual objects and actors. In the world of the market and the consumption of design objects, close relationships exist between disciplines such as product design, fashion design, graphic design, and photography, which have decisively contributed to the development and significance of brands as well as to the staging of products.

This staging serves to attract consumers' attention and gain their trust.

This is precisely the point of departure for this exhibition and catalogue. Who is involved in the design and staging of products, and what lines of connection can be traced between these actors, who still play a vital role even today? When and how is a brand created? Who determines its development?

The MK&G is the custodian of a design history that has evolved over centuries. But the market for consumer goods, the competition between brands, and the resulting staging of products first arose with industrialization, which reached its high point in Germany with the founding of the Reich in 1871. Industrialization laid the foundation for mass-produced, affordable consumer products and was largely responsible for the industrial arts movement and the establishment of museums of the applied arts. But when does a product turn into a brand? When does a businessman (less frequently a businesswoman) decide to hire a designer to create an image for the brand? Peter Behrens played a key role in this development when he collaborated with the electrical equipment producer AEG, applying the principle of corporate design consistently at all levels of the company from the logo to the architecture to the product. In this catalogue, *Kaffee Hag* is the earliest example of the development of a brand from pure graphics to photography as a new medium for design. Congenial partnerships are described, such as that between Dieter Rams and the furniture

Tulga Beyerle

Genau hier setzen diese Ausstellung und dieser Katalog an. Wer ist an der Gestaltung der Produkte und deren Inszenierung beteiligt, und welche Verbindungslinien lassen sich zwischen diesen Akteur*innen, die auch heute noch eine wichtige Rolle spielen, ziehen? Wann und wie entsteht eine Marke? Wer entscheidet über ihre Entwicklung?

Das MK&G ist Hüter einer über Jahrhunderte gewachsenen Gestaltungsgeschichte. Doch der Markt der Konsumgüter, der Wettbewerb der Marken und damit auch die jeweilige Inszenierung setzen erst mit der Industrialisierung ein, die in Deutschland mit der Reichsgründung 1871 ihren Höhepunkt fand. Sie schuf die Grundlage für das massenhaft hergestellte und erschwingliche Konsumprodukt und war maßgeblich für die Kunstgewerbebewegung sowie die Gründung der Kunstgewerbemuseen verantwortlich. Aber ab wann ist ein Produkt eine Marke? Wann entscheidet ein Unternehmer (seltener eine Unternehmerin), einen Gestalter, eine Gestalterin damit zu beauftragen, das Image einer Marke zu entwerfen? Peter Behrens etwa war in der Zusammenarbeit mit AEG eine zentrale Figur für die Entstehung dieses Aufgabenbereichs, er setzte das Prinzip des Corporate Design konsequent auf allen Ebenen um, vom Logo über die Architektur bis hin zum Produkt. *Kaffee Hag* ist das früheste Beispiel in diesem Katalog, an dem die Entwicklung einer Marke von reiner Grafik hin zu Fotografie als neuem gestaltendem Medium deutlich wird. Es werden kongeniale Partnerschaften beschrieben, wie die von Dieter Rams und dem Möbelunternehmen Vitsœ, das als Marke nicht nur durch einen der bedeutendsten deutschen Designer, sondern auch durch die Fotografin Ingeborg Kracht (später Rams) und den Grafiker Wolfgang Schmidt geprägt wurde. In einigen Fällen kann man sogar den Eindruck gewinnen, dass die Fotografie, insbesondere in der Zeit der Neuen Sachlichkeit, mehr zur Entwicklung des Markenbildes beigetragen hat als das Produkt selbst.

Das Unternehmen Olivetti war eines der ersten, die über eine eigene Werbeabteilung verfügten, um das Markenbild zu pflegen. Olivetti steht für den unternehmerischen Mut, mit den besten Gestaltern und Gestalterinnen seiner Zeit zusammenzuarbeiten, sei es im Bereich Grafik, Produktdesign oder Architektur. Wie Olivetti sind viele Firmen in der Ära des Vertrauens in eine Welt schöner Produkte groß geworden, konnten aber in der rasanten Digitalisierung der Welt nicht bestehen. In diesem Kontext setzten hingegen Konzerne wie Apple in den 1980er und 1990er Jahren neue Maßstäbe der Selbstinszenierung von Marken. Der Katalog und die Ausstellung nutzen exemplarische Objekte aus der Sammlung des MK&G als Ausgangspunkt, um rund hundert Jahre Designgeschichte auf eine neue Art und Weise zu erzählen – durch den spezifischen Blick auf die Inszenierung der Dinge.

In einem weiteren spannenden Moment dieser Geschichte ist nicht mehr das Unternehmen, sondern wird der Designer, die Designerin zur Marke. Dies wird besonders anschaulich am Beispiel von Charles und Ray Eames. Die akribische Inszenierung jedes Details in ihrem Haus und Studio hat das Bild dieses Design-Duos in unser kollektives Gedächtnis eingebrannt. Vor allem aber war ihr Designstudio wohl das erste, das über die Personen in direkter Interaktion mit den von ihnen gestalteten Produkten zur Marke wurde. In den 1980er und 1990er Jahren wurde dieses Prinzip der Selbstinszenierung von Designer*innen und Architekt*innen in weitaus hedonistischerer Weise perfektioniert, wie Deyan Sudjic anhand von Beispielen wie Michael Graves oder Philippe Starck beschreibt. Die neuen Medien, die Schnelllebigkeit unserer Zeit und die Kurzlebigkeit von Produkten stellen nicht nur ein Problem

in puncto Nachhaltigkeit dar, sondern vor allem ein Problem der Kontrolle über das Markenbild. Heute sind es der Markt und die Konsument*innen, die Tempo und Erscheinungsbild bestimmen. Innovative Marken wissen, wie sie die neuen Medien dafür nutzen können, Produkte scheinbar spontan und ungeplant im Markt zu platzieren. Andere wiederum gehen inspirierende Partnerschaften ein, um ihr ursprüngliches Feld zu erweitern und sich über diese außergewöhnlichen Beziehungen zu inszenieren.

Die Ausstellung zeigt auf, wie vielfältig und komplex die Verbindungen zwischen Design, Fotografie und Marketing sind und Kooperationen über den Erfolg von Marken entscheiden können. Dieser spannende und selten geübte Blick auf die Designgeschichte der letzten hundert Jahre in Europa und zu einem Teil auch den USA verdeutlicht, wie stark sich Kreativität und Partnerschaften, egal ob geplant oder zufällig, auf das Image von Konsumgütern der „westlichen" Welt auswirken.

Am Ende bleibt mir, wie immer, die schönste Aufgabe: einen großen und sehr herzlichen Dank zu sagen an alle, die diese Ausstellung und den Katalog ermöglicht, realisiert und umfangreich unterstützt haben. Das sind in allererster Linie natürlich die beiden Kuratorinnen der Ausstellung, Esther Ruelfs und Viktoria Lea Heinrich. Beide haben sich diesem Projekt mit vollem Engagement und Recherchelust gewidmet und aus seinen manchmal unendlich scheinenden Möglichkeiten einen präzisen Fokus herausgearbeitet. Als Esther Ruelfs ihre Idee zu dieser Ausstellung entwickelte, waren wir erstaunt über die Dimension des Forschungsdesiderats, das in diesem Themenfeld trotz seiner Bedeutung und Attraktivität noch bestand. Esther Ruelfs und Viktoria Lea Heinrich haben hier Pionierarbeit geleistet, dafür gebührt ihnen

manufacturer Vitsœ, whose brand image was shaped not only by one of the most important German designers, but also by the photographer Ingeborg Kracht (later Rams) and the graphic artist Wolfgang Schmidt. In some cases, it even seems as if photography, especially during the period of New Objectivity, contributed more to the development of the brand image than the product itself.

Olivetti was one of the first companies to establish its own advertising department to create and maintain a brand image. Olivetti stands for the entrepreneurial courage to work with the best designers of its time, whether in the area of graphic arts, product design, or architecture. Like Olivetti, many firms came to maturity in an era of confidence in a world of beautiful products, but could not survive the rapid digitalization of the world. In such a context, corporations like Apple set new standards for the self-staging of their brands in the 1980s and 1990s. The catalogue and the exhibition use exemplary objects from the collection of the MK&G as a starting point from which to narrate 100 years of design history in a new way—by specifically examining the staging of things.

At another exciting moment in this history, it is no longer the business, but the designer who becomes the brand. This is especially apparent in the case of Charles and Ray Eames, whose meticulous *mise-en-scène* of every detail of their house and studio inscribed the image of this designer duo in our collective memory. But above all, their design studio was probably the first to become a brand through the direct interaction of the designers with the products they created. In the 1980s and 1990s,

this principle of self-staging by designers was perfected in a much more hedonistic manner, as Deyan Sudjic describes using examples such as Michael Graves or Philippe Starck. The new media, the dizzying pace of our times, and the short lifespan of products represent a problem not simply for sustainability, but above all for control of the brand image. Today, it is the market and consumers who determine speed and appearance. Innovative brands know how to use the new media to position products in the market in a seemingly spontaneous, unplanned way. Others engage in inspiring partnerships in order to expand their original field and stage themselves through these unusual relationships.

The exhibition illustrates how diverse and complex the links between design, photography, and marketing are and how collaboration can decide the success of brands. This fascinating and rare perspective on the design history of the last 100 years in Europe, and to some extent also in the United States, makes clear how strongly creativity and partnerships, whether constructed or by chance, have shaped the image of consumer goods in the "Western" world.

Finally, as always, I am left with the loveliest task: to express heartfelt thanks to all who have made this exhibition and catalogue possible and who have produced and supported it. These include, first of all, the two curators of the exhibition, Esther Ruelfs and Viktoria Lea Heinrich. Both have dedicated themselves to this project with great commitment and a love of research, defining a precise focus from at times seemingly infinite possibilities. When Esther

mein allergrößter Respekt und Dank. Besonders erfreut hat mich die enge Zusammenarbeit unter den Sammlungsleitungen und -mitarbeiter*innen des MK&G in diesem Projekt, die Fachwissen, Objekte und Rat aus ihren Bereichen zur Verfügung gestellt haben – auch ihnen gilt mein großer Dank. Die Sammlungsleiterin Kunstgewerbe und Design, Erika Pinner, hat das Projekt vor ihrer Elternzeit maßgeblich begleitet und den Staffelstab an ihre Vertretung Viktoria Lea Heinrich übergeben, vielen Dank dafür. Der Ausstellungsarchitektin Katleen Arthen danke ich für ihre kreativen Ideen und die präzise Umsetzung, die die Beziehung zwischen den Gestalter*innen überzeugend in den Raum überträgt. strobo B M danke ich für die zusammenhaltende Stringenz ihrer grafischen Gestaltung des Ausstellungsprojekts und der vorliegenden Publikation. Im Zuge der Recherchen für die Ausstellung sind eine Reihe hochkarätiger Schenkungen an die Sammlung Grafik und Plakat sowie Kunstgewerbe und Design des MK&G gegangen, namentlich die Schenkung Plakate Rasch Tapeten, Schenkung The Irving Penn Foundation, Plakate von Irving Penn und Ikko Tanaka, Schenkung Emilio Fioravanti (Sammlung Grafik und Plakat) sowie die Schenkung Flos S. p. A. und Konstantin Grcic Design GmbH (Sammlung Kunstgewerbe und Design). Für ihre Großzügigkeit sei den Schenker*innen herzlichst gedankt. Und last but not least geht der allergrößte Dank an die immense Zahl von Leihgeber*innen sowie an unsere Förderer, die Hubertus Wald Stiftung und die Ernst von Siemens Kunststiftung, die die Bedeutung des Projekts für die Designgeschichte erkannt und mit ihrer finanziellen sowie ideellen Förderung überhaupt ermöglicht haben, dass wir *Hello Image. Die Inszenierung der Dinge* über eine solch lange Laufzeit und in dieser Form präsentieren können.

Ruelfs first developed her idea for the exhibition, we were astonished at how much still remained to be researched in this field, despite its significance and appeal. Esther Ruelfs and Viktoria Lea Heinrich have done pioneering work here, and for this they deserve my greatest respect and gratitude. I was especially delighted by the close cooperation between the various heads of the collections and their teams at the MK&G, who contributed their specific knowledge, objects, and advice to the project—my heartfelt thanks goes to all of them. The head of the Applied Arts and Design collection, Erika Pinner, likewise deserves gratitude for closely accompanying the project before going on maternity leave and passing the baton to Viktoria Lea Heinrich. I am grateful to the exhibition architect Katleen Arthen for her creative ideas and precise implementation, which convincingly present the relationships between the designers within the space of the museum. I would like to thank strobo B M for the cohesive rigor of their graphic design for the exhibition project and the present publication. In the course of the research for this exhibition, a series of first-rate gifts were made to the Graphics and Posters and Applied Arts and Design collections at the MK&G. These include the donation of posters from Rasch Tapeten, a gift from The Irving Penn Foundation, posters from Irving Penn and Ikko Tanaka, a gift from Emilio Fioravanti (Graphics and Posters collection), and donations from Flos S. p. A. and Konstantin Grcic Design GmbH (Applied Arts and Design collection). I would like to express my sincerest thanks to all of these donors for their generosity. Last but not least, my deepest gratitude goes to the immense number of lenders as well as to our sponsors, the Hubertus Wald Stiftung and Ernst von Siemens Kunststiftung, who recognized the significance of the project for the history of design. It was their support, both financial and intangible, that made it possible in the first place for us to present *Hello Image. The Staging of Things* for such a long run time and in this form.

Issey Miyake berichtet in einem Text über ein Shooting seiner Kollektionen durch den von ihm hochgeschätzten Fotografen Irving Penn, er selbst habe sich mit Absicht während der Aufnahmen ferngehalten und keinerlei Anweisungen gegeben, um den Fotografen nicht in der Ideenfindung und Gestaltung zu beeinflussen. Dieser stumme Dialog der Fotografie mit der Mode enthielt für Miyake auch eine Art Feedback. Miyake betrachtete Penn nicht als Fotografen, der einen Auftrag ausführt, sondern als autonomen Künstler, der die Ideen des Modeschöpfers kommentiert und kongenial weiterdenkt. In Übereinstimmung mit der kunsthistorischen Tradition, in der die freie Kunst im Rang über der angewandten Kunst stand, versprach das freie Arbeiten ohne Vorgaben aus Sicht Miyakes die größte Chance auf ein inspirierendes Gegenüber.

Ein entgegengesetztes Setting zeigt die 1989 entstandene Dokumentation einer Fotoproduktion für die Beleuchtungsfirma Erco: Wir sehen eine Reihe von Personen, die sich um einen Deckenstrahler versammelt haben: Art Direktor Thomas Rempen und die Werbetexterin Evelyn Froh von der Agentur Hildmann, Simon, Rempen & Schmitz, Christoph Rudolph, Werbeleiter von Erco, den Fotografen Hans Hansen und seine Assistentin Margit Vahlmann (später Homering). Worüber mögen sie gesprochen haben, welche Anweisungen und Briefings wurden im Vorfeld mitgeteilt? Wie hat wohl Otl Aicher, der nicht anwesend ist, aber seit 1976 mit Hans Hansen das visuelle Erscheinungsbild von Erco mit seiner puristischen, sachlich rationalen Gestaltung prägte, seine Vorstellungen kommuniziert, und wie flossen diese in

Introduction

In a text describing a photo shoot of his collection by the photographer Irving Penn, whom he admired greatly, Issey Miyake recounts that he purposely stayed away from the session and issued no instructions, so as not to influence the photographer in the invention and realization of his ideas. For Miyake, this mute dialogue between images and garments, between photography and fashion, represented a kind of feedback. He regarded Penn not as a photographer merely fulfilling an assignment, but as an independent artist commenting on the fashion designer's ideas and rethinking them in a similar spirit. In accord with art historical tradition, in which fine art was of a higher rank than applied art, this autonomous work without restrictions promised, in Miyake's view, the greatest chance of finding an inspiring counterpart.

The 1989 documentation of a photo production for the lighting manufacturer Erco shows a completely different setting. Here we see a number of people gathered around a ceiling light: art director Thomas Rempen and copywriter Evelyn Froh from the agency Hildmann, Simon, Rempen & Schmitz, the ad director from Erco, Christoph Rudolph, the photographer Hans Hansen and his assistant Margit Vahlmann (later Homering). What might they have discussed, and what instructions and briefings had been communicated previously? Otl Aicher, who together with Hans Hansen had defined the visual appearance of Erco since 1976 with his purist, objectively rational design, is not present: how did he communicate his ideas, and how

did they flow into the photographs? How did image and typography come together in the advertisement or on the poster created later?

Who wrote the text and who dictated the content? This studio image of a photo shoot suggests the complexity of the process and how many people can be involved in creating an image. Both Miyake on the one hand and Rempen and Hansen on the other relied on collaboration, which promises more than an individual alone can accomplish. Such cooperation is the subject of the exhibition *Hello Image: The Staging of Things*, which explores the added value of collaboration and poses the question of what graphic, photographic, and cinematic stagings of design objects and fashion can look like as a result.

For the exhibition, we have selected particularly fruitful collaborations that stood out as innovative in their time. In eighteen sets, we juxtapose works by designers with those of graphic artists and photographers who helped shape the appearance of the objects. We begin in the 1920s, when the media of graphics, photography, and design first came together and the explosive growth of magazines and print media brought photography into the advertising world. We conclude with current trends in staging, at a time when magazine advertising has largely been replaced by social media platforms such as Instagram. Looking at the present, the question arises as to what occurs when advertising media change and when social media users solicited by businesses lend the staging

Esther Ruelfs
Viktoria Lea Heinrich

die Aufnahmen ein? Wie kommen Bild und Typografie auf dem später entstandenen Plakat oder in der Anzeige zusammen? Wer verfasste den Text und wer gab den Inhalt vor?

Die Studioaufnahme des Shootings lässt ahnen, dass der Vorgang komplex ist und sehr viele Menschen an einem Bild beteiligt sein können. Sowohl Miyake als auch Rempen und Hansen vertrauten auf die Zusammenarbeit, die mehr verspricht, als ein Individuum bewerkstelligen kann. Diese Zusammenarbeiten sind Thema der Ausstellung *Hello Image. Die Inszenierung der Dinge*, die sich auf die Suche nach dem Mehrwert der Kollaboration begibt und auch danach fragt, wie die grafischen, fotografischen und filmischen Inszenierungen der Designgegenstände und der Mode als Ergebnisse davon aussehen.

Für die Ausstellung haben wir besonders fruchtbare Kooperationen ausgewählt, die in ihrer Zeit als innovativ hervorgetreten sind. In 18 Sets stellen wir Werke von Designer*innen denen von Grafiker*innen und Fotograf*innen gegenüber, die das Erscheinungsbild der Designgegenstände mitgeprägt haben. Zeitlich beginnen wir mit den 1920er Jahren, als die Medien Grafik, Fotografie und Design erstmals zusammentrafen und die Fotografie mit der explosionsartigen Vermehrung von Zeitschriften und Printmedien die Werbebühne betrat. Wir schließen mit aktuellen Tendenzen der Inszenierung in einer Zeit, in der die Zeitschriftenwerbung größtenteils durch Werbung in sozialen Medien wie Instagram abgelöst worden ist. Mit dem Blick auf die Gegenwart verbindet sich die Frage, was sich ändert, wenn sich die Werbemedien ändern und Social Media-Nutzer*innen, die von den Firmen einbezogen werden, der Inszenierung durch ihren Einfluss scheinbar demokratische Züge verleihen.

Ausgehend von den Sammlungen der Abteilungen Grafik und Plakat, Mode und Textil, Fotografie und neue Medien sowie Kunstgewerbe und Design des Museums für Kunst und Gewerbe war die Arbeitshypothese, dass sie Objekte des Kunsthandwerks und Industriedesigns enthalten würden, die Designer*innen entworfen haben, die von Fotograf*innen inszeniert und von Grafiker*innen für die Werbung gestaltet worden sind. Tatsächlich fanden sich jedoch nur selten zu vorhandenen Objekten auch die dazugehörigen Entwurfszeichnungen, Anzeigen oder Präsentationen in Zeitschriften, Plakate oder Bewegtbilder sowie Fotografien in den jeweiligen Sammlungen.

Dass etwa parallel zu dem großen Bestand des Grafikers Giovanni Pintori auch die von ihm inszenierten Schreibmaschinen *Lettera 22*, *Diaspron 82* und *Lexikon 80* der Firma Olivetti von dem Industriedesigner Marcello Nizolli in der Sammlung Kunstgewerbe und Design zusammengetragen wurden, ist dem Interesse an beiden Gestaltern zu verdanken, nicht aber an deren Zusammenarbeit. In der Sammlung Fotografie und neue Medien befindet sich unter anderem eine Produktfotografie von Franz Lazi, die eine Vase des italienischen Designers Fulvio Bianconi für die Gral-Glas-Werkstätten abbildet. Eine ähnliche Vase wird in der Sammlung Kunstgewerbe und Design aufbewahrt. Ein weiteres Beispiel stellt das Laborporzellan der Staatliche Porzellan-Manufaktur Berlin dar, das 1931 in die Sammlung des MK&G aufgenommen wurde und mit einem spiralförmig verzierten Dekor versehen ist. Ein Pendant zeigt ein Abzug in der Sammlung Fotografie von Hildegard Heise, die im Auftrag der Manufaktur fotografierte.

Umfangreiche Recherchen waren nötig, um die Zusammenarbeiten aufzuspüren und die Fotograf*innen und Grafiker*innen sichtbar zu machen oder aber die Gebrauchsobjekte des Designs zu finden, die auf Fotografien und

Grafiken vorliegen. Die Sets in der Gegenüberstellung der Medien zu zeigen, wurde nur durch zahlreiche internationale Leihgaben aus Museen, Firmenarchiven und von Privatsammlungen möglich.

Die fotografische Sammlung des MK&G besitzt zahlreiche Werbefotografien, über deren Verwendung wir erstaunlich wenig wissen. Und auch die Plakate der grafischen Sammlung wurden als Beispiele guter Gestaltung gesammelt – als gute Bilder. Im Vorfeld der Ausstellung war unser Interesse davon geleitet, mehr über einzelne Sammlungsstücke herauszufinden, etwa über den Auftrag der Hamburger Fotografin Hilde Brinkman Schröder, die 1934 geflämmtes Marzipan fein säuberlich diagonal über das Blatt arrangiert hatte. Der Marzipanhersteller, den wir mit Bitte um Information zu dieser Produktion anschrieben, dankte für unsere Anfrage und bot eine Verkostung an. Die Bedeutung von Firmenarchiven, so wurde schnell klar, ist bis heute viel zu gering geschätzt. Obwohl unsere Vorgänger*innen eine großen Zahl von Werbebildern für sammelnswert gehalten haben, wurde das Wissen über die Gestaltungsprozesse und Informationen über ihre Entstehung nicht in gleichem Umfang bewahrt und archiviert und war häufig schon verloren gegangen, als die Objekte in die Sammlungen eingeflossen sind.

Seien es Aufnahmen von Willi Mogele und Hansi Müller-Schorp für Arzberg, von Franz Lazi für Gral Glas oder von Irving Penn für Kosmetikfirmen: Kaum eine unserer Recherchen in den letzten Jahren konnte rekonstruieren, in welchem Zusammenhang einzelne Fotografien entstanden waren, wer sie in Auftrag gegeben hatte, wie frei sich die Gestalter*in bei der Ausführung bewegen konnte. So lagen zu Ikonen der Fotografiegeschichte wie etwa jener von Albert Renger-Patzsch, die ein Stillleben mit einer Verpackung von *Kaffee Hag*

of objects ostensibly democratic traits through their influence.

Using the collections of the departments Graphics and Posters, Fashion and Textiles, Photography and New Media, and Applied Arts and Design at the Museum für Kunst und Gewerbe (MK&G) as the point of departure, the working hypothesis was that they contained objects of applied arts and industrial design created by designers, staged by photographers, and depicted by graphic artists in advertising. In fact, however, the draft sketches, advertisements, or presentations in magazines, posters, films, or photographs corresponding to specific objects were rarely found in the respective collections.

The fact, for example, that the extensive collection of work by the graphic designer Giovanni Pintori in the Applied Arts and Design department also includes his staging of the Olivetti typewriters *Lettera 22, Diaspron 82*, and *Lexikon 80* created by the industrial designer Marcello Nizolli is due to interest in both designers, but not in their collaboration. Similarly, the Photography and New Media collection contains a product photograph by Franz Lazi of a vase by the Italian designer Fulvio Bianconi for the Gral Glas glassworks; a similar vase is preserved in the Applied Arts and Design collection. A further example is the laboratory porcelain made by the Staatliche Porzellan-Manufaktur Berlin, which entered the collection of the MK&G in 1931 and whose edge has a spiral decoration. The counterpart to the porcelain is a photo by Hildegard Heise in the Photography collection, taken on behalf of the manufacturer.

Extensive research was needed to track down the collaborations and make visible the photographers and graphic designers, as well as to find the utilitarian objects of design depicted in photographs and graphics. The display of the sets with their juxtaposition of media was made possible only by numerous international loans from museums, company archives, and private collections.

The MK&G's photography collection contains numerous advertising photographs, but we know surprisingly little about how they were used. The posters in the graphic arts collection were likewise collected as examples of good design—as good images. In the course of preparing the exhibition, we were interested in finding out more about individual items in the collection, such as the commission given to the Hamburg photographer Hilde Brinkman Schröder, who neatly arranged flamed marzipan diagonally across the page in 1934. The marzipan manufacturer, whom we wrote asking for information about this production, thanked us for our enquiry and offered a sample tasting. It quickly became apparent that the importance of corporate archives is still underestimated today. Although our predecessors deemed a large number of advertising images worth collecting, knowledge of the design processes and information about their creation was not recorded and archived to the same extent and was often already lost by the time the objects entered the collections.

Whether photographs by Willi Mogele and Hansi Müller-Schorp for Arzberg, by Franz Lazi for Gral Glas, or by Irving Penn for cosmetic firms: hardly any of our research during the last few years has been able to reconstruct

Esther Ruelfs
Viktoria Lea Heinrich

zeigt, keine Informationen darüber vor, ob und wie sie jemals verwendet und gedruckt wurden. Mit Blick auf die fotografische Sammlung hatte man geradezu den Eindruck, zum Zweck der Nobilitierung der Fotografien zu Kunst wären die kommerziellen Kontexte absichtlich gekappt worden. Die großformatigen Abzüge von Willi Mogele hat der Fotograf noch eigenhändig angefertigt und der Sammlung übergeben. Statt des Abdrucks auf einer Anzeigenseite, dem ursprünglichen Ort der angewandten Fotografie, werden die Bilder mit dem Eingang in die Museumssammlung zu Objekten an der Wand. Auch das gedruckte Plakat oder die Annonce in der Sammlung Grafik und Plakat verrät wenig über die Zusammenarbeit mit den beauftragenden Firmen, hier wurden ebenfalls häufig Einzelblätter gesammelt, aber die den Gestaltungsprozess dokumentierenden Entwurfszeichnungen fehlen. Ähnlich verhält es sich in der Sammlung Kunstgewerbe und Design in der Tendenz, die kommerzielle Herkunft der Objekte geringzuschätzen und daher durch Nicht-Dokumentation auszublenden. Im Sinne einer Vorbildsammlung, die dem Ziel gewidmet war, einzelne Exemplare als Meisterstücke der jeweiligen Gestalter*innen oder als Designklassiker zu bewahren, wurde der dazugehörige marktbezogene Kontext, wie Broschüren oder Werbemittel in Form von Plakaten, nicht gesammelt. So erzählt die *Valentine*-Schreibmaschine von 1969 der Designer Ettorre Sottsass und Perry A. King für Olivetti, die sich in der Sammlung Kunstgewerbe und Design befindet, wenig über den Entwurfsprozess, es wurden keine Skizzen oder andere Dokumente gesammelt. Das Sammlungsobjekt wird nicht erkennbar als Zeugnis des konsequenten, heute als ikonisch zu bezeichnenden Einsatzes von leuchtendem Rot in Werbemitteln und Grafiken und der daraus resultierenden ganzheitlichen Gestaltung, die 1971 von Hans von Klier, Perry

the context in which individual images were made, who commissioned them, how freely the artists could create them. No information was available on icons from the history of photography such as Albert Renger-Patzsch's still life of a package of *Kaffee Hag* regarding whether and how it was ever used and printed. In regards to the photography collection, one almost has the impression that the commercial context was purposely suppressed in order to ennoble photography as art. The large-format prints of Willi Mogele's photographs were made by the photographer himself and donated to the collection. Instead of a reproduction on an advertising page—the original site of applied photography—upon entrance into the museum the images are transformed into objects on the wall. The printed poster or the advertisement in the Graphics and Posters collection reveals little about the collaboration with the company that commissioned it; here, too, single pages were collected, but there are no design sketches documenting the creative process.

A similar tendency to disregard the commercial origin of the objects, thus erasing it through lack of documentation, can be observed in the Applied Arts and Design collection. In the spirit of a model collection intended to preserve individual examples as masterworks by particular designers or as milestones of design history, the market-related context—like brochures, or advertising materials such as posters—was not collected. Consequently, the *Valentine* typewriter created by Ettorre Sottsass and Perry A. King for Olivetti in 1969 and preserved in the Applied Arts and Design collection reveals little about its design process, and

no sketches or other documents were collected. The object is not recognizable as a witness to the consistent and now iconic use of bright red in advertising materials and graphics and the resulting holistic design that was codified by Hans von Klier, Perry A. King, and Clino Castelli in 1971 in the so-called *Red Books*, the official guide for Olivetti's corporate design. Nor was information on clients, printers, or parameters such as budgets or the possibilities and availability of specific materials archived. Against the background of this separation of contexts, it seemed necessary to us to interrogate the images themselves and compare them with the items depicted in order to learn more from them. How were the design objects staged in the photographs, and how do the images differ from the things they represent? How were the printed photographs embedded in a graphic context? And how can the narratives and perspectives in the various media be reinterpreted?

The publication and exhibition are divided into eight chapters. Each thematic focus guides the viewer through the material and illuminates different perspectives that have repeatedly engaged us in our research into the staging of design objects; in some cases, therefore, we could have assigned the objects to a different chapter. Quite incidentally, this also takes us on a journey through an intertwined design history.

In "Graphic Design or Photography?" the advertising of the companies Kaffee-HAG, Scherk, and Pirelli illustrates the various uses of photography and graphics. It also shows how graphic and photographic images were used

Esther Ruelfs
Viktoria Lea Heinrich

A. King und Clino Castelli in den sogenannten *Roten Büchern* – dem Guide für das Corporate Design für Olivetti – festgeschrieben wurde. Und auch Angaben zu Auftraggeber*innen, Drucker*innen oder Parametern wie Budget sowie Möglichkeiten und Verfügbarkeit bestimmter Materialien wurden nicht archiviert. Vor dem Hintergrund dieses Separierens der Kontexte erschien es uns notwendig, die Bilder selbst zu befragen und mit den Objekten zu vergleichen, die sie abbilden, um mehr von ihnen zu lernen. Wie sind die Designgegenstände auf den Fotografien inszeniert worden, wie unterscheiden sie sich von dem Ding, das sie abbilden? Wie wurden die abgedruckten Fotografien grafisch eingebettet? Und wie lassen sich die Erzählungen und Perspektiven aus den unterschiedlichen Medien neu aufschlüsseln?

Die Publikation und die Ausstellung sind in acht thematische Kapitel gegliedert. Die Fokussierung auf das jeweilige Thema leitet die Betrachter*innen durch das Material und zeigt verschiedene Blickwinkel auf, die uns bei der Recherche nach der Inszenierung von Designgegenständen wiederholt beschäftigt haben. Die Zuordnung zu einem Kapitel könnte daher in manchen Fällen auch anders ausfallen. Ganz nebenbei begeben wir uns auf einen Spaziergang durch eine ineinander verwobene Designgeschichte.

Die Werbung der Firmen Kaffee-HAG, Scherk und Pirelli veranschaulichen in „Grafische Gestaltung oder Fotografie?" die unterschiedliche Verwendung von Fotografie und Grafik und die noch lange Zeit parallele Nutzung von grafischen und fotografischen Bildern sowie den Einsatz des Mediums Fotografie ab Mitte der 1920er Jahre.

Das Kapitel „Eine neue Form finden" betrachtet die Verwendung von neuen Formen und Materialien und ihren Niederschlag in den Arbeiten von Designer*innen, Grafiker*innen und Fotograf*innen. In den 1920er Jahren entwickelten Designer*innen wie Marianne Brandt und Wilhelm Wagenfeld aus den für das Gebrauchsdesign neuen Materialien Glas und Metall sowie Fotograf*innen wie Lucia Moholy, Hans Finsler und Albert Renger-Patzsch eine sachliche Formensprache. Besonders deutlich wird die Begeisterung für neue Techniken mit der Verwendung von Laborporzellan für Haushaltgeschirr und die Anlehnung an dessen schlichte Formen zum Beispiel in den Entwürfen von Marguerite Friedlaender. Auch in der Nachkriegszeit setzte die sogenannte Gute Form auf eine Gestaltung ohne Schnörkel. Die Stapelbarkeit als Attribut der Moderne findet sich in den Hotelporzellanen auf beiden Seiten der Mauer, die Deutschland teilte. Einen Exkurs in die deutsch-deutsche Designgeschichte unternimmt das Set zu Hans Roericht, der 1959 an der Hochschule für Gestaltung in Ulm ein Stapelgeschirr entwarf, das die Angehörigen der HfG Ulm Tomás Gonda und Klaus Wille fotografisch inszenierten, sowie zu Margarete Jahny und Erich Müller, die 1969/70 eine ähnliche Form entwickelten, die wiederum Bernd Heyden im Auftrag des Amts für industrielle Formgestaltung (AiF) für die Mustersammlung von Industriedesign in der DDR fotografierte. Beide Designentwürfe orientieren sich an ökonomischer und funktionaler Effizienz und verfolgen die Idee einer rationalen und klaren Gestaltung. Bernd Heyden erfüllte zwar die Erwartungen an ein präzises Produktfoto, zeitgleich schuf er jedoch auch eine ungewöhnliche Reportage zum Gebrauch des Porzellans in einer Gaststätte, die viel von seinem erzählenden Stil enthält, der sein umfangreiches Werk über das Leben im Prenzlauer Berg der 1970er Jahre charakterisiert.

Das Verhältnis von Auftraggeber*innen und Designer*innen, Grafiker*innen und Fotograf*innen zeichnen wir in dem Kapitel „Ein Markenbild prägen"

anhand der Unternehmen Pelikan, Olivetti und Erco nach. Hier wird deutlich, dass die Zusammenarbeit oft von visionären Unternehmer*innen initiiert wurde, um einen ganzheitlichen Auftritt zu erreichen, der von der Wortmarke über grafische Produkte wie Plakat, Anzeigen, Verpackungen bis hin zur Firmenarchitektur reichte. Um dieses Gesamtbild zu steuern, gründeten viele Unternehmen eigene Werbeabteilungen.

Dass eine kreative Zusammenarbeit oftmals auf langjähriger, teilweise persönlicher Verbundenheit und einem gemeinsamen Interesse beruht, zeigen wir im Kapitel „Dialoge führen". Die Jahrzehnte andauernde Kollaboration zwischen dem Designer Dieter Rams und der Fotografin Ingeborg Kracht (später Rams) für den Möbelhersteller Vitsœ kann exemplarisch für einen besonders fruchtbaren Austausch herangezogen werden. Mit dem Grafiker Wolfgang Schmidt, der ab 1969 das Erscheinungsbild von Vitsœ prägte, verband beide eine inhaltliche Nähe. Auch er entwarf ein System, das auf die unterschiedlichen Werbemittel und auch Ausstellungsformate übertragen werden konnte.

Im Themenbereich „Designer*innen arbeiten künstlerisch" steht das wechselseitige Interesse von Design- und Kunstschaffenden im Vordergrund. Die Kooperation des Modeschöpfers Martin Margiela mit der Künstlerin Marina Faust sowie jene des Labels JW Anderson mit den Keramikerinnen Magdalene Odundo und Shawanda Corbett und dem Fotografen Juergen Teller stehen beispielhaft für diese Inspiration von angewandter und freier Kunst. Das Kapitel „Provokation als Werbestrategie" greift Koproduktionen von Grafiker*innen, Fotograf*innen und Designer*innen auf, die durch besonders gewagte Werbemaßnahmen nicht nur das kommerzielle Ziel eines

side by side for a long time and how photography was employed as a medium from the mid-1920s onwards.

The chapter "Finding a New Form" looks at the use of new forms and materials and their impact on the work of designers, graphic artists, and photographers. In the 1920s, designers such as Marianne Brandt and Wilhelm Wagenfeld developed an objective formal language from new materials for functional design such as glass and metal, as did photographers like Lucia Moholy, Hans Finsler, and Albert Renger-Patzsch. The enthusiasm for new technologies is particularly evident in the use of laboratory porcelain for household tableware and the embrace of its simple forms, for example in the designs by Marguerite Friedlaender. In the postwar period as well, the so-called Gute Form (Good Design) focused on design without frills. Stackability as an attribute of modernism can be found in hotel tableware on both sides of the Wall that divided Germany. German design history in both West and East is explored in the set on Hans Roericht, who designed stackable tableware at the Hochschule für Gestaltung (HfG) in Ulm in 1959 that was photographed by Tomás Gonda and Klaus Wille, also associated with the HfG. On the other side, Margarete Jahny and Erich Müller developed a similar form in 1969–70, which in turn was photographed by Bernd Heyden on behalf of the Office for Industrial Design (AiF) for the sample collection of industrial design in the German Democratic Republic. Both designs are oriented towards economic and functional efficiency and adhere to the idea of clear and rational form. While Bernd Heyden fulfils the expectations of a precise product photo, he also created an unusual

reportage on the use of porcelain in a restaurant, which employs much of the narrative style that characterizes his extensive work on life in the Berlin district of Prenzlauer Berg in the 1970s.

In the chapter "Creating a Brand Image," we trace the relationship between clients and designers, graphic artists and photographers, using the companies Pelikan, Olivetti, and Erco as examples. Here it becomes clear that collaboration was often initiated by visionary entrepreneurs, who strove for a holistic appearance that ranged from the wordmark to graphic products such as posters, advertisements, packaging, and even corporate architecture. Many companies set up their own advertising departments to manage this overall image.

That creative collaboration was often based on longtime personal ties and shared interests is shown in the chapter "Engaging in Dialogue." The decades-long collaboration between the designer Dieter Rams and the photographer Ingeborg Kracht (later Rams) for the furniture manufacturer Vitsœ can be cited as an example of a particularly rich exchange of ideas. Both of them had a close creative relationship with the graphic designer Wolfgang Schmidt, who shaped the appearance of Vitsœ from 1969 on. He developed a visual language that could be applied to the different advertising media and even to exhibition architecture.

The chapter "Designers Working Artistically" focuses on the reciprocal interest of designers and visual artists. The collaborations between fashion designer Martin Margiela and artist Marina Faust, as well as between the fashion label

Unternehmens unterstützen, sondern auch politische und gesellschaftliche Diskurse aufgreifen oder hinterfragen. Am Beispiel der Zusammenarbeit der amerikanischen Werbeagentur Doyle Dane Bernbach mit der jüdischen Bäckerei Levy's in den 1960er Jahren wird deutlich, wie ein Slogan auf humorvolle Weise Stereotype bewusst machte. Die legendäre Zusammenarbeit zwischen dem Modeunternehmen Benetton und dem Fotografen Oliviero Toscani ab den 1980er Jahren führte zu Werbekampagnen, die die Betrachter*innen herausforderten. Auch die Kampagnen von Apple und dem Modehaus Balmain mit dem Fotografen Prince Gyasi arbeiten mit der Provokation, um bestimmte Erzählungen zu stören.

Wie sich Designer*innen selbst vermarkten, um eine emotionale wie auch ästhetische Verbindung zwischen Produkten und Kundschaft aufzubauen, beleuchtet das Kapitel „Selbstinszenierung nutzen". Beispielhaft dafür ist das Ehepaar Charles und Ray Eames, das in den 1950er und 1960er Jahren seine Designphilosophie eng mit der Inszenierung seines eigenen Lebensentwurfs verband. Ende der 1980er Jahre und zu Beginn der 1990er Jahre rückten die Persönlichkeiten hinter den Objekten zunehmend in den Vordergrund. Designer*innen wurden zu Superstars und als solche inszeniert, wie am Beispiel des Designers Philippe Starck zu sehen ist.

Die Art der Inszenierung verändert sich mit ihren Protagonist*innen, dies beleuchtet das Kapitel „Neue Werkzeuge nutzen". Mit dem Aufkommen neuer Technologien und „tools" wandelt sich auch die Produktwerbung. Anhand der Werbemaßnahmen für die von Konstantin Grcic entworfene Leuchte *Mayday* sowie für die Modeunternehmen Jacquemus und Telfar wird anschaulich, dass die Inszenierung immer häufiger auf neuen Plattformen

---

JW Anderson and the ceramic artists Magdalene Odundo and Shawanda Corbett and the photographer Juergen Teller, stand as examples of this inspiration from the applied and fine arts.

The chapter "Provocation as Advertising Strategy" examines coproductions by graphic artists, photographers, and designers who not only support the commercial objectives of a company through particularly daring advertising strategies but also address or question political and social discourses. The example of the collaboration between the American advertising agency Doyle Dane Bernbach and the Jewish bakery Levy's in the 1960s shows how a slogan could humorously call attention to stereotypes. The legendary collaboration between the fashion company Benetton and the photographer Oliviero Toscani from the 1980s on led to advertising campaigns that challenged viewers. The campaigns by Apple, as well as by the fashion house Balmain with the photographer Prince Gyasi, also use provocation to disrupt certain narratives.

The chapter "Self-Staging" looks at how designers market themselves in order to establish an emotional and aesthetic connection between products and customers. Charles and Ray Eames, whose design philosophy was closely linked to the staging of their way of life in the 1950s and 1960s, are a prime example of this. In the late 1980s and early 1990s, the personalities behind the objects increasingly came to the fore. Designers became superstars and were staged as such, as seen in the case of Philippe Starck.

The way products are staged changes with the protagonists, as the chapter "New Tools" highlights. The emergence of new technologies and instruments also transforms how goods are promoted. The advertising for the *Mayday* lamp designed by Konstantin Grcic and for the fashion companies Jacquemus and Telfar shows how staging increasingly occurs on new platforms and how the success of a product is influenced by the consumers.

For the eight chapters in the catalogue, we were able to have product photographer Hans Hansen take new images of objects from the Applied Arts and Design collection. We have created a picture series around these objects that encourages comparisons. These images are complemented by essays that look in detail at individual collaborations and the previously undocumented cooperation between companies and designers from each discipline. Sven Schumacher traces the development of the *Kaffee Hag* brand, whose holistic corporate identity was significantly molded by the architects Alfred Runge and Eduard Scotland. Linus Rapp looks at the collaboration between Dieter Rams, Ingeborg Kracht (Rams), and Wolfgang Schmidt for Vitsœ, with a special focus on product staging and the worldview conveyed by the furniture systems. Tanja Hwang explores the self-staging of the American designers Charles and Ray Eames. Deyan Sudjic provides an exclusive and humorous insight into the glittering world of the design superstars of the 1990s. Viktoria Lea Heinrich spoke with designer Konstantin Grcic about the diverse and changing product staging of the *Mayday* lamp. We would like to thank all the authors for their in-depth research and their perspectives on individual collaborations.

Esther Ruelfs
Viktoria Lea Heinrich

stattfindet und der Markenerfolg eines Produkts von den Konsument*innen beeinflusst wird.

Für den Katalog konnten wir den Produktfotografen Hans Hansen gewinnen, Objekte aus der Sammlung Design neu zu fotografieren. Um diese Gegenstände herum haben wir eine Bildstrecke angelegt, die zu Vergleichen anregt. Textbeiträge ergänzen diese und werfen einen detaillierten Blick auf einzelne Kollaborationen und die bislang nicht dokumentierte Zusammenarbeit zwischen Unternehmen und Gestalter*innen jeder Disziplin. Sven Schumacher zeichnet die Entstehung der Marke *Kaffee Hag* nach, deren ganzheitliche Corporate Identity maßgeblich von den Architekten Alfred Runge und Eduard Scotland geprägt wurde. Linus Rapp widmet sich der Zusammenarbeit von Dieter Rams, Ingeborg Kracht (Rams) und Wolfgang Schmidt für Vitsœ mit einem besonderen Fokus auf die Produktinszenierung und die durch die Möbelsysteme vermittelte Weltanschauung. Tanja Hwang geht der Selbstinszenierung der amerikanischen Designer*innen Charles und Ray Eames nach. Einen exklusiven und humorvollen Einblick in die schillernde Welt der Design-Superstars der 1990er Jahre gibt Deyan Sudjic. Mit dem Designer Konstantin Grcic hat Viktoria Lea Heinrich über die unterschiedliche und sich wandelnde Produktinszenierung der *Mayday*-Leuchte gesprochen. Wir danken allen Autor*innen für ihre tiefgreifenden Recherchen und ihre Perspektiven auf einzelne Zusammenarbeiten.

Besonders möchten wir Hans Hansen danken, der das Projekt von Anfang an mit Begeisterung und seinen profunden Kenntnissen zum Thema Design begleitet hat. Wir schließen uns dem Dank Tulga Beyerles an die Leihgeber*innen an. Ebenfalls möchten wir jenen Institutionen und Personen danken, die unsere Recherchen begleitet und dadurch ermöglicht haben, neues Material für die Forschung zu erschließen: Jörn Brinkhus und Heike Grünbauer vom Staatsarchiv der Freien Hansestadt Bremen und Uwe Bolts, Böttcherstraße GmbH, Bremen, zu Kaffee-HAG; Judith Hanft vom Schott Archiv, Jena; Julia Bulk von der Wilhelm Wagenfeld Stiftung, Bremen; Klaus Klemp und Cassandra Peters vom Archiv der Rams Foundation im Museum für Angewandte Kunst Frankfurt a. M. sowie Christa Scheld und Clara Weisel von der HfG Offenbach zu Ingeborg Kracht (Rams), Dieter Rams und Wolfgang Schmidt; Thomas Seelig und Petra Steinhardt, Museum Folkwang, Essen, zu Peter Keetman und Ewald Hoinkis; Michael Feith, Rouli Lecatsa und Claudia Schneider-Esleben, Hamburg, sowie Volker Albus, Frankfurt a. M., zu Möbel Perdu; Thorsten Krause vom Haus der Geschichte der Bundesrepublik Deutschland, Bonn, zu Margarete Jahny und Erich Müller; Martin Mäntele und Christiane Wachsmann vom HfG-Archiv Ulm zu Hans Roericht; Michaela Breil vom Staatlichen Textil- und Industriemuseum Augsburg zu Elbeo; Jasmin Jouhar, Konstantin Grcic und Florian Böhm zur *Mayday*; Wilfried Leuthold, Hannover, zu Pelikan; Klara Nemeckova vom Kunstgewerbemuseum Dresden sowie Silke Ihden-Rothkirch, Berlin.

Für die Beiträge danken wir unseren Autor*innen und dem Hirmer Verlag mit Kerstin Ludolph für die Betreuung der Publikation. Besonders möchten wir Judith Kárpáty danken, die das Projekt von Verlagsseite koordiniert hat, ebenfalls ein herzlicher Dank an die Lektorinnen Barbara Delius und Melissa M. Thorson sowie die Übersetzer David Sánchez Cano und Nikolaus G. Schneider.

Ebenso danken wir den Kolleg*innen Julia Meer, Bisrat Negassi und Maria Stabel (bis Oktober 2022), die mit ihren Perspektiven auf ihre Sammlungsbereiche und ihrer wissenschaftlichen Beratung zu dem Projekt beigetragen

haben. Erika Pinner hat bis zu ihrer Elternzeit ab Februar 2024 das Projekt mit Esther Ruelfs entwickelt und wertvolles Wissen eingebracht. Organisatorisch und inhaltlich unterstützt haben das Projekt vor allem Dennis Conrad, Thorben Frieling und Sven Schumacher sowie Berit Reutershan (bis April 2024).

We are grateful to Hans Hansen in particular, who enthusiastically supported the project from the beginning and accompanied it with his profound knowledge of the field of design. We would also like to join Tulga Beyerle in thanking the lenders. We are likewise grateful to those institutions and persons who accompanied our research and made it possible to discover new material: Jörn Brinkhus and Heike Grünbauer from the Staatsarchiv of the City of Bremen and Uwe Bolts, Böttcherstraße GmbH, Bremen, Stiftung on Kaffee-HAG; Judith Hanft from the Schott Archiv, Jena; Julia Bulk from the Wilhelm Wagenfeld Stiftung, Bremen; Klaus Klemp and Cassandra Peters from the archive of the Rams Foundation at the Museum für Angewandte Kunst Frankfurt a. M., as well as Christa Scheld and Clara Weisel from the HfG Offenbach on Ingeborg Kracht (Rams), Dieter Rams, and Wolfgang Schmidt; Thomas Seelig and Petra Steinhardt, Museum Folkwang, Essen, on Peter Keetman and Ewald Hoinkis; Michael Feith, Rouli Lecatsa, and Claudia Schneider-Esleben, Hamburg, as well as Volker Albus, Frankfurt a. M., on Möbel Perdu; Thorsten Krause from the Haus der Geschichte der Bundesrepublik Deutschland, Bonn, on Margarete Jahny and Erich Müller; Martin Mäntele and Christiane Wachsmann from the HfG-Archiv Ulm on Hans Roericht; Michaela Breil from the Staatliches Textil- und Industriemuseum Augsburg, on Elbeo; Jasmin Jouhar, Konstantin Grcic, and Florian Böhm on the *Mayday* lamp; Wilfried Leuthold, Hanover, on Pelikan; Klara Nemeckova from the Kunstgewerbemuseum Dresden, and Silke Ihden-Rothkirch, Berlin.

We would like to thank our authors for their essays and Hirmer Verlag and Kerstin Ludolph for supervising the publication. In particular, we want to thank Judith Kárpáty, who managed the project from the publisher's side, and express our gratitude to the proofreaders Barbara Delius and Melissa M. Thorson and the translators David Sánchez Cano and Nikolaus G. Schneider.

We are also grateful to our colleagues Julia Meer, Bisrat Negassi, and (until October 2022) Maria Stabel, who contributed to the project with their perspectives on their departments' collections and their scholarly advice. Erika Pinner developed the project together with Esther Ruelfs before going on maternity leave in February 2024 and contributed valuable knowledge. Organizational and content-related support for the project was provided by Dennis Conrad, Thorben Frieling, and Sven Schumacher as well as Berit Reutershan (until April 2024).

Esther Ruelfs
Viktoria Lea Heinrich

23

1 Grafische Gestaltung oder Fotografie?

Graphic Design or Photography?

Grafische Gestaltung oder Fotografie?

1928 veröffentlichte das Unternehmen Kaffee-HAG die erste Anzeige mit fotografischen Motiven.[1] Bis dahin und teilweise auch später noch war die Produktwerbung der Firma der Zeichnung von Runge & Scotland verpflichtet, die seit 1907 das Erscheinungsbild der Marke prägte.[2] Der Wechsel der Darstellungsweisen von der Zeichnung zur Fotografie und die Entwicklung der Werbung waren eng verknüpft mit der technischen Entwicklung der Druckmedien und der damit einhergehenden Expansion des Zeitschriftenmarktes. In den 1920er Jahren kam es zu einem regelrechten Zeitschriftenboom, angekurbelt durch die Möglichkeiten des günstigen und massenhaften Drucks fotografischer Bilder. Diese beruhten auf der Erfindung der Tiefdruck-Rotationspresse Ende des 19. Jahrhunderts, und in Verbindung mit dem neuartigen Finanzierungsmodell durch Anzeigen konnten Zeitungen und Illustrierte in höheren Stückzahlen und zu günstigeren Preisen hergestellt werden als je zuvor. So erreichte beispielsweise die Berliner Illustrirte Zeitung nach dem Ersten Weltkrieg Auflagen von über einer Million Exemplare allein für Berlin.[3] Die Zeitschrift wurde zum wichtigsten Werbeorgan.

Noch 1927 stellt der Bauhauslehrer und Fotograf László Moholy-Nagy fest, die Fotografie sei in Bezug auf die Werbung „[…] – trotz riesiger Verbreitung – im Verhältnis zu ihren schon heute sichtbaren Möglichkeiten ein überraschend wenig beackertes Gebiet". Fotografien, so führt er aus, würden häufig als Vorlage für Werbung genutzt und „skrupellos ins Malerische, Graphische übersetzt", „aber niemals so, daß die photographische Vorlage als solche in Erscheinung getreten wäre".[4] Die Plakatwerbung im öffentlichen Raum und in den Schaufenstern arbeitete ohnehin auch in den 1920er Jahren noch mit der Zeichnung, da sie im Unterschied zur Fotografie farbig sein konnte.

Auch die Kosmetikfirma Scherk bewarb ihr Gesichtswasser in den 1930er Jahren mit Anzeigen, die sowohl fotografische als auch zeichnerische Vorlagen nutzten. Der Modezeichner Gerd Grimm, der neben Zeichnungen für Lifestyle-Illustrierte wie Die Dame und Elegante Welt auch Werbegrafik für Reemtsma-Zigaretten anfertigte, setzte mit dem abstrahierten Profil die elegante Dame der 1930er Jahre ins Bild. Die sogenannte Typoreklame der Fotografin Hildi Schmidt Heins, die diese noch zu ihren Studienzeiten an der Hansischen Hochschule für bildende Künste (heute HFBK) schuf, setzte auf das klare visuelle Erscheinungsbild mit der serifenlosen, modern gestalteten Typografie des Firmenschriftzugs, der auch als Leuchtreklame über den Geschäften und auf dem von Fritz Höger erbauten Fabrikgebäude in Berlin-Südende erstrahlte. Die fotografische Typoreklame wurde vermutlich auch 1937 als Standbild in Hamburger Kinos gezeigt.[5]

Der Grafiker Michael Engelmann und der Fotograf Peter Keetman setzten das Moment der Bewegung in ihrer Arbeit für den Reifenhersteller Pirelli mit formalen, abstrahierenden Gestaltungslösungen um. Ihr Plakat erscheint so,

Graphic Design or Photography?

In 1928, Kaffee-HAG published the first advertisement with photographic motifs.[1] Until then, and to some extent even afterwards, the company's product advertising had been based on the drawing by Runge & Scotland that had defined the brand's image since 1907.[2] The change in medium from drawing to photography and the growth of advertising were closely tied to the technical evolution of printed media and the related expansion of the magazine market. The 1920s witnessed a veritable explosion of magazines, driven by the possibilities for the inexpensive mass printing of photographic images. This development was enabled by the invention of the rotogravure press at the end of the nineteenth century, which, in combination with the novel financing model of advertising, allowed newspapers and illustrated magazines to be produced in larger numbers and at more economical prices than ever before. The Berliner Illustrirte Zeitung, for example, reached printing runs of over a million issues in Berlin alone after the First World War.[3] Magazines became the leading advertising medium.

As late as 1927, Bauhaus instructor and photographer László Moholy-Nagy noted that in relation to advertising, photography was, "despite mass dissemination, still a surprisingly sparsely cultivated field in relation to the possibilities already apparent today." Photographs, he continued, were often used as templates for advertising and "unscrupulously rendered in painterly and graphic images," "but never in a manner that the photographic original was apparent as such."[4] Poster advertising in the public sphere and in shop windows still utilized drawings even in the 1920s, since unlike photography it could display color.

The cosmetic firm Scherk advertised its facial tonic in the 1930s with advertisements based on photographs as well as on drawings. The fashion illustrator Gerd Grimm, who in addition to creating drawings for lifestyle magazines such as Die Dame and Elegante Welt also produced the advertising graphics for Reemtsma cigarettes, visually defined the elegant woman of the 1930s with his abstracted profile. The so-called Typoreklame (typographic advertising) by the photographer Hildi Schmidt Heins, which she created while still a student at the Hansische Hochschule für bildende Künste (now the HFBK art school in Hamburg), featured a clear visual image with the Scherk company name in modern, sans-serif typography. It also shone in neon signs above the shop and on the factory designed by Fritz Höger in the Berlin district of Südende. The photographic Typoreklame was presumably also shown as a film still in Hamburg cinemas in 1937.[5]

Graphic artist Michael Engelmann and photographer Peter Keetman rendered the aspect of movement in their work for the tire manufacturer Pirelli using formal and abstract visual solutions. Their poster looks as if a tire had rolled over the white sheet multiple times; in another design, the impression of the tire's rotating movement is created by a double exposure. The long-term

als wäre der Reifen mehrmals über das weiße Blatt gerollt, in einem weiteren Entwurf entsteht der Eindruck rotierender Bewegung des Reifens durch eine Doppelbelichtung. Die langjährige Zusammenarbeit von Engelmann und Keetman begann um 1950, neben Pirelli waren auch zahlreiche Pharmaunternehmen ihre Auftraggeber. Für diese war die experimentelle Fotografie Keetmans besonders attraktiv. Mit ihrem grafischen Duktus setzt sie sich deutlich von einer Fotografie ab, die die abbildende Funktion des Mediums in den Vordergrund stellt, und damit ist sie aus Sicht der Pharmaindustrie ideal für die Darstellung der Wirkung von Medikamenten.[6] Seine formalen Experimente setzte Keetman auch in Aufträgen für Unternehmen wie Volkswagen ein.

1959, als Lora Lamm ihre spielerischen, stark farbigen, fantasiebetonten und fröhlichen Zeichnungen für Pirelli schuf, war die Fotografie als Werbemittel bereits weitverbreitet. Die Zeichnung, in der Lamm eine junge Frau auf einer Vespa zeigt, stellt die Bewegung des modernen Verkehrs jedoch mit besonderer Leichtigkeit und Emotionalität dar.

1
Siehe den Essay von Sven Schumacher im vorliegenden Katalog.
2
Kirsten Leuenroth, „Kaffee Hag im Corporate Design von Runge & Scotland", in: Bärbel Kern u. a. (Hg.), 100 Jahre Kaffee HAG. Die Geschichte einer Marke, Bremen 2006, S. 197–223, hier: S. 197.

3
David Ciarlo, Advertising Empire. Race and Visual Culture in Imperial Germany, Cambridge, MA, 2011, S. 126f.
4
László Moholy-Nagy, „Die Photographie in der Reklame", in: Photographische Korrespondenz, IX, 1. September 1927, Bd. 63, S. 257–260, hier: S. 257.

5
Sabine Schulze und Esther Ruelfs (Hg.), ReVision. Fotografie am Museum für Kunst und Gewerbe, Göttingen 2017, S. 374.
6
Petra Steinhardt, „Tangenten zwischen freier und gebrauchsorientierter Fotografie", in: F. C. Gundlach (Hg.), Peter Keetman. Gestaltete Welt, Ausst.-Kat. Museum Folkwang, Essen, u. a., Göttingen 2016, S. 269–282, hier: S. 274f.

collaboration between Engelmann and Keetman began around 1950. In addition to Pirelli, their clients included numerous pharmaceutical firms, who were particularly interested in Keetman's experimental photography. Its graphic approach clearly distinguished it from photography that focused on detailed, realistic reproduction, making it ideal—from the pharmaceutical industry's perspective—for depicting the effects of medications.[6] Keetman continued his formal experiments in commissions for corporations such as Volkswagen.

By 1959, when Lora Lamm created her playful, vividly colored drawings for Pirelli emphasizing fantasy and joy, photography was widely established as an advertising medium. Lamm's drawing of a young woman on the back of a Vespa, however, evoked the dynamism of modern transportation with exceptional lightness and emotionality.

1
See the essay by Sven Schumacher in this catalogue.
2
Kirsten Leuenroth, "Kaffee Hag im Corporate Design von Runge & Scotland," in Bärbel Kern, et al., eds., 100 Jahre Kaffee HAG. Die Geschichte einer Marke, 197–223 (Bremen: Edition Temmen, 2006), 197.

3
David Ciarlo, Advertising Empire: Race and Visual Culture in Imperial Germany (Cambridge, MA: Harvard University Press, 2011), 126ff.
4
László Moholy-Nagy, "Die Photographie in der Reklame," Photographische Korrespondenz 63, no. 9 (September 1, 1927): 257–60, here 257.

5
Sabine Schulze and Esther Ruelfs, eds., ReVision. Fotografie am Museum für Kunst und Gewerbe (Göttingen: Steidl, 2017), 374.
6
Petra Steinhardt, "Tangenten zwischen freier und gebrauchsorientierter Fotografie," in Peter Keetman. Gestaltete Welt, ed. F. C. Gundlach, exh. cat. Museum Folkwang, Essen, 269–82 (Göttingen: Steidl, 2016), 274ff.

[1] Grafische Gestaltung oder Fotografie?
     Graphic Design or Photography?

28

Albert Renger-Patzsch, Kaffee Hag, 1925, Silbergelatinepapier / gelatin silver print, 17 × 23,5 cm, Archiv Ann und Jürgen Wilde
Lucien Bernhardt, Kaffee Hag – Coffeinfrei / Kaffee Hag – Caffeine-Free, 1909, Lithografie / lithograph, 69,4 × 94,5 cm, Museum für Kunst und Gewerbe Hamburg

[1]   Grafische Gestaltung oder Fotografie?
      Graphic Design or Photography?

Aufnahme Renger-Patzsch

Wie wird
KAFFEE HAG coffeinfrei gemacht und warum?

Bei der Verbreitung, die der coffeinfreie Kaffee Hag gefunden und dem Interesse, welches ihm von allen Seiten entgegengebracht wird, ist die Frage verständlich, die häufig an mich gerichtet wird: Auf welche Weise wird dem Kaffee das Coffein entzogen, und woher kommt es, daß der coffeinfreie Kaffee trotz seiner Behandlung ebenso schmeckt wie feinster coffeinhaltiger Kaffee?

Um die letzte Frage vorweg zu nehmen: Die Entziehung des Coffeins geschieht aus der rohen ungerösteten Kaffeebohne, in der der Geschmack und das Aroma des gerösteten Kaffees noch nicht vorhanden ist. Diese Genußeigenschaften des Kaffees entwickeln sich erst beim Rösten, und zwar aus Bestandteilen, die bei der Coffeinentziehung nicht beeinflußt werden. Das Coffein selbst ist eine weiße kristallinische sehr leichte Masse, die vollständig geruchlos und nahezu geschmacklos ist und auf die Genußeigenschaften des Kaffees keinen Einfluß besitzt. Außer dem Coffein werden dem Rohkaffee aber nur Schmutzbestandteile entzogen, wodurch eine Veredelung des Geschmackes erzielt wird.

Und wie geschieht die Coffein-Entziehung? Wenn Du, lieber Leser, Lust hast und Dich vor sieben Stock hohen Treppen nicht scheust, so will ich Dich rasch durch die Fabrikanlage der Kaffee-Handels-Aktiengesellschaft am Holzhafen in Bremen führen. Die Fabrik,

kein roter Kasten, sondern architektonisch schöne Gebäude, liegt am Hafen, hat eine Front von 150 m Länge und eine Tiefe von 120 m, ist also ein umfangreicher Komplex. An zwei Seiten hat sie Eisenbahn-Anschluß. Die einzelnen Gebäude selbst sind durch moderne Transporteinrichtungen miteinander verbunden. Der Kaffee gelangt in Säcken in das geräumige Lagergebäude und wird hier in besonderen Maschinen von Staub, Schmutz und fremden Bestandteilen gereinigt. Auf einem langen Transportband wird er zum Extraktionsgebäude geschafft. Hier werden die Säcke geöffnet und die losen Bohnen durch ein Gebläse in das 7. Stockwerk geblasen. Nach einer neuerlichen Reinigung kommen sie in die eigentlichen Extrakteure, große Zylinder von ungefähr 6000 Liter Inhalt. Hier werden sie mit Dampf behandelt und hierauf das Coffein durch ein leichtflüssiges Extraktionsmittel von besonderer Reinheit extrahiert. Die Flüssigkeit läuft ununterbrochen durch die Apparate und nimmt das Coffein – und zwar neben den Unreinigkeiten von der Bohnenoberfläche, dem sog. Kaffeewachs, einer schlecht riechenden, unverdaulichen Fettsubstanz – mit. Dann wird der Kaffee in großen Trommeln getrocknet und ist nun coffeinfreier Roh-Kaffee. Proben aus jedem Apparat werden jetzt einerseits in die Laboratorien zur chemischen Untersuchung gebracht,

andererseits

Das dem Kaffee Hag entzogene Coffein wird zu Würfeln geschnitten

Coffeinkristalle unter dem Mikroskop

Rohcoffein   Man sieht deutlich die Kristallnadeln

Wie wird Kaffee Hag coffeinfrei gemacht? / How is Kaffee Hag made caffeine-free?, 1930, Faltblatt mit einer Fotografie von Albert Renger-Patzsch / leaflet with photograph by Albert Renger-Patzsch, Offset, 30 × 21 cm, Staatsarchiv Bremen

Eduard Scotland zugeschr. / attr. to, Gehetzt – dann Kaffee Hag / Stressed – then Kaffee Hag, um / c. 1930, Lithografie / lithograph, 115 × 83,5 cm, Staatsarchiv Bremen

[1] Grafische Gestaltung oder Fotografie?
     Graphic Design or Photography?

Geheizt

dann

KAFFEE HAG

Coffein ist ein Arzneimittel
und gehört in die Hand des Arztes

Es ruft ganz bestimmte Reizwirkungen auf Herz, Nerven und Nieren hervor. Diese Wirkungen können je nach der Konstitution des einzelnen Menschen und nach der aufgenommenen Menge ganz verschieden sein. Sie sind schwer zu kontrollieren und noch schwerer zu regulieren.

Warum also im täglichen Kaffee ein Reizmittel zu sich nehmen, das Schlafstörungen oder Unzuträglichkeiten an lebenswichtigsten Organen hervorrufen kann? Es gibt den coffeinfreien, völlig unschädlichen Kaffee Hag.

Am Geschmack und Aroma werden Sie nicht unterscheiden, ob Sie Kaffee Hag oder anderen allerfeinsten Bohnenkaffee vor sich haben. Probieren Sie's doch mal mit Kaffee Hag! Sie werden angenehm überrascht sein und sich auch auf die Dauer wohl dabei fühlen!

6 Gramm Coffeïn in einem Pfund Kaffee

Aufn. Renger-Patzsch

„Veredelt" ist nicht coffeinfrei, und coffeinfrei noch lange nicht Hag! Coffeinfrei und Hag darauf kommt's an.

KAFFEE HAG
schont Ihr Herz

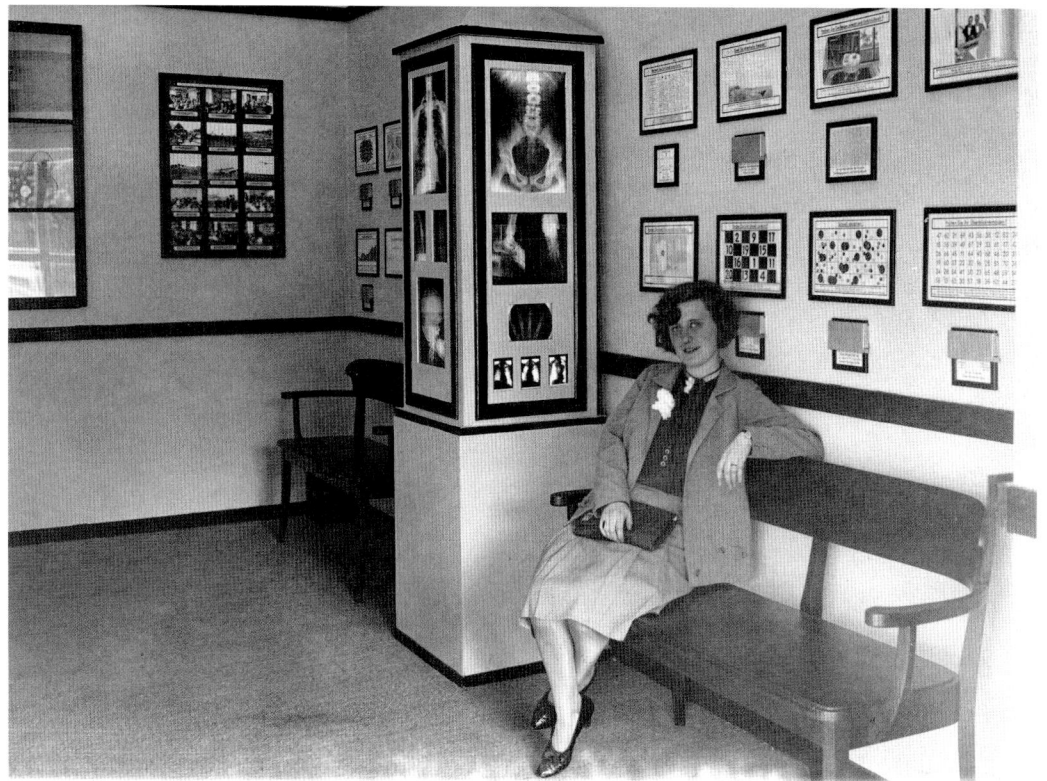

Coffein ist ein Arzneimittel / Coffee is a Medicine, 1932, Werbeanzeige für Kaffee Hag mit einer Fotografie von Albert Renger-Patzsch (Druckvorlage) / advertisement for Kaffee Hag with photograph by Albert Renger-Patzsch (master), Offset, 21 × 28 cm, Staatsarchiv Bremen
Unbekannt / Unknown, HAG-Turm auf der Pressa, Köln, Innenansicht / HAG Tower at Pressa, Cologne, interior view, 1928, Silbergelatinepapier / gelatin silver print, 11,9 × 16,8 cm, Staatsarchiv Bremen

[1] Grafische Gestaltung oder Fotografie?
     Graphic Design or Photography?

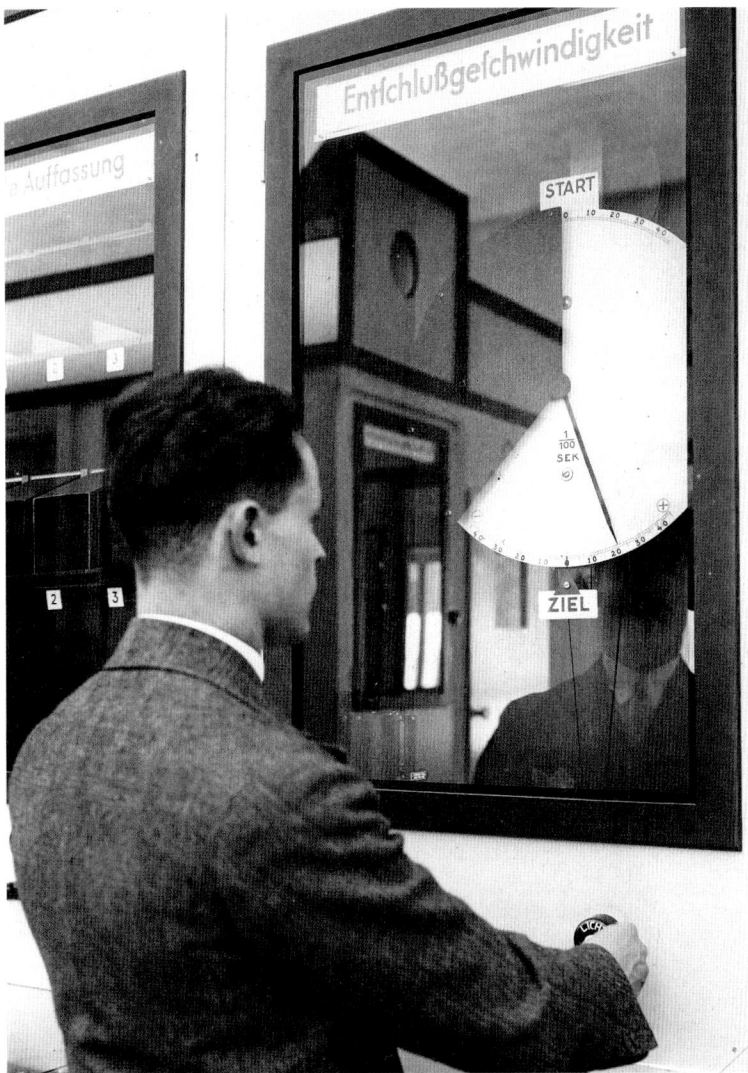

Unbekannt / Unknown, HAG-Turm auf der Pressa, Köln, Innenansichten / HAG Tower at Pressa, Cologne, interior views, 1928, Silbergelatinepapier / gelatin silver prints, 16,5 × 12,1 cm (oben / above), 11,9 × 16,8 cm (unten / below), Staatsarchiv Bremen

[1] Grafische Gestaltung oder Fotografie?
Graphic Design or Photography?

Hildi Schmidt Heins, Werbeaufnahme für Gesichtswasser von Scherk / advertising photograph for facial tonic by Scherk, 1935–1937, Tempera auf Silbergelatinepapier / tempera on gelatin silver print, 22,8 × 16,8 cm, Museum für Kunst und Gewerbe Hamburg

[1] Grafische Gestaltung oder Fotografie?
      Graphic Design or Photography?

Max Krajewsky, Parfümerie und Lederwaren Scherk am Kurfürstendamm bei Nacht / Scherk Perfumery and Leather Goods on Kurfürstendamm by night, um / c. 1930, Silbergelatinepapier / gelatin silver print, 23,3 × 29,5 cm, Jüdisches Museum Berlin, Schenkung von / gift of Irene Alice Scherk
Gerd Grimm, Entwurf einer Werbeanzeige für Gesichtswasser von Scherk / design for advertisement for facial tonic by Scherk, 1934, Gouache auf Papier und Collage / gouache on paper and collage, 37 × 23,5 cm, Museum für Kunst und Gewerbe Hamburg

[1]   Grafische Gestaltung oder Fotografie?   36
      Graphic Design or Photography?

Hildi Schmidt Heins, Studienarbeit / student project, um / c. 1935, Silbergelatinepapier / gelatin silver print, 22,8 × 20,3 cm, Museum für Kunst und Gewerbe Hamburg

[1]   Grafische Gestaltung oder Fotografie?   37
      Graphic Design or Photography?

**anteo
sigillo verde**

i giganti dalle molte vite

l'eccezionale robustezza
della carcassa
assicura
un lungo chilometraggio
e lo moltiplica
con le successive
ricoperture

PIRELLI

Michael Engelmann, Peter Keetman, Werbeanzeige für Pirelli / advertisement for Pirelli, 1954, Offset, 36 × 26 cm, Museum Folkwang, Essen

[1] Grafische Gestaltung oder Fotografie?
     Graphic Design or Photography?

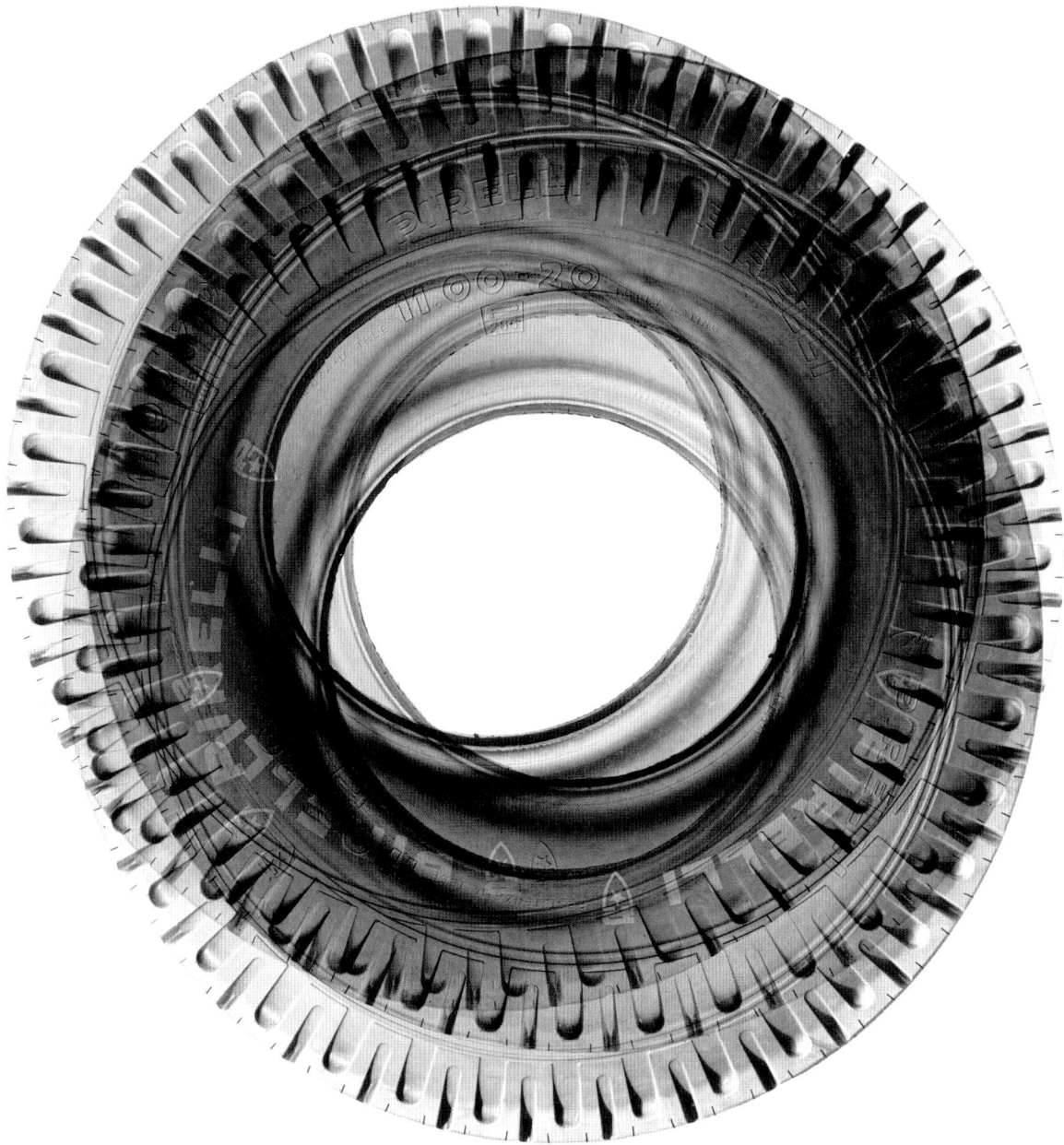

Peter Keetman, Pirelli-Reifen / Pirelli Tires, 1954, Silbergelatinepapier /
gelatin silver print, 39,7 × 30 cm, Stiftung F.C. Gundlach

Michael Engelmann, Pirelli – il pneumatico che morde la strada (Pirelli –
der Reifen, der die Straße fest im Griff hat / the tire with a firm grip on the road)
1952, Offset, 98 × 67,5 cm, Museum für Kunst und Gewerbe Hamburg

[1]   Grafische Gestaltung oder Fotografie?
      Graphic Design or Photography?

PIRELLI

fondata nel 1872

il pneumatico che morde la strada

Peter Keetman, <u>Winterliche Landstraße</u> / <u>Wintry Country Road</u>, 1956, Silbergelatinepapier / gelatin silver print, 29,5 × 22,9 cm, Museum für Kunst und Gewerbe Hamburg

[1] Grafische Gestaltung oder Fotografie?
     Graphic Design or Photography?

Peter Keetman, <u>Auto-Formen</u> / <u>Automobile Forms</u>, um / c. 1959, Silbergelatinepapier / gelatin silver prints, 28 × 24,1 cm, 26,8 × 27,8 cm, Museum für Kunst und Gewerbe Hamburg, Eigentum der / property of Stiftung Hamburger Kunstsammlungen

[1]   Grafische Gestaltung oder Fotografie?
Graphic Design or Photography?

PIRELLI   per lo scooter

Lora Lamm, Pirelli per lo scooter (Pirelli für Motorroller / Pirelli for scooters),
um / c. 1959, Kleinplakat / poster, 42 × 29,7 cm, Museum für Gestaltung Zürich

Lora Lamm, Pirelli più pesante del ... (Pirelli – schwerer als ... /
Pirelli – heavier than ...), Entwurf für eine Werbeanzeige / design for
advertisement, 1957–1960, Collage und Deckfarbe auf Papier /
collage and body color on paper, 17 × 12,2 cm, Museum für Gestaltung Zürich

Michael Engelmann, Peter Keetman, Volkswagen-Werbung / advertisement for Volkswagen, um / c. 1954, Broschur, Offset / brochure, offset, 27,4 × 17,9 cm, Museum Folkwang, Essen

[1]   Grafische Gestaltung oder Fotografie?
       Graphic Design or Photography?

Finding a New Form

Eine neue Form finden

In den 1920er Jahren brachten Designer*innen wie Marianne Brandt und Wilhelm Wagenfeld am Bauhaus neue Materialien und neue Formen zum Einsatz. Brandts Tee-Extraktkännchen aus versilbertem Messingblech ist aus einfachen geometrischen Formen wie Kreis, Kreuz und Halbkugel konstruiert. Bei Wagenfelds Tischleuchte setzt ein zylindrischer Schaft auf einem runden Glasfuß auf, gekrönt von einer Halbkugel aus Opalglas – einem „neuen", bis dahin nur in der Industrie verwendeten Material. Die dahinterstehende Idee der Metallwerkstatt am Bauhaus unter Leitung von László Moholy-Nagy war ökonomische Effizienz und Zugang zu anspruchsvoll gestalteten Industrieprodukten für alle.

Dementsprechend gingen die Gestalter*innen am Bauhaus Kooperationen mit der Industrie ein, so etwa Wilhelm Wagenfeld mit Jenaer Glas und Marguerite Friedlaender, die nach dem Studium am Bauhaus ab 1925 die Keramikwerkstatt der Kunstschule Burg Giebichenstein in Halle leitete, mit der Staatlichen Porzellan-Manufaktur (später KPM). Für diese entwarf sie 1930 das Teeservice Halle, das Trude Petri mit einem Goldringdekor verzierte. Es verkörperte die Schönheit der technischen Form des weißen, wenig oder gar nicht dekorierten Porzellans, die die Staatliche Porzellan-Manufaktur ab 1930 anstrebte.[1] Ein Beispiel für die Verschränkung von technischem und Gebrauchsporzellan ist eine Reihe zylindrischer Vasen der Manufaktur aus demselben Jahr. Sie behielten die technische Form bei, aber im Unterschied zum

reinweißen technischen Porzellan wurden sie mit einem hellblauen und gelben sogenannten Ränderfonds versehen. Diese Verschränkung von Laborgeschirr und Gebrauchsporzellan bildet sich auch in den Fotografien von Hans Finsler und Hildegard Heise ab und wird zudem beim Blick auf die Ausstellung Porzellan für die neue Wohnung 1932 anschaulich.[2]

Die Vorstellung, die Küche in ein Labor zu verwandeln, beflügelte die Arbeit am Bauhaus. Dabei stand Glas als Werkstoff im besonderen Maße für Fortschrittsglauben und die Faszination der Technik. Ab 1925 arbeitete Gerhard Marcks mit dem Chemiker Paul Pusnitz von Schott & Gen. an Entwürfen für die Sintrax-Kaffeemaschine. Die Konstruktion aus zwei Glaskörpern und einem Glasfilter wurde auch für chemische Filtriervorgänge genutzt.[3] Sie bestand aus dem im 19. Jahrhundert von Otto Schott erstmals hergestellten, hitzebeständigen Borosilikatglas, und die ursprüngliche Ausführung fand als Aufkochgerät in Apotheken Verwendung. Das Sensationelle an Marcks Idee war, dass die industrielle Herkunft des Geräts und die daher übernommene Form nicht durch geschwungene Linien verdeckt wurde, sondern gerade die Technizität in der Formgebung betont wurde. Die Fotografie des Neuen Sehens beförderte die Durchsetzung und Vermittlung der Ideen funktionalen Designs sowie neuer Werkstoffe und Formen. Die Aufnahmen von Albert Renger-Patzsch greifen die Begeisterung für die Industrie auf und heben die Schönheit des technischen

Finding a New Form

In the 1920s, designers at the Bauhaus such as Marianne Brandt and Wilhelm Wagenfeld utilized new materials and new forms. Brandt's tea infuser of silver-plated brass is constructed of simple geometric forms like the circle, cross, and hemisphere. In Wagenfeld's table lamp, a cylindrical shaft rests on a circular glass base, surmounted by a hemisphere made of opal glass—a "new" material that until then had been used only in industry. The idea behind these objects, created at the Bauhaus metal workshop under the direction of László Moholy-Nagy, was to achieve economic efficiency and provide widespread access to industrial products of high-quality design.

Consequently, the Bauhaus designers collaborated with industry, as did Wilhelm Wagenfeld with the glass manufacturer Jenaer Glas and Marguerite Friedlaender with the porcelain factory Staatliche Porzellan-Manufaktur Berlin (later KPM). After her studies, Friedlaender headed the ceramics workshop at the Burg Giebichenstein art school in Halle. For KPM, she designed the tea service Halle in 1930, decorated by Trude Petri with concentric gold rings. It embodied the beauty of the industrial form of white porcelain with little or no decoration, an objective pursued by KPM after 1930.[1] This fusion of technical and utilitarian porcelain is exemplified in a series of cylindrical vases produced by the company the same year. They preserved the technical form, but in contrast to the pure white technical porcelain were decorated with light blue and yellow spiral brush glazing. This synthesis of laboratory

utensils and household porcelain was also depicted in photographs by Hans Finsler und Hildegard Heise and displayed in the exhibition Porcelain for the New Home in 1932.[2]

The vision of transforming the kitchen into a laboratory inspired the work at the Bauhaus. In this context, glass in particular stood for a belief in progress and a fascination with technology. Gerhard Marcks, for example, worked on designs for the Sintrax coffee pot together with the chemist Paul Pusnitz from the firm Schott & Genossen from 1925 on. The apparatus consisted of two glass bodies and a glass filter and was also used for chemical filtration.[3] It was made of borosilicate glass, a heat-resistant material invented by Otto Schott in the nineteenth century, and was used to heat liquids in pharmacies. Marcks's proposal was groundbreaking in that the industrial origin of the appliance and the form logically derived from this origin were not concealed with curved lines; rather, the design accentuated the technical nature of the object. The implementation and diffusion of the ideas of functional design, as well as of new materials and forms, was promoted by the photography of the Neues Sehen (New Vision). Albert Renger-Patzsch's images reflect the fascination with industry and emphasize the beauty of the technical object, as when he multiplies the glass bulbs of laboratory flasks by placing them on a mirrored surface. Not only did his photographs appear in the sales catalogues of Jenaer Glas, he also reproduced similar advertising images of industrial products

Esther Ruelfs

Gegenstandes hervor, etwa wenn er die Glaskolben des Chemieglases mithilfe eines spiegelnden Untergrundes vervielfacht abbildet. Seine Fotografien erschienen nicht nur in den Katalogen von Jenaer Glas, ähnliche Werbeaufnahmen industrieller Produkte nahm Renger-Patzsch auch in seinen Band Die Welt ist schön von 1928 auf.[4]

In der Nachkriegszeit führte Heinrich Löffelhardt mit seinen Entwürfen für den Porzellanhersteller Arzberg die in der klassischen Moderne entwickelte Idee eines funktionalen, klaren und zeitlosen Designs weiter. Auch er arbeitete mit reduzierten Formen. Sein 1959 entworfener Schalensatz für Arzberg besteht aus sechs unterschiedlich kombinierbaren Teilen, die sich besonders platzsparend stapeln lassen. Die Stapelbarkeit ist ein Attribut der Moderne, das sich in vielen Entwürfen wiederfindet. Willi Moegle und Hansi Müller Schorp übersetzten Löffelhardts Porzellan für die Verkaufskataloge von Arzberg in eine Geometrie der Formen und betonten mit der Abstraktion durch die Schwarz-Weiss-Fotografie und die Entkoppelung vom Gebrauchskontext die Hochwertigkeit und Zeitlosigkeit der Produkte.

Auch die farbigen Möbel der 1960er Jahre, wie der Stuhl Selene von Vico Magistretti, knüpfen mit dem Einbezug neuer Werkstoffe aus der Industrie an den Gedanken der Moderne an, Formen aus den neuen industriellen Materialien abzuleiten. Artemide war eines der ersten italienischen Unternehmen, die sich die Technologie der Kunststoffverarbeitung zunutze machten und auf Möbel anwandten. Der Stuhl wurde in einem einzigen Stück aus duroplastischem Material gegossen, das aus mit Polyester imprägnierten Glasfasern besteht. Auch er ist stapelbar und als industrielles, serienmäßiges Design ein Produkt, das mit wenig Handarbeit und minimalem Materialaufwand auskommt. Die ästhetische Form war nicht nur eine Frage des Geschmacks, sondern resultierte direkt aus den technischen Möglichkeiten und statischen Erfordernissen des Materials: Aufgrund der S-Form des Gusses benötigte man nur 3 mm dickes Material für die Stuhlbeine.

Die Farbe war in der Fotografie lange Zeit stark mit Kommerz assoziiert und im Zuge der Ausdifferenzierung von High und Low abgewertet worden. Mit dem Aufkommen der Kunststoffe wurde Farbe zu einem wichtigen Thema für Möbel, da sie sich kostengünstig in die Massenproduktion aufnehmen ließ. Magistrettis Entwürfe basierten daher nicht nur auf einem neuartigen Material, sondern auch auf neuen, poppigen Farben. Mitte der 1960er Jahre arbeiteten sowohl Magistretti als auch der Grafiker Emilio Fioravanti und das Atelier Ballo + Ballo mit einer starken Farbigkeit. Die eleganten Hochglanzbroschüren für Artemide, die in ihrer Oberfläche das Licht erlebbar machen, fallen durch ein extremes Hochformat auf. Die Formen der Schrift wurden mit Zirkel und Lineal geschaffen, ohne jede Spur von handschriftlicher Geste, und wirken stark konstruiert. Die Schrift verkörpert in ihrer Geometrie etwas Technisches und gleichzeitig Verspieltes, wie beispielsweise der kreisförmige Tropfen am kleinen r. Die Fotografie nutzte wie zur Zeit des Neuen Sehens ungewöhnliche Perspektiven und arbeitete die Form der Gegenstände heraus, um das neue Material Plastik zu popularisieren.

in his photobook Die Welt ist schön (The World is Beautiful) from 1928.[4]

After the war, Heinrich Löffelhardt continued the modernist principles of functional, clear, and timeless design in his proposals for the porcelain manufacturer Arzberg. He too worked with reduced forms. His set of bowls and plates created for Arzberg in 1959 consists of six parts that can be combined in a variety of ways and stacked to save space. Stackability is an attribute of modernism that occurs in many designs. For the Arzberg sales catalogues, Willi Moegle and Hansi Müller Schorp translated Löffelhardt's porcelain set into a geometry of forms. The abstractness of their black and white photography and the disassociation from any context of use accentuated the high quality and timelessness of the objects.

The colorful furniture of the 1960s, such as the Selene chair by Vico Magistretti, similarly built on the modernist notion of deriving forms from industrial materials by utilizing new resources from industry. Artemide was one of the first Italian companies to adopt the technology of compression molding of plastics and apply it to furniture. The chair was molded in one piece out of thermosetting plastic made of polyester impregnated with glass fiber. Likewise stackable, Selene is an industrial product conceived for serial production, needing hardly any handwork and using a minimum of material. The aesthetic form was not only a question of taste, but resulted directly from the technical possibilities and static requirements of the material: thanks to its molded S-form, the chair's legs require a sheet of plastic only 3 mm thick.

In photography, color was long associated with commercial work and was disdained in the wake of the distinction between high and low art. The emergence of plastic turned color into a prominent aspect of furniture, since it could be economically integrated into mass production. Magistretti's designs were thus based not only on a new type of material, but also on new, trendy colors. In the mid-1960s, both the graphic designer Emilio Fioravanti and the studio Ballo + Ballo employed vivid colors. The elegant brochures for Artemide are marked by an extreme vertical format and allow for the experience of light with their glossy surfaces. The forms of the lettering were created with a compass and ruler, without any trace of handwritten gesture, and appear decidedly mechanical. In its geometry, the lettering is technical and at the same time playful, such as in the circular terminal on the lowercase "r". As in the era of the New Vision, photography employed unusual perspectives and emphasized the form of objects in order to popularize the new material of plastic.

1

Gerhard Krohm, „Materialechte Gestaltung aus der Werkerfahrung heraus", in: Königliche Porzellan-Manufaktur Berlin (Hg.), Einfachheit im Vielfachen – Berliner Porzellan unter Einfluss von Bauhaus und Burg Giebichenstein, Ausst.-Kat. KPM-Welt Berlin, München 2010, S. 4–7, hier: S. 7.

2

Margarete Jarchow, Berliner Porzellan im 20. Jahrhundert, Berlin 1988, S. 48.

3

Walter Scheiffele, „Das Bauhaus und das Jenaer Glas", in: Monika Wenzel-Bachmayer (Hg.), Durchblick. Jenaer Glas, Bauhaus und die Küche als Labor, Ausst.-Kat. Museum Postsparkasse Wien, Wien 2012, S. 4–23, hier: S. 216.

4

Albert Renger-Patzsch, Die Welt ist schön, einhundert photographische Aufnahmen, eingel. von Carl Georg Heise, München 1928.

1

Gerhard Krohm, "Materialechte Gestaltung aus der Werkerfahrung heraus," in Einfachheit im Vielfachen—Berliner Porzellan unter Einfluss von Bauhaus und Burg Giebichenstein, ed. Königliche Porzellan-Manufaktur Berlin, exh. cat. KPM-Welt Berlin (Munich: Edition Minerva, 2010), 4–7, here 7.

2

Margarete Jarchow, Berliner Porzellan im 20. Jahrhundert/Berlin Porcelain in the 20th Century (Berlin: Reimer, 1988), 48.

3

Walter Scheiffele, "Das Bauhaus und das Jenaer Glas," in Durchblick. Jenaer Glas, Bauhaus und die Küche als Labor, ed. Monika Wenzel-Bachmayer, exh. cat. Museum Postsparkasse Vienna (Vienna: Wagner: Werk Museum Postsparkasse, 2012), 4–23, here 16.

4

Albert Renger-Patzsch, Die Welt ist schön, einhundert photographische Aufnahmen, with introduction by Carl Georg Heise (Munich: Wolff, 1928).

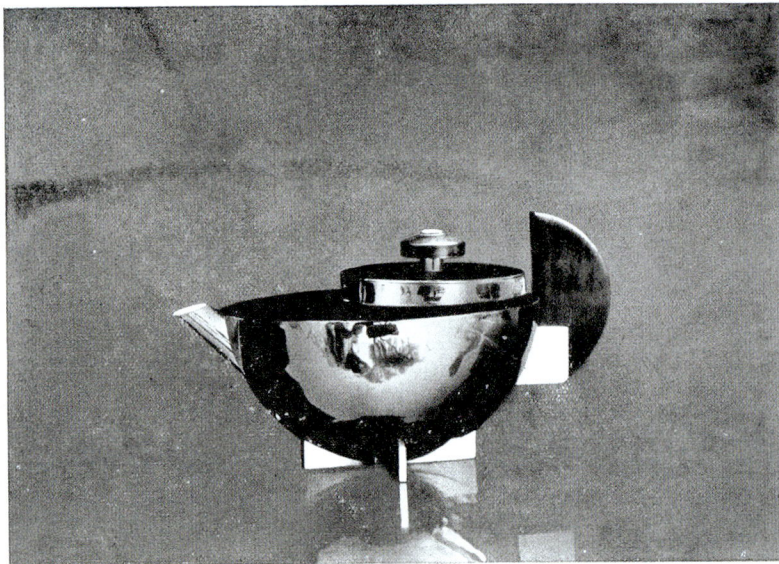

gesch.
AUSFÜHRUNG

Silber
genaueste Handarbeit

ME 8

TEE-EXTRAKTKÄNNCHEN

mit Siebeinlage
VORTEILE

1 schnelle Zubereitung des Tees
2 bequeme Handhabung
3 vollkommen dicht abschließender Deckel

Herbert Bayer, Lucia Moholy, Katalog der Muster, Einlegeblatt für Tee-Extraktkännchen von Marianne Brandt / catalogue of samples, insert sheet for tea infuser by Marianne Brandt, 1925, Buch- und Klischeedruck in Schwarz und Rot auf Kunstdruckpapier / letterpress and cliché printing in black and red on art paper, 29,8 × 21,1 cm, Privatsammlung / private collection, Bauhaus-Archiv Berlin

Marianne Brandt, Tee-Extraktkännchen Modell <u>MT 49/ME 8</u> / tea infuser model <u>MT 49/ME 8</u>, 1924, Neusilber, Ebenholz / nickel silver, ebony, 8,2 × 15,85 × 10,2 cm, Museum für Kunst und Gewerbe Hamburg, Foto / photo: Hans Hansen, 2024

[2]   Eine neue Form finden
      Finding a New Form

Lucia Moholy, Zwei Aschenschalen von Marianne Brandt (MT 35 rechts und MT 36 links) / two ashtrays by Marianne Brandt (MT 35 right, MT 36 left), 1924, Silbergelatinepapier (moderner Abzug) / gelatin silver print (modern print), 18 × 24 cm, Bauhaus-Archiv Berlin
Lucia Moholy, Teeservice von Marianne Brandt / tea set by Marianne Brandt, 1924, Silbergelatinepapier (moderner Abzug) / gelatin silver print (modern print), 18 × 24 cm, Bauhaus-Archiv Berlin

[2] Eine neue Form finden
      Finding a New Form

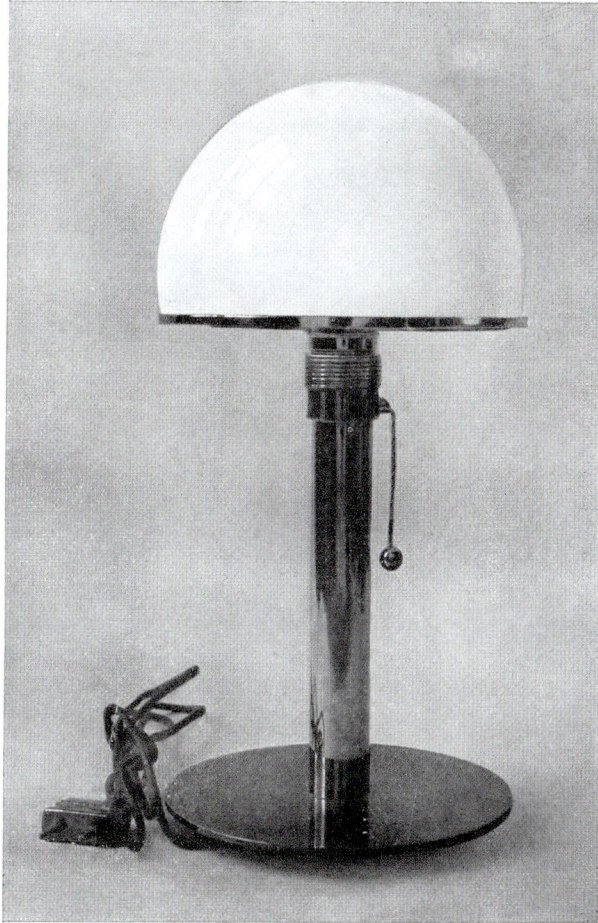

gesch.
Höhe ca. 35 cm
AUSFÜHRUNG

Messing vernickelt, Glasschirm, Zugfassung

ME 2

TISCHLAMPE AUS METALL

VORTEILE

1 beste Lichtzerstreuung (genau erprobt) mit Jenaer Schottglas
2 sehr stabil
3 einfachste, gefällige Form
4 praktisch für Schreibtisch, Nachttisch usw.
5 Glocke festgeschraubt, bleibt in jeder Lage unbeweglich

bauhausdruck bayer
din a4 11. 25. 1000

Herbert Bayer, Lucia Moholy, Katalog der Muster, Einlegeblatt für Tischleuten von Wilhelm Wagenfeld / catalogue of samples, insert sheet for table lamps by Wilhelm Wagenfeld, 1925, Buch- und Klischeedruck in Schwarz und Rot auf Kunstdruckpapier / letterpress and cliché printing in black and red on art paper, 29,8 × 21 cm, Privatsammlung / private collection, Bauhaus-Archiv, Berlin

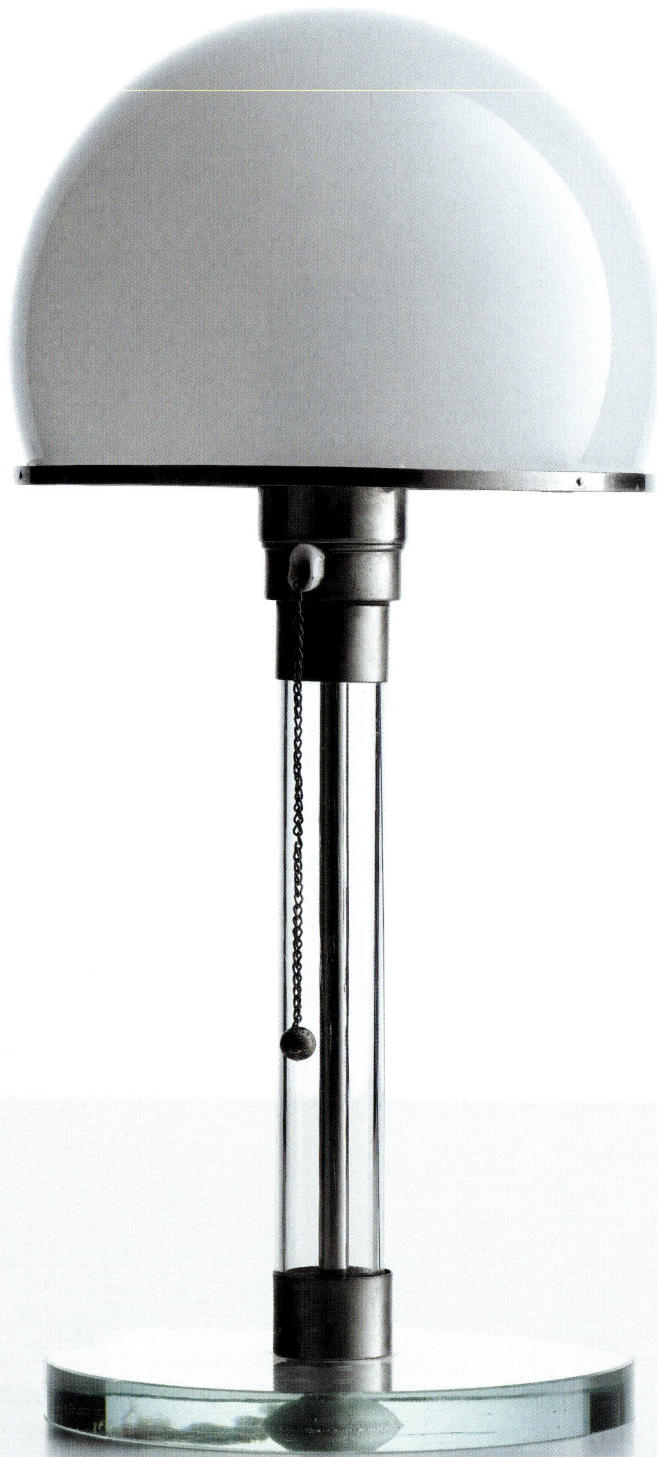

Wilhelm Wagenfeld, Tischleuchte aus Glas MT 9 / glass table lamp MT 9, 1925, Glas, Stahl, Metall, vernickelt / glass, steel, metal, nickel-plated, 37,5 cm, Museum für Kunst und Gewerbe Hamburg, Foto / photo: Hans Hansen, 2024

Lucia Moholy, Tischleuchten von Wilhelm Wagenfeld / table lamps by Wilhelm Wagenfeld, 1924/25, Silbergelatinepapier / gelatin silver prints, 16,5 × 11,5 cm, 17 × 13 cm, Privatsammlung / private collection

[2]   Eine neue Form finden
      Finding a New Form

Hans Finsler, Elektrische Birne mit Teilen der Fassung / electric bulb with portions of socket, 1928, Silbergelatinepapier / gelatin silver print, 23 × 15,3 cm, Kunstmuseum Moritzburg Halle (Saale)

Hans Finsler, Kabel und Schalter II / cable and switch II, 1928, Silbergelatinepapier / gelatin silver print, 15,4 × 22,3 cm, Kunstmuseum Moritzburg Halle (Saale)

[2] Eine neue Form finden
Finding a New Form

Gerhard Marcks, Wilhelm Wagenfeld, Sintrax-Kaffeemaschine / Sintrax coffee machine, 1932, Glas, Kunststoff, Kork, Holz / glass, plastic, cork, wood, 24,5 × 21 × 12,5 cm, Museum für Kunst und Gewerbe Hamburg, Foto / photo: Hans Hansen, 2024

[2] Eine neue Form finden
Finding a New Form

Unbekannt / Unknown, <u>Sintrax</u>-Kaffeemaschine / <u>Sintrax</u> coffee machine, 1930er Jahre / 1930s, Silbergelatinepapier / gelatin silver print, 15 × 12 cm, Schott Archiv, Jena

Atelier László Moholy-Nagy, Schott & Gen. Jenaer Glas zugeschr. / attr. to, Ihr Schaufenster spricht für Sie ... / Your display window speaks for you ...,
Werbebroschüre für / advertising brochure for Jena Glass, Anfang 1930er Jahre / early 1930s, Offset, 20,5 × 14,5 cm, Schott Archiv, Jena

[2]   Eine neue Form finden
      Finding a New Form

Albert Renger-Patzsch, Werbeaufnahme für Jenaer Glas / advertisement for Jena Glass, 1934, Silbergelatinepapier (späterer Abzug) / gelatin silver print (printed later), 37,7 × 28,5 cm, Museum für Kunst und Gewerbe Hamburg

[2] Eine neue Form finden
Finding a New Form

Josef Sudek, Werbefotografie / advertising photograph, 1930er Jahre / 1930s, Silbergelatinepapier / gelatin silver print, 17,9 × 23,9 cm, U(P)M. The Museum of Decorative Arts in Prague

Josef Sudek, Werbefotografie für / advertising photograph for Družstevní práce, 1931, Silbergelatinepapier / gelatin silver print, 17,9 × 24 cm, U(P)M. The Museum of Decorative Arts in Prague

[2] Eine neue Form finden
Finding a New Form

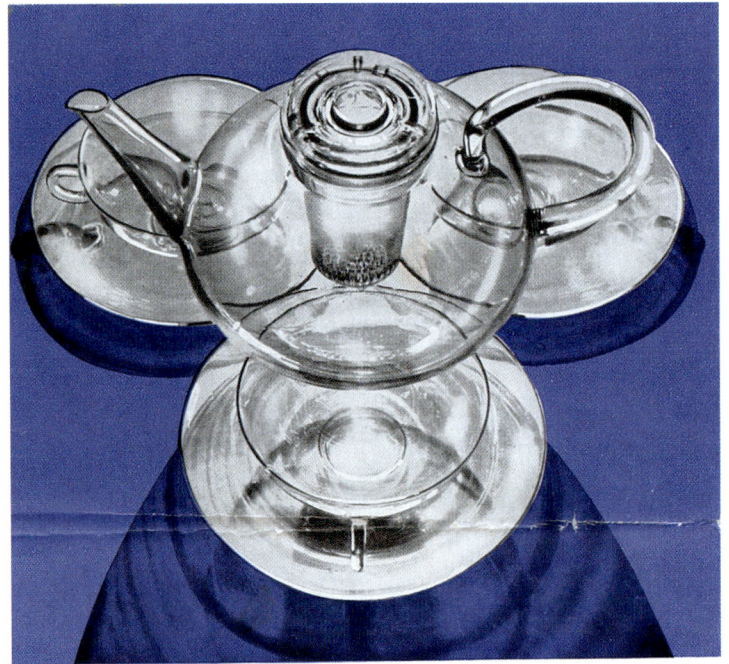

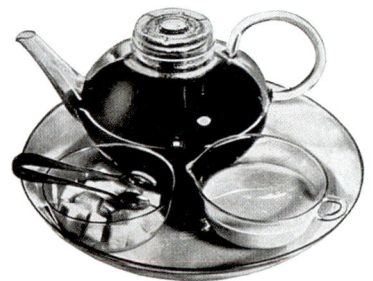

...für frohe Stunden der
Geselligkeit:
das schwebend leichte
durchsichtige
Teeservice
aus feuerfestem
Jena^{er} Glas

László Moholy-Nagy, Teeservice Wilhelm Wagenfeld / tea set by Wilhelm Wagenfeld, um / c. 1935, Silbergelatinepapier / gelatin silver print, 21 × 26,5 cm,
Schott Archiv, Jena
Atelier / Studio of László Moholy-Nagy, Schott & Gen. Jenaer Glas zugeschr. / attr. to, Jenaer Glas direkt vom Feuer auf den Tisch /
Jena Glass, straight from fire to table, Werbebroschüre / advertising brochure, 1930er Jahre / 1930s, Wilhelm Wagenfeld Stiftung, Bremen

[2]   Eine neue Form finden
      Finding a New Form

Tjeckoslovakisk arkitektur och konstindustri

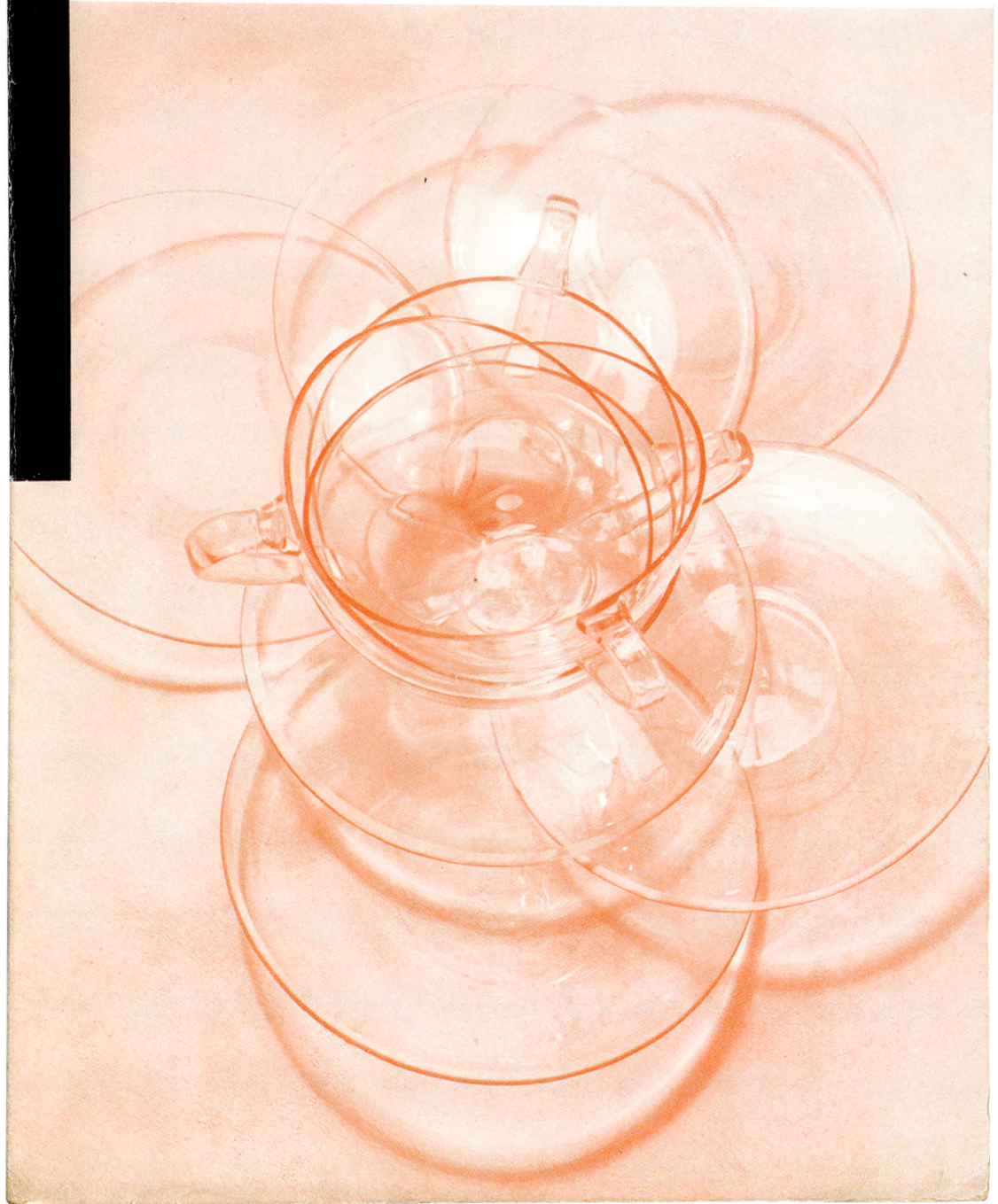

Ladislav Sutnar, Josef Sudek, Tjeckoslovakisk arkitektur och konstindustri (Architektur und Kunstgewerbe aus der Tschechoslowakei / Czechoslovak architecture and applied arts), 1931, Ausstellungskatalog, geheftete Broschüre, Kartonumschlag / exhibition catalogue, stapled brochure, cardboard cover, 21 × 14,8 cm, U(P)M. The Museum of Decorative Arts in Prague

[2] Eine neue Form finden
     Finding a New Form

67

László Moholy-Nagy, Teegläser aus feuerfestem Jenaer Glas (Punsch- u. Bowle-Gläser) / tea glasses of fireproof Jena glass (punchbowl glasses), um / c. 1935, Silbergelatinepapier / gelatin silver print, 18 × 13 cm, Schott Archiv, Jena (Detail / detail)

[2] Eine neue Form finden
Finding a New Form

László Moholy-Nagy, Ohne Titel (Teetassen) / Untitled (tea cups), um / c. 1935, Silbergelatinepapier / gelatin silver print, 15 × 10,5 cm, Wilhelm Wagenfeld Stiftung, Bremen (Detail / detail)

[2]   Eine neue Form finden
Finding a New Form

Trude Petri zugeschr. / attr. to, Staatliche Porzellan-Manufaktur Berlin (Hersteller / manufacturer), Gefäße aus der Serie der chemischen Geräte / containers from chemical equipment series, 1930, Porzellan / porcelain, Museum für Kunst und Gewerbe Hamburg, Foto / photo: Hans Hansen, 2024

Hildegard Heise, Technisches Porzellan, Berliner Manufaktur / technical porcelain, manufactured in Berlin, 1935, Silbergelatinepapier / gelatin silver print,
39,3 × 29,1 cm, Museum für Kunst und Gewerbe Hamburg

[2] Eine neue Form finden
Finding a New Form

NEUES PORZELLAN
der Staatlichen Porzellan-Manufaktur Berlin

Technisches Porzellan

Konfektschalen mit Einsatzschälchen
Modell Gerhart Marcks, Halle. Ausführung: Staatl. Porzellan-Manufaktur Berlin

Fotos Finsler

102

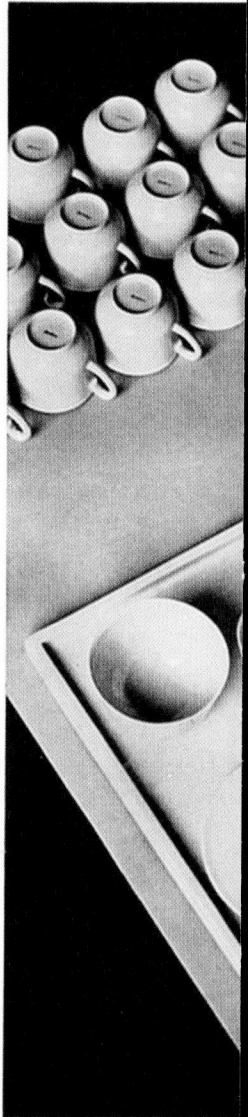

Kaffeegeschirr
Entwurf: Marguerite Friedlaender, Halle a. d. S. Au

[2]   Eine neue Form finden
      Finding a New Form

Hans Finsler, Kaffeegeschirr I / Coffee Set I, 1930, Silbergelatinepapier / gelatin silver print, 23 × 15,3 cm, Kunstmuseum Moritzburg Halle (Saale)

[2] Eine neue Form finden
Finding a New Form

Hans Finsler, Teller mit Beilageschalen / plate with side bowls, 1931, Silbergelatinepapier / gelatin silver print, 18 × 23,7 cm,
Kunstmuseum Moritzburg Halle (Saale)
Hans Finsler, Teeservice VIII. Halle / Tea Service VIII. Halle, 1931, Silbergelatinepapier / gelatin silver print, 22,7 × 16 cm, Kunstmuseum Moritzburg Halle (Saale)

[2] Eine neue Form finden
     Finding a New Form

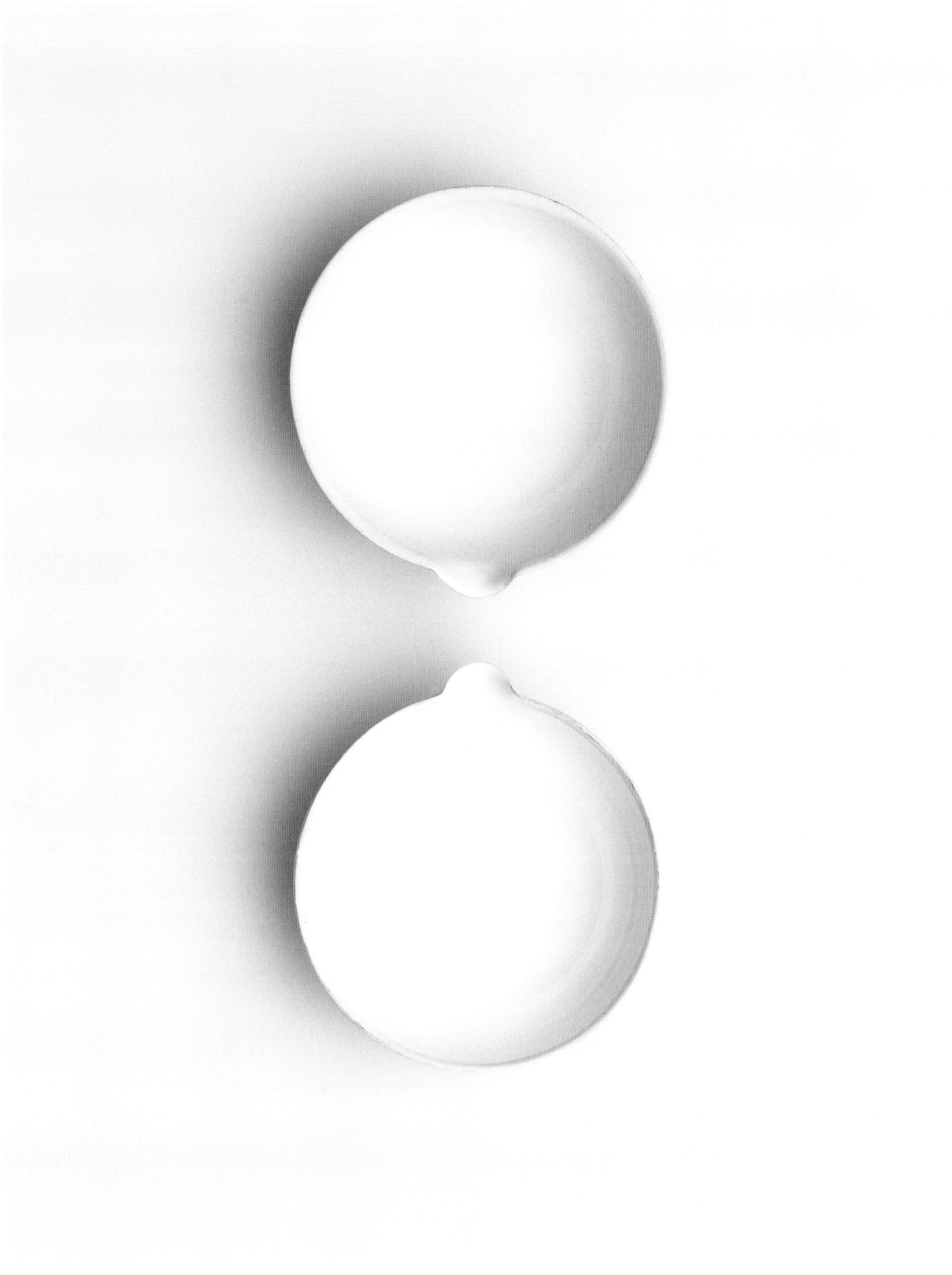

Staatliche Porzellan-Manufaktur Berlin (Hersteller / manufacturer), Zwei Laborschalen / two laboratory dishes, 1890–1910, Porzellan, glasiert / porcelain, glazed, 3 × 9,5 cm, Museum für Kunst und Gewerbe Hamburg, Foto / photo: Hans Hansen, 2024

[2] Eine neue Form finden
     Finding a New Form

Fulvio Bianconi, Karaffe / decanter, 1949–1951, Glas, überfangen / glass, overlaid, 13,6 × 24,25 × 9,5 cm, Museum für Kunst und Gewerbe Hamburg, Foto / photo: Hans Hansen, 2024

Franz Lazi, Gral-Glas-Werkstätten / Gral Glass glassworks, drei Gläser / three glasses, Entwurf / design: Fulvio Bianconi, 1951/52, C-Print, 60 × 49,9 cm, Museum für Kunst und Gewerbe Hamburg

Hansi Müller-Schorp, Geschirrgrafik, Schalensatz / set of bowls Arzberg 1100, Entwurf / design: Heinrich Löffelhardt, 1974, Silbergelatinepapier / gelatin silver print, 60 × 46 cm, Museum für Kunst und Gewerbe Hamburg

[2] Eine neue Form finden
     Finding a New Form

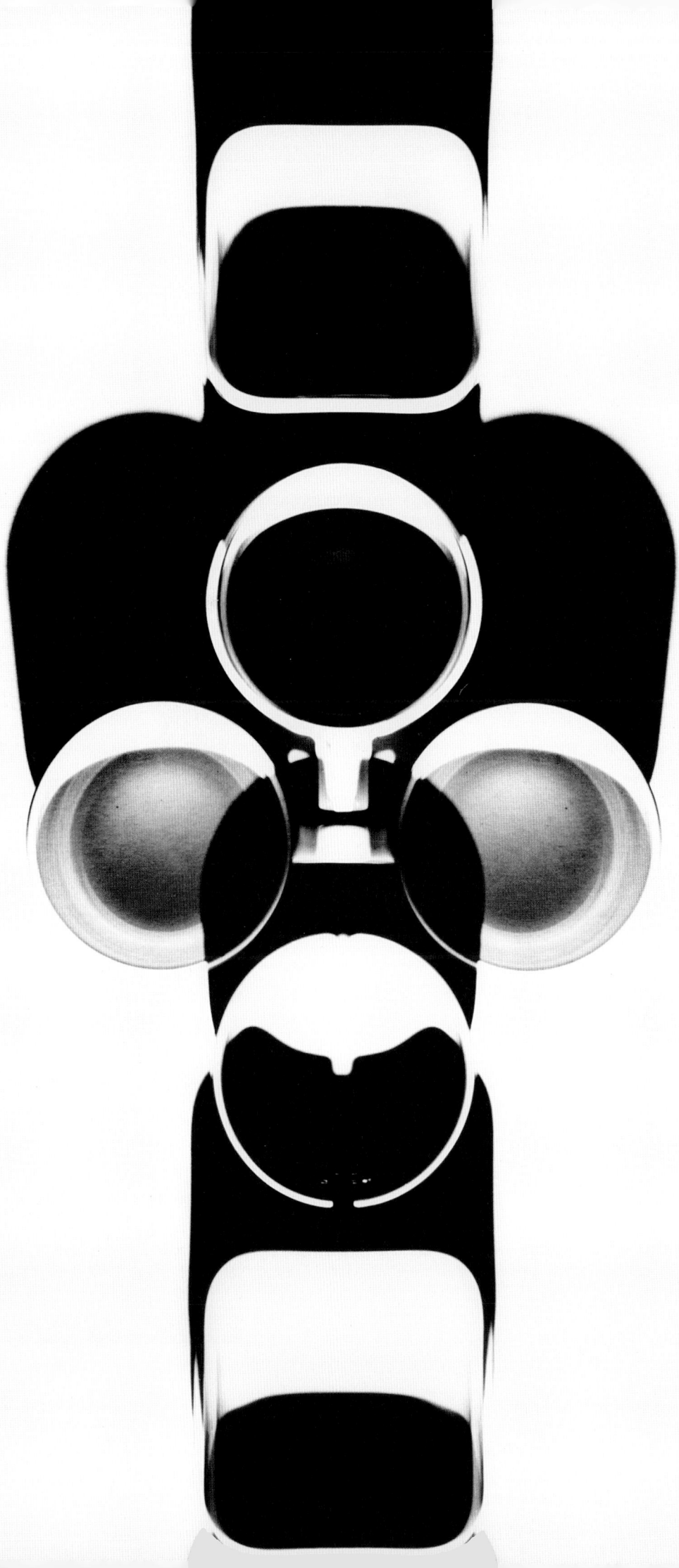

Willi Moegle, Schalensatz / set of bowls Arzberg-Schönwald von / by Heinrich Löffelhardt, 1960, moderner Abzug vom Schwarz-Weiß-Negativ /
modern print from black and white negative, 40 × 40 cm, Stiftung Preußischer Kulturbesitz
Hansi Müller-Schorp, Schalensatz / set of bowls Arzberg 1100 von / by Heinrich Löffelhardt, 1960, Silbergelatinepapier / gelatin silver print, 60,5 × 44,1 cm,
Museum Folkwang, Essen

[2]   Eine neue Form finden
      Finding a New Form

Heinrich Löffelhardt, Schalensatz / set of bowls <u>Arzberg 1100</u>, 1960, Porzellan / porcelain, versch. Maße / various dimensions,
Museum für Kunst und Gewerbe Hamburg, Foto / photo: Hans Hansen, 2024

[2] Eine neue Form finden
    Finding a New Form

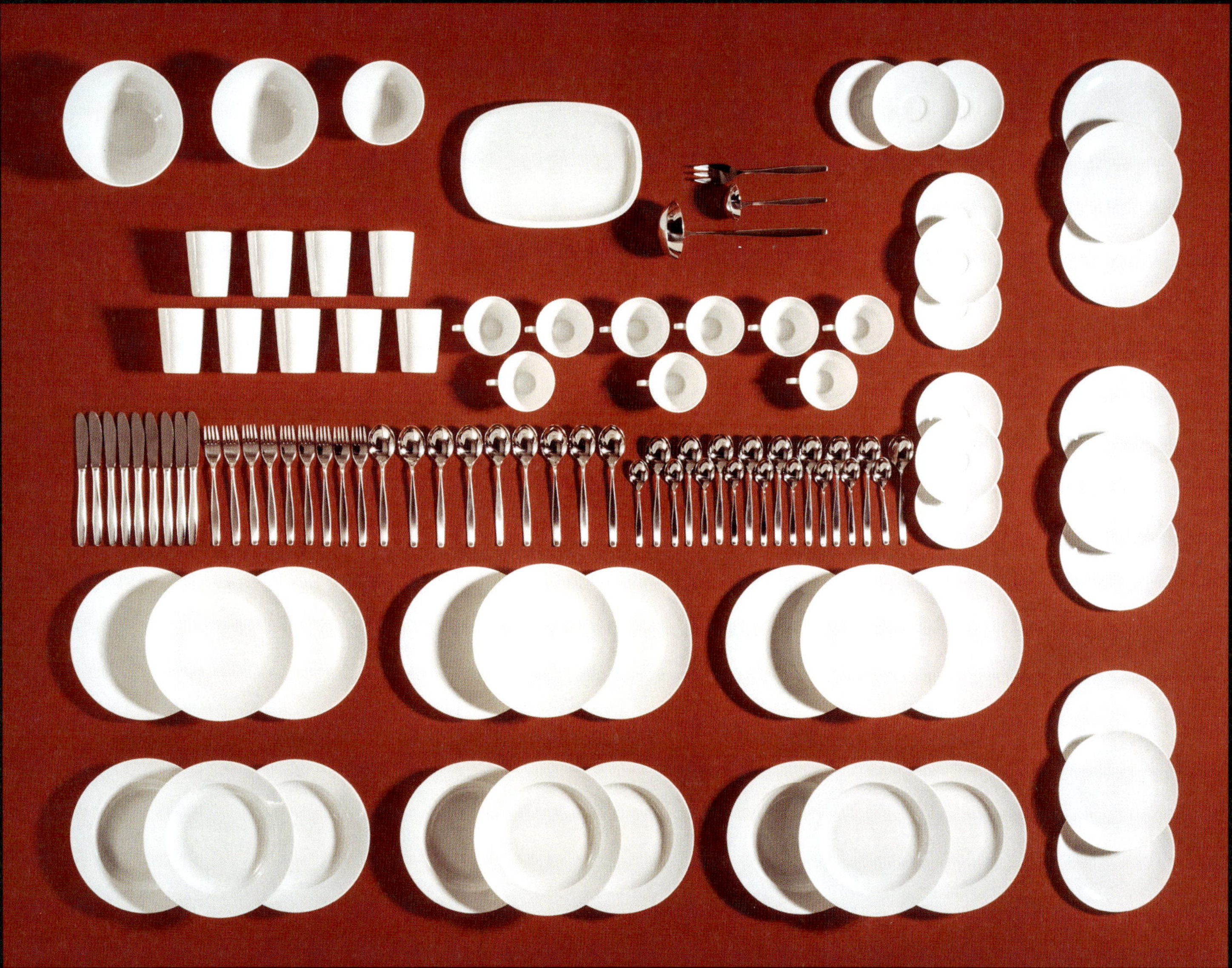

TC 100

TC 100 ist ein Kompaktgeschirr. Bestimmt für Hotel und Gaststätte, Kantine und Mensa, Café und Schnellbüffet, Sanatorium und Klinik, Schiff, Flugzeug und Eisenbahn, und für alle, die es praktisch finden und es sich deshalb ins Haus nehmen wollen.

TC 100 ist ein System. Die Teile passen ineinander, übereinander und zueinander. Die Teile lassen sich sicher und dicht und, wenn es nötig ist, auch mit Inhalt stapeln. Eng zusammengesetzte Schäfte füllen Regale und Schränke. Nicht nur gleiche Teile - Tasse auf Tasse, Becher auf Becher - sondern auch verschiedene Teile können in- und übereinander gesetzt werden. Tasse in Becher, Becher in Gießer, Gießer auf Kanne, Kanne auf Kanne . . .

TC 100 ist ein Mittel, um einen Betrieb höher zu organisieren. Ein Weg, um über personelle, räumliche und zeitliche Engpässe hinweg-zukommen. Die Teile sind nicht schwer und doch stark - sie halten Stoß und Spülmaschine aus. Sie lagern eng, sind leicht zu spülen und stehen sicher.

Das ‚Kompaktgeschirr' entstand in der Hochschule für Gestaltung in Ulm. TC 100 wird von Thomas hergestellt.

Entwicklungsgruppe E5 der HfG Ulm, Leitung: Otl Aicher / Development group E5 from the HfG Ulm, under the direction of Otl Aicher, Stapelgeschirr TC 100, Werbeplakat, Diplomarbeit Hans (Nick) Roericht, HfG Ulm, Hersteller: Thomas/Rosenthal AG, Waldershof / stackable dishes TC 100, advertising poster, diploma project by Hans (Nick) Roericht, HfG Ulm, manufacturer: Thomas/Rosenthal AG, Waldershof, 1959, Offset, 59,3 × 42 cm, HfG-Archiv Ulm

[2] Eine neue Form finden
Finding a New Form

Tomás Gonda, Stapelgeschirr TC 100 / stackable dishes TC 100, 1959, Silbergelatinepapier / gelatin silver print, 13,1 × 17,9 cm, HfG-Archiv Ulm

[2] Eine neue Form finden
Finding a New Form

Hans Roericht, Stapelgeschirr TC 100 / stackable dishes TC 100, 1959, Porzellan / porcelain, 11,1 × 12,5 × 8,1 cm, Margarete Jahny und Erich Müller, Rationell, 1969, 10,5 × 14 × 8 cm, Museum für Kunst und Gewerbe Hamburg, Foto / photo: Hans Hansen, 2024

Bernd Heyden, aus der Serie / from the series Hotelgeschirr Rationell – Stapelvarianten / Hotel dishes Rationell – stackable versions, 1969/70, Silbergelatinepapier / gelatin silver print, 15,5 × 23,3 cm, Stiftung Haus der Geschichte der Bundesrepublik Deutschland, Berlin, Bonn

[2] Eine neue Form finden
Finding a New Form

Bernd Heyden, aus der Serie / from the series Hotelgeschirr Rationell – Stapelvarianten / Hotel dishes Rationell – stackable versions, 1969/70, Silbergelatinepapier / gelatin silver print, 23,3 × 17,2 cm, Stiftung Haus der Geschichte der Bundesrepublik Deutschland, Berlin, Bonn

[2] Eine neue Form finden
Finding a New Form

Bernd Heyden, aus der Serie / from the series Hotelgeschirr Rationell – Stapeleigenschaft im Serviervorgang / Stacking properties in the serving process, 1969/70, 18,2 × 24 cm, Stiftung Haus der Geschichte der Bundesrepublik Deutschland, Berlin, Bonn

[2] Eine neue Form finden
Finding a New Form

Vico Magistretti, Stuhl / chair Selene, 1969, Kunststoff / plastic, 75 × 47 × 50 cm, Museum für Kunst und Gewerbe Hamburg, Foto / photo: Hans Hansen, 2024

[2] Eine neue Form finden
     Finding a New Form

Studio Ballo+Ballo, Stuhl / chair Selene, nach / after 1969, moderner Abzug vom Farbdiapositiv / modern print from color slide, 246 × 172 cm, Civico Archivio Fotografico, Musei del Castello Sforzesco, Mailand / Milan

Emilio Fioravanti, Faltblätter für / leaflets for Artemide, 1971, Offset, 75 × 21 cm, 60 × 21 cm, Museum für Kunst und Gewerbe Hamburg, Schenkung / gift of Emilio Fioravanti

Artemide

Lampade, mobili,
oggetti per arredamento
20152 Milano - via Kuliscioff 6
telefono 4151644/5/6/7
Esposizione: 20145 Milano - via Canova 8
telefono 314453/314556

Anno 5 - n. 19 - I° bimestre 1971
Autor. Tribunale di Milano n. 152 del 15.5.67
Responsabile: Ernesto Gismondi
Grafica: E. Fioravanti - G. & R. Associati - Foto A. Ballo
Stampa: Officina d'Arte Grafica A. Lucini e C. - Milano
Spedizione in abbonamento postale Gruppo IV

Novità / Nouveautés
Novelties / Neuigkeiten
1971

Artemide

Lampade Mobili Oggetti
20145 Milano Via Canova 8
Telefono 314453/314556

Anno 3 - n. 11 - V° b'mestre 1969
Autor. Tribunale di Milano n. 152 del 15.5.67
Responsabile: Ernesto Gismondi
Grafica: Emilio Fioravanti
Stampa: Poligrafico G. Colombi S.p.A. - 20016 Pero (MI)
Spedizione in abbonamento postale Gruppo IV

Selene
Design
Vico Magistretti

Che cos'è una cosa perfetta se non
qualcosa che non abbia nulla di più o
di meno di quanto debba avere?
E' un punto, una retta, una sfera. Ecco
qui è nata una sedia così: con le
pieghe che vuole la sua forma, adatta
all'uomo e necessaria alla macchina.
Esce dallo stampo ripetendo in un
gesto, uguale a se stesso per migliaia
di volte, un'identica perfezione.

Studio Ballo+Ballo, Leuchte Telegono von Vico Magistretti für Artemide / Telegono lamp by Vico Magistretti for Artemide, nach / after 1966, Silbergelatinepapier / gelatin silver prints, 24 × 18 cm, Civico Archivio Fotografico, Musei del Castello Sforzesco, Mailand / Milan

Vico Magistretti, Tischleuchte / table lamp Eclisse, 1966, Aluminium, lackiert / painted aluminum, 17 cm, Museum für Kunst und Gewerbe Hamburg, Foto / photo: Hans Hansen, 2024

[2]   Eine neue Form finden
      Finding a New Form

Artemide

Lampade, mobili, oggetti per arredamento
via Kuliscioff, 6 - telefono 4151644/5/6/7 - 20152 Milano
Esposizione:
via Canova, 8 - telefono 314453/314556 - 20145 Milano

Eclisse
Lampada da tavolo in metallo laccato
nei colori bianco, grigio sabbia, blu, rosso, arancio,
giallo o nero. Luce orientabile e regolabile.
Diametro cm 12 - Massimo 1x25 Watt opalino.
Premio Compasso d'Oro ADI 1967.
Design: Vico Magistretti

Aperta per una luce sicura,
e incappucciata nella penombra
e nel silenzio.
È un'idea di luce, questa Eclisse:
una cosa piccola che può stare in mano
come un oggetto amico.

Emilio Fioravanti, Anzeige für / advertisement for Artemide, 1971, Offset, 27,8 × 21,5 cm, Museum für Kunst und Gewerbe Hamburg, Schenkung / gift of Emilio Fioravanti

Creating a Brand Image

Ein Markenbild prägen

Für die Qualität eines Produkts bürgten bis Ende des 19. Jahrhunderts die Personen, die einen Artikel herstellten oder verkauften. Erst mit der Professionalisierung der Werbung ab der Jahrhundertwende entstand das Konzept der Marke. Mit der Wiederholung einer Werbebotschaft sollte Vertrauen in einen Hersteller oder aber in bestimmte Qualitäten eines Produkts geschaffen werden. Man kreierte ein einheitliches Design für den Auftritt der Firmen. Kaffee-HAG und Wagner (Pelikan ink) gehörten in Deutschland zu den ersten Unternehmen, die in den 1910er Jahren eigene Werbebüros gründeten und ein Markenbild prägten.[1] Dazu gehörte mehr als eine sogenannte Wortmarke, Plakate, Anzeigen und Verpackungen – es ging um ein ganzheitliches Erscheinungsbild.

Die Anfang des 20. Jahrhunderts gegründete Firma für Schreib- und Rechenmaschinen Olivetti engagierte 1933 die Architekten Luigi Figini und Gino Pollini für die Erweiterung der Fabrikgebäude. Die zeitgemäße Architektur der Produktionsstätten, eine Art gläserne Fabrik mit einem langen, zur Straße geöffneten Raum, verband Arbeit und öffentliches Leben und integrierte auch soziale Einrichtungen wie Bibliothek, Krankenstation und Sportstätten.[2] Das Image des Unternehmens wurde in den 1950er Jahren ästhetisch durch die Entwürfe visionärer Architekten wie Carlo Scarpa geprägt, welche die Geschäfte in Venedig und New York oder den Verkaufsraum in der Galleria Vittorio Emanuele II. in Mailand konzipierten. Das firmeneigene Werbebüro schloss langjährige Verträge mit selbstständigen Designern, in den 1950er und 1960er Jahren vor allem mit dem Bildhauer und Grafikdesigner Marcello Nizzoli, der das Industriedesign übernahm und sich eng mit den Ingenieuren abstimmte, und dem Grafiker Giovanni Pintori. Nizzolis Kriterien waren Funktionalität und einfache Bedienbarkeit als Ausgangspunkt für die ästhetische Form. 1948 entwarf er die Büroschreibmaschine Lexikon 80 mit sanft abgerundeten Kanten und gewölbter Front sowie einem markant geschwungenen, verchromten Hebel, die zum ikonischen Objekt wurde. Zwei Jahre später entwickelte er die wesentlich kleinere, vier Kilogramm leichte Reiseschreibmaschine Lettera 22. In kühlen und hellen Tönen gestaltet, verstaut in einem Koffer mit Griff, war sie für den Privatgebrauch gedacht. Pintori, der in dieser Zeit die Werbekampagnen für Olivetti entwarf, setzte den Mechanismus der Maschine auf einem Plakat mit spielerischer Leichtigkeit in farbigen Bögen in Szene.

Fast zwanzig Jahre später – das Industriedesign der Firma Olivetti hatte Mitte der 1960er Jahre Ettore Sottsass übernommen – griff dieser die Idee vom tragbaren Büro auf und entwickelte in Zusammenarbeit mit Perry A. King 1969 die Schreibmaschine Valentine. Das leuchtend rote Kunststoffgehäuse war Verpackung und Transporthülle zugleich. Die Gestaltung ist emotionalisierend: Mit der kräftigen Farbe und dem neuen Werkstoff Kunststoff rückte der funktionalistische Ansatz in den Hintergrund zugunsten einer das Gefühl ansprechenden Verbindung zu den Nutzer*innen. Im Anzeigentext werden sie namentlich

Creating a Brand Image

Until the end of the nineteenth century, the quality of a product was vouched for by the people who produced or sold it. The concept of a brand arose only with the professionalization of advertising around 1900. Repetition of the advertising message aimed to foster trust in a manufacturer or in certain qualities of a product, and corporations created a standardized design for the presentation of their business. Kaffee-HAG and Wagner (Pelikan ink) were among the first companies in Germany to found their own advertising agencies in the 1910s and forge their own brand images.[1] This branding encompassed more than just a wordmark or posters, advertisements, and packaging—the goal was a unified visual appearance.

The typewriter and calculator manufacturer Olivetti, founded at the beginning of the twentieth century, commissioned the architects Luigi Figini and Gino Pollini to expand their factory buildings in 1933. The contemporary architecture of the manufacturing plant, a glass factory with an extended space open to the street, fused labor and public life and integrated social institutions such as a library, infirmary, and sports facilities.[2] In the 1950s, the company's image was defined aesthetically by the proposals of visionary architects like Carlo Scarpa, who designed the Olivetti stores in Venice and New York and the sales rooms in the Galleria Vittorio Emanuele II in Milan. The in-house advertising agency signed long-term contracts with freelance designers—in the 1950s and 1960s, above all with the sculptor and graphic designer Marcello Nizzoli, who oversaw the industrial design of products in close cooperation with engineers, and with the graphic artist Giovanni Pintori. Nizzoli's design criteria were functionality and ease of use as the starting point for the form of a product. In 1948, he created the office typewriter Lexikon 80, which became an iconic object with its slightly rounded edges, domed hood, and prominent chrome-plated lever. Two years later he developed the much smaller portable typewriter Lettera 22, weighing only four kilograms. Designed in cool and light colors, it could be packed in a case with a handle and was intended for private use. Pintori, who created the advertising campaigns for Olivetti during this time, designed a poster visualizing the mechanism of the typewriter as playful, colorful arches.

Almost twenty years later in 1969, Ettore Sottsass, who had taken over Olivetti's industrial design in the mid-1960s, returned to the idea of the portable office and developed the Valentine typewriter in collaboration with Perry A. King. The bright red plastic casing served both as packaging and for transport. The design was emotionalizing: with the bold color and new material of plastic, the functional approach yielded to a relationship with the user that appealed to feeling. They are explicitly mentioned in the advertising copy, and the portable typewriter was shown not in the office, but in the cockpit of an airplane or at a weekend on the beach. Like the Lettera 22, it was

Esther Ruelfs

genannt, und statt ins Büro wird die transportable Schreibmaschine ins Cockpit eines Flugzeugs oder am Wochenende an den Strand mitgenommen. Wie schon die Lettera 22 war sie für die Freizeit und nicht für das Büro entworfen. In den 1960er Jahren baute Renzo Zorzi die Abteilung für Corporate Identity im Unternehmen auf, die ab 1969 Hans von Klier leitete; er hatte an der Hochschule für Gestaltung in Ulm studiert und als Mitarbeiter von Sottsass bei Olivetti angefangen.[3] Klier modernisierte das Firmenlogo und brachte zwischen 1971 und 1978 die Roten Bücher heraus – Designhandbücher, die detailliert festlegten, wie Markenzeichen, Geschäftskorrespondenz, Beschriftungen, die Farbpalette und alle übrigen grafischen Mittel, die in der Corporate Identity angewandt wurden, auszusehen hatten.

Das systemische Designverständnis der Hochschule für Gestaltung Ulm wurde auch von deutschen Firmen übernommen. Für das visuelle Erscheinungsbild des Herstellers von Lichtsystemen Erco waren ab 1976 der Grafiker und Mitgründer der HfG Ulm Otl Aicher und der

Fotograf Hans Hansen verantwortlich. Man verkaufte „Licht statt Leuchten" und betonte die immateriellen Qualitäten von Licht. In dem von Aicher entwickelten Schriftzug wird das Wort zum Zeichen: Die Lettern werden zum Wortende hin immer kleiner, die Zeilenabstände immer geringer, sodass die Buchstaben den Lichtstrahl verkörpern und zum Zeichen werden. „das logogramm von Erco ist ein dem licht nachgebildeter verlauf. es ist licht in der erscheinungsform der typographie." Aicher wollte Licht in Typografie umsetzten.[4] In den Werbekampagnen von Hildmann, Simon, Rempen & Schmitz wird die sachliche und rationale Gestaltung Aichers mit Fotografien von Hans Hansen kombiniert, die durch Einfachheit und Klarheit bestechen. Die Gestaltung der Lichtsysteme wie auch das Erscheinungsbild waren an Gebrauch, Funktion und Langlebigkeit orientiert.[5] Wie schon Ludwig Roselius bei Kaffee-HAG oder Adriano Olivetti spielte bei Erco mit Klaus Jürgen Maack ein visionärer Unternehmer, der Gestaltungsaufgaben ganzheitlich verstand, eine entscheidende Rolle für die Außenwirkung der Produkte.

1
Dirk Reinhardt, Von der Reklame zum Marketing: Geschichte der Wirtschaftswerbung in Deutschland, Berlin 1993, S. 28; Detmar Schäfer, Pelikan. Die Marke, Hannover 2013; Pelikan. Ein Unternehmen schreibt Geschichte, Ausst.-Kat. Historisches Museum Hannover, Hannover 2008; Bärbel Kern u. a. (Hg.), 100 Jahre Kaffee HAG. Die Geschichte einer Marke, Bremen 2006.

2
Sibylle Kicherer, Olivetti: A Study of the Corporate Management of Design, New York 1990; Design Process Olivetti 1908–1983, hg. von Ingegnere C Olivetti e C., Mailand 1983.
3
Kicherer 1990 (wie Anm. 2), S. 51.

4
Otl Aicher, „Erscheinungsbild", in: Erco Lichtfabrik. Ein Unternehmen für Lichttechnologie, Lüdenscheid 1990, S. 186–203, hier: S. 188.
5
„Interview mit dem Sprecher der Geschäftsführung von Erco GmbH Tim Henrik Maack", in: Gute Gestaltung / Good Design, 15, Basel 2015, S. 29–44.

conceived for leisure rather than for work. In the 1960s Renzo Zorzi expanded the firm's corporate identity department, which from 1969 on was headed by Hans von Klier. Klier had studied at the renowned design school Hochschule für Gestaltung (HfG) in Ulm and joined Olivetti as an assistant to Sottsass.[3] He modernized the company's logo and published the Red Books between 1971 and 1978: design handbooks that precisely defined how the logo, business correspondence, lettering, color palette, and all other graphic elements of the corporate identity should appear.

The systematic approach to design of the Ulm school was adopted by German companies as well. From 1976 on, the visual appearance of the lighting manufacturer Erco was overseen by the graphic artist who cofounded the HfG Ulm, Otl Aicher, and the photographer Hans Hansen. They focused on selling "light instead of lamps" and emphasized the immaterial qualities of light. The lettering developed by Aicher turned the word into a wordmark: the letters became increasingly slender and

the font size and line spacing progressively smaller, making the word an embodiment of rays of light and therewith a sign. Aicher's intent was to transform light into typography: "the Erco logogram is a progression modelled on light. it is light in the appearance of typography."[4] The advertising campaign by Hildmann, Simon, Rempen & Schmitz combined Aicher's objective and rational design with Hansen's photographs, which are characterized by simplicity and clarity. The design of the lighting systems as well as their image adhered to the maxims of use, function, and durability.[5] Like Ludwig Roselius at Kaffee-HAG or Adriano Olivetti, the visionary businessman Klaus Jürgen Maack played a decisive role at Erco, conceiving design tasks holistically and decisively shaping the presentation of products.

1
Dirk Reinhardt, Von der Reklame zum Marketing: Geschichte der Wirtschaftswerbung in Deutschland (Berlin: Akademie Verlag, 1993), 28; Detmar Schäfer, Pelikan. Die Marke (Hannover: Leuenhagen & Paris, 2013); Pelikan. Ein Unternehmen schreibt Geschichte, exh. cat. Historisches Museum Hannover (Hannover: Historisches Museum, 2008); Bärbel Kern et al., eds., 100 Jahre Kaffee HAG. Die Geschichte einer Marke (Bremen: Edition Temmen, 2006).

2
Sibylle Kicherer, Olivetti: A Study of the Corporate Management of Design (New York: Rizzoli, 1990); Design Process Olivetti 1908–1983, ed. Giovanni Giudici, Ingegnere C. Olivetti et al. (Milan: Olivetti, 1983).
3
Kicherer, Olivetti, 51.

4
Otl Aicher, "Erscheinungsbild," in Erco Lichtfabrik. Ein Unternehmen für Lichttechnologie, 186–203 (Berlin: Ernst & Sohn, 1990), 188.
5
"Interview mit dem Sprecher der Geschäftsführung von Erco GmbH Tim Henrik Maack," Gute Gestaltung / Good Design 15 (Basel: Birkhäuser, 2015): 29–44.

El Lissitzky, Pelikan – Drawing Ink, 1925, Plakat, Offsetlithografie / poster, offset lithograph, 32,5 × 44,3 cm, Museum für Kunst und Gewerbe Hamburg
Wilhelm Wagenfeld, Pelikan-Tintenflasche mit Originalkarton / Pelikan ink bottle with original box, 1938, Pressglas, Kunststoff, Karton /
molded glass, plastic, cardboard, 10,5 × 6 × 5 cm, Wilhelm Wagenfeld Stiftung, Bremen, Foto / photo: Hans Hansen, 2024

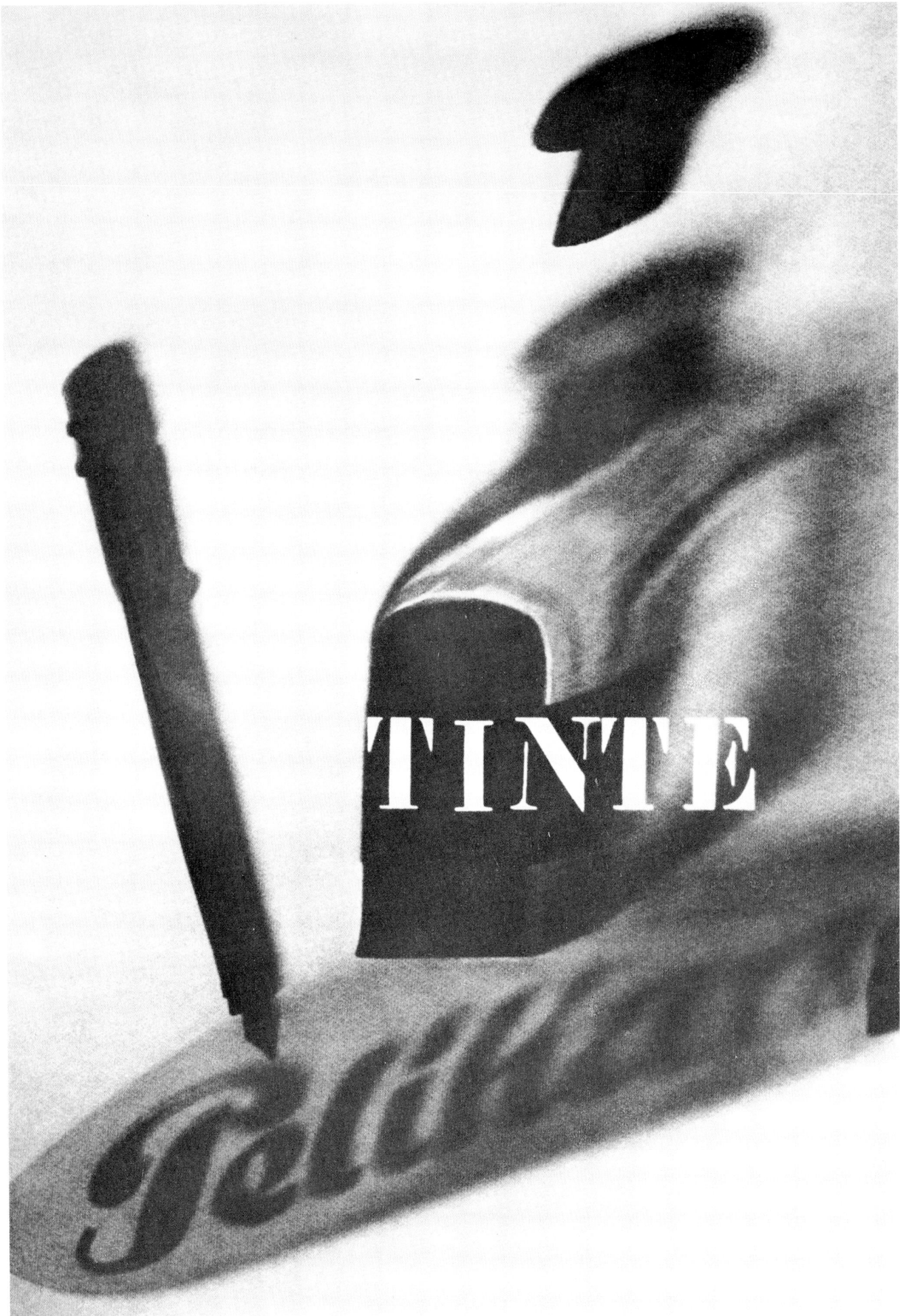

El Lissitzky, Werbeentwurf für Pelikan-Tinte / design for Pelikan advertisement, 1924, Andruck / test print, 29 × 19,5 cm, Sprengel Museum Hannover

[3] Ein Markenbild prägen
     Creating a Brand Image

Kurt Schwitters, <u>Merz 11 Typoreklame. Pelikan-Nummer</u> / <u>Merz no. 11: Typographic Advertising: Pelikan issue</u>, 1924, Buchdruck, Drahtheftung / letterpress, wire stitching, 29,1 × 22 cm, Privatbesitz im / private collection in the Sprengel Museum Hannover

[3] Ein Markenbild prägen
Creating a Brand Image

Otto Hermann Werner Hadank, Verpackungsmuster für Schreibbänder in Schwarz und Rot der Marke Pelikan, Günther Wagner /
packaging design for typewriter ribbons in black and red, Pelikan brand, Günther Wagner, 1937–1965, Lithografie / lithograph, 23,6 × 29,4 cm,
Museum für Kunst und Gewerbe Hamburg

[3] Ein Markenbild prägen
     Creating a Brand Image

Ugo Mulas, Olivetti Showroom, Galleria Vittorio Emanuele II, Mailand / Milan, 1958, Silbergelatinepapier (moderner Abzug) / gelatin silver print (modern print), 20 × 20 cm, Archivio Ugo Mulas, Mailand / Milan
Giovanni Pintori, Olivetti Ivrea, 1950–1955, Broschüre, Autotypie / brochure, halftone, 21 × 24 cm, Museum für Kunst und Gewerbe Hamburg

[3]   Ein Markenbild prägen   107
      Creating a Brand Image

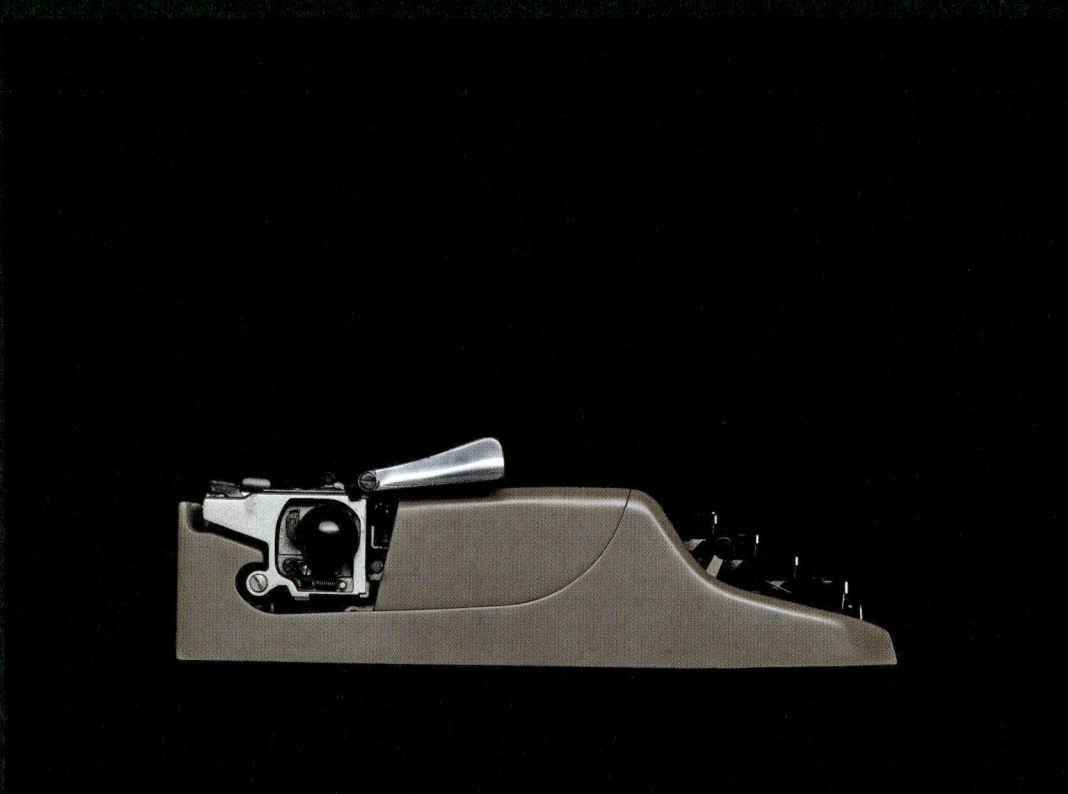

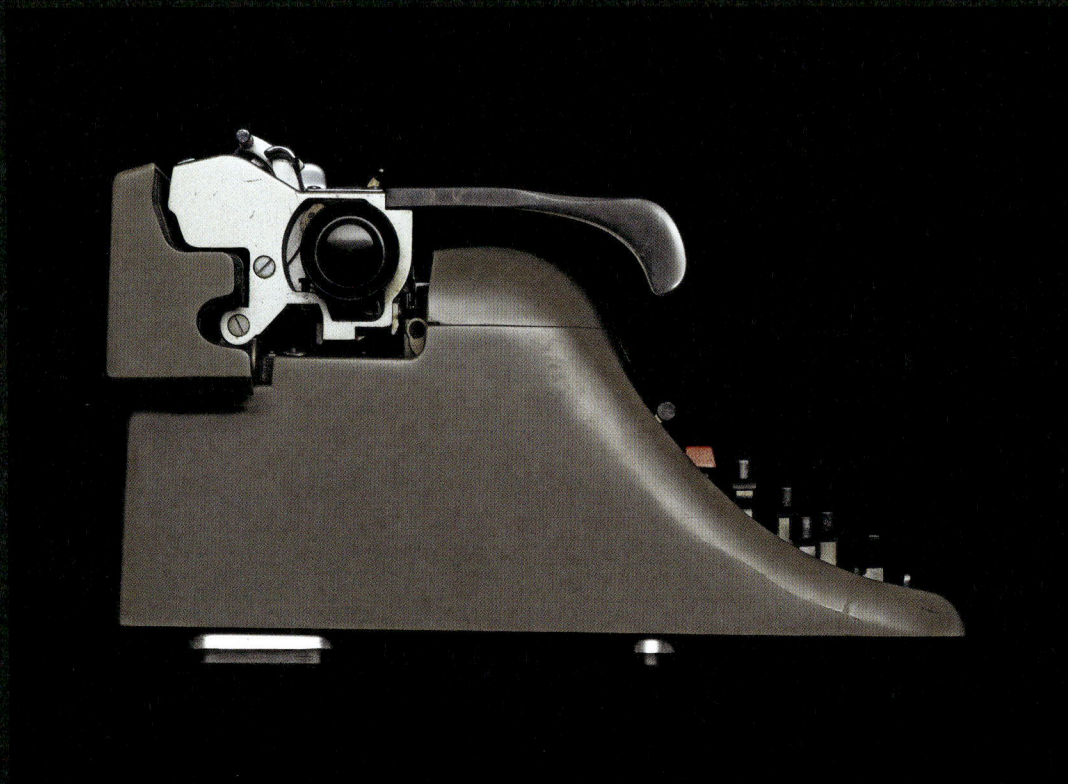

Marcello Nizzoli, Schreibmaschine / typewriter Lettera 22, 1950, Kunststoff, Metall / plastic, metal, 8 × 30 × 32 cm,
Museum für Kunst und Gewerbe Hamburg, Foto / photo: Hans Hansen, 2024
Marcello Nizzoli, Schreibmaschine / typewriter Lexikon 80, 1948, Kunststoff, Metall / plastic, metal, 24,3 × 42,5 × 38 cm,
Museum für Kunst und Gewerbe Hamburg, Foto / photo: Hans Hansen, 2024

Giovanni Pintori, Olivetti Lettera 22, 1950–1955, Plakat / poster, Offset, 70,5 × 50 cm, Museum für Kunst und Gewerbe Hamburg

[3] Ein Markenbild prägen
     Creating a Brand Image

Lexikon

olivetti

Marcello Nizzoli, Olivetti Lexikon, 1950er Jahre / 1950s, Plakat / poster, Offset, 100 × 69,7 cm, Museum für Kunst und Gewerbe Hamburg

Giovanni Pintori, Olivetti Lettera 22, 1950–1955, Plakat / poster, Offset, 70,5 × 50 cm, Museum für Kunst und Gewerbe Hamburg

[3]   Ein Markenbild prägen
      Creating a Brand Image

Olivetti Lettera 22

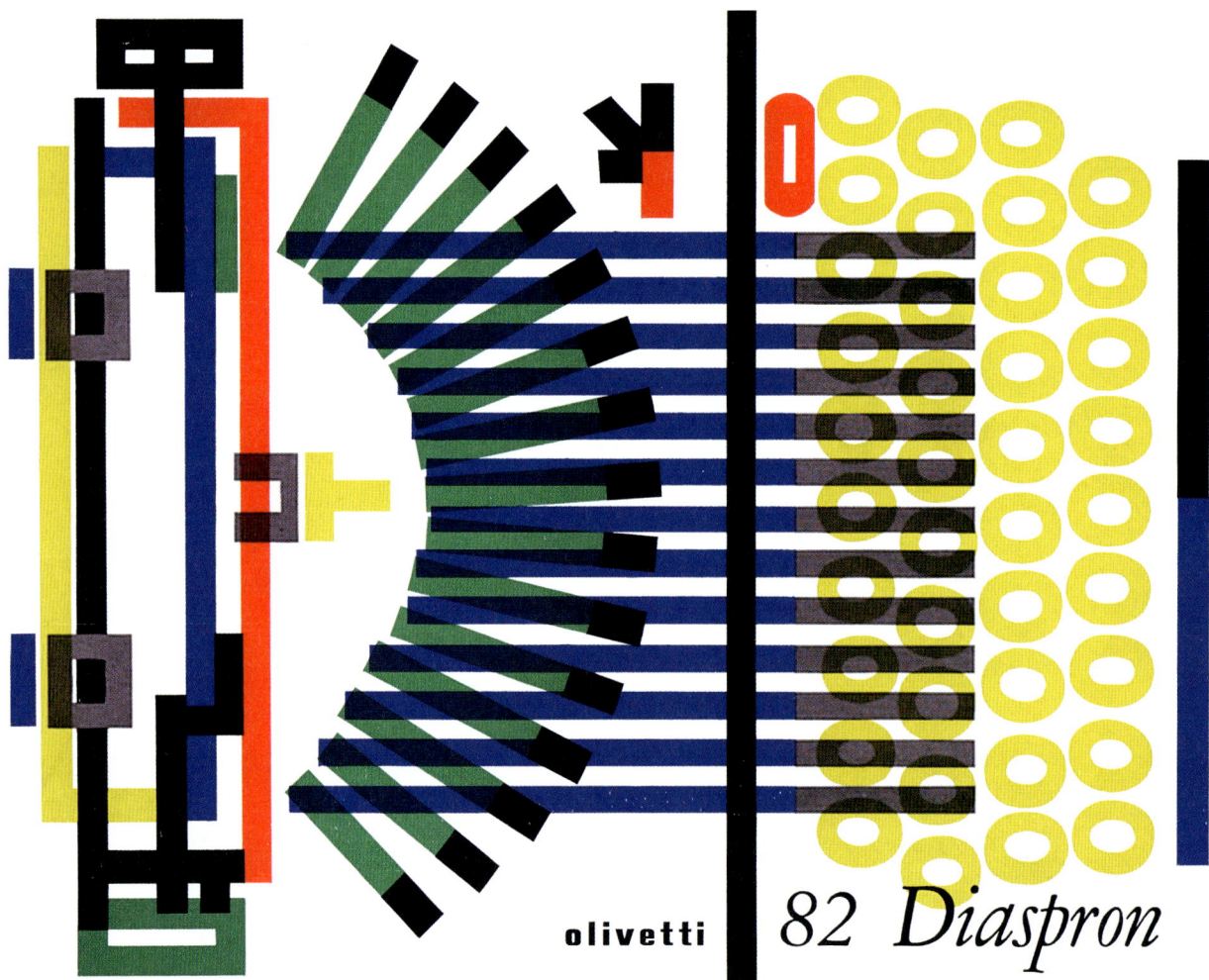

Giovanni Pintori, Olivetti 82 Diaspron, 1959 / 60, Broschüre, Autotypie / brochure, halftone, 21 × 29,7 cm, Museum für Kunst und Gewerbe Hamburg

Ettore Sottsass, Perry A. King, Reiseschreibmaschine / portable typewriter Valentine, 1969, Kunststoff, Metall / plastic, metal, 10,5 × 34 × 33 cm, Museum für Kunst und Gewerbe Hamburg, Foto / photo: Hans Hansen, 2024

Charlie Towsend, from Cardiff,
letterato,
se la porta al week-end si siede
e scrive
con Valentine nel prato.

valentine

olivetti

Ettore Sottsass, Roberto Pieraccini, Anzeige für die Reiseschreibmaschine Valentine / advertisement for portable typewriter Valentine, 1969, Offset, 32,1 × 23,4 cm, Museum für Kunst und Gewerbe Hamburg

[3] Ein Markenbild prägen
Creating a Brand Image

La costruzione mediante reticolo deve essere impiegata in tutti i casi di forte ingrandimento del logotipo.

Per tutte le applicazioni del logotipo negativo ingrandito impiegare i fogli di costruzione/negativo dei materiali in dotazione *(vedi foglio 4.3.2.)* con reticolo a 50 x 10 cm.

Questa costruzione è valida per la sola versione negativa del logotipo.

For making very large enlargements of the logotype a grid drawing must always be used.

For all applications, without exception, where an enlargement of the reverse version of the logotype is required, the reverse grid sheet supplied *(see page 4.3.2.)* is to be used, on which the grid is 50 cm x 10 cm.

This drawing is only to be used for the reverse version of the logotype.

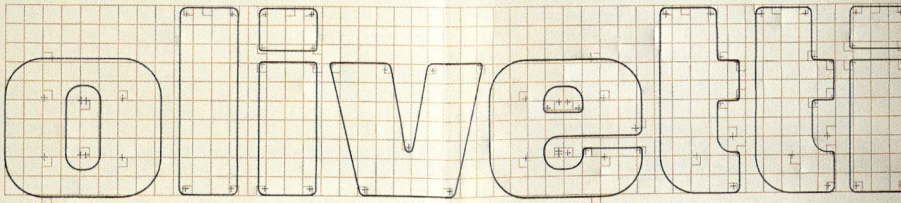

versione negativa / **COSTRUZIONE**
reverse version / **CONSTRUCTION**

Hans von Klier, Perry A. King, Clino Castelli, Olivetti. Servizio di Corporate Image. Sistemi di Identificazione (Red Books), 1971, Karton, beschichtet, Kunststoff / coated cardboard, plastic, 31 × 86 cm, Sammlung / collection Julian Rr. v. Klier, München / Munich

[3]   Ein Markenbild prägen
      Creating a Brand Image

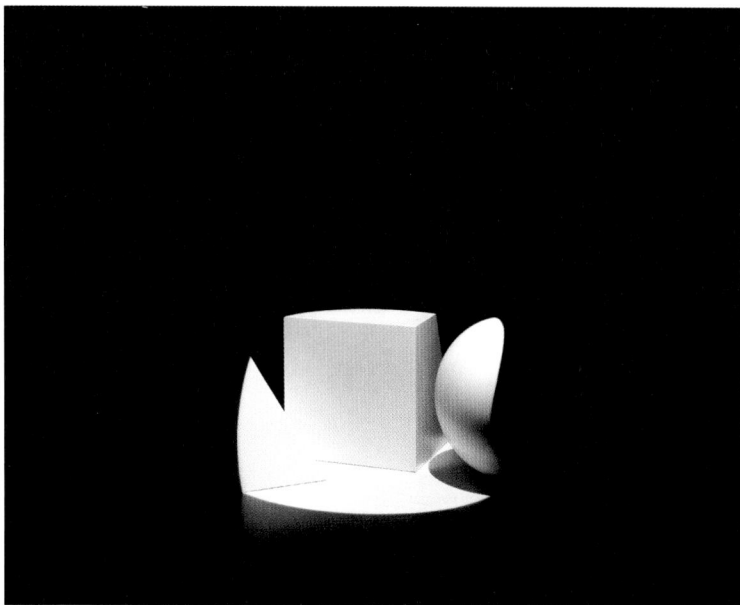

Hans Hansen, o.T. (für Erco) / Untitled (for Erco), 1983, C-Prints, 57,3 × 65,8 × 3,5 cm, Museum für Kunst und Gewerbe Hamburg, Eigentum der / property of Stiftung Hamburger Kunstsammlungen

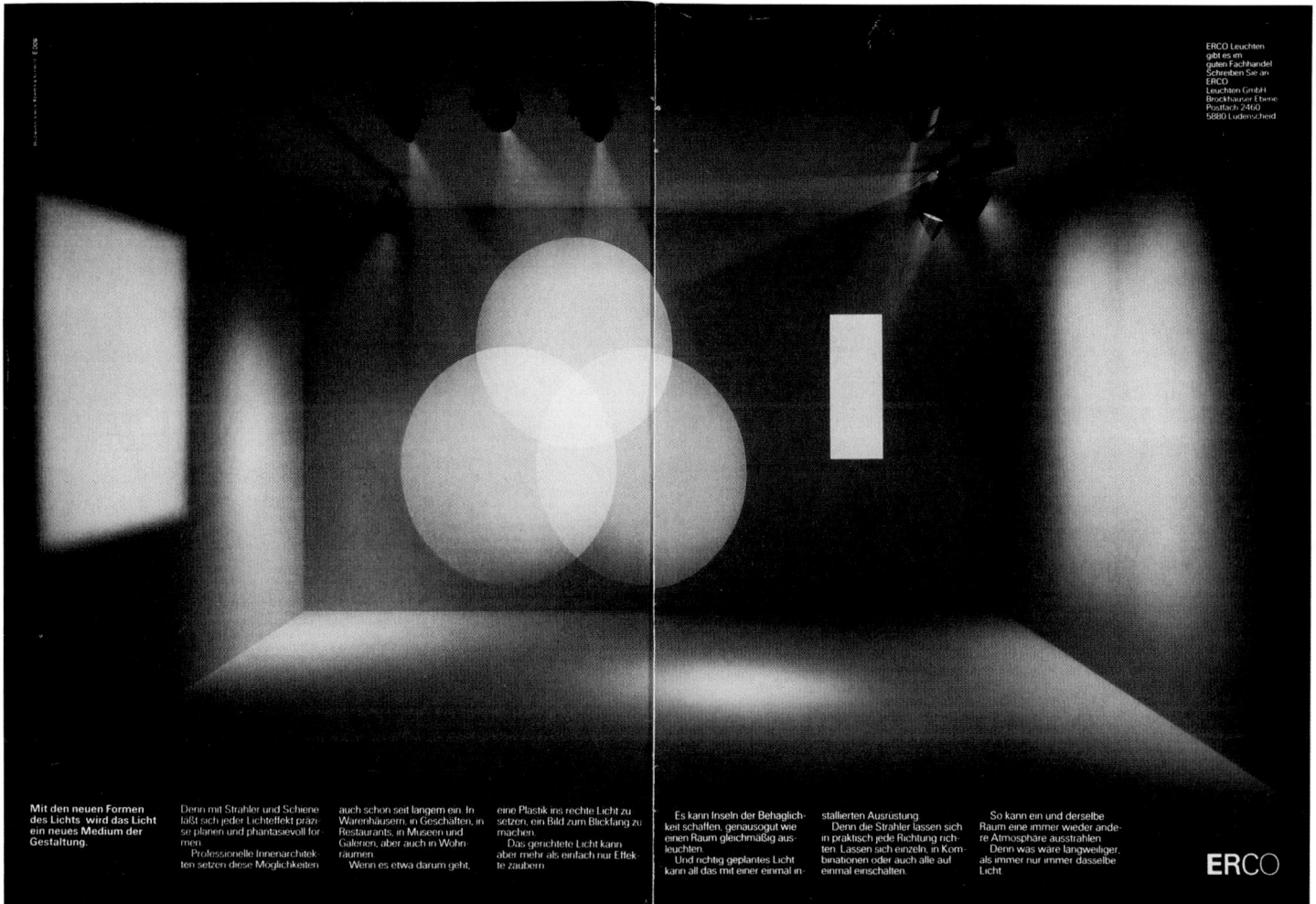

Otl Aicher, Hans Hansen, Mit den neuen Formen des Lichts wird das Licht ein neues Medium der Gestaltung (With new forms of light, light becomes a new medium of design), Anzeige für Erco-Strahlersysteme / advertisement for Erco spotlight system, 1981, Offset, 28 × 42 cm, Museum für Kunst und Gewerbe Hamburg

In den vergangenen Jahren hat sich das Fertigungsprogramm von ERCO entscheidend geändert. Standen früher formale Aspekte im Vordergrund, hat heute Funktionalität nach lichttechnischen Kriterien Priorität erlangt. Dabei werden aber keineswegs gestalterische und technische Gesichtspunkte vernachlässigt.

Mit dieser Konzeption ist ERCO ein führender Hersteller für Architekturbeleuchtung geworden. Auch das äußere Erscheinungsbild, die Selbstdarstellung in Katalogen und Prospekten, auf Messeständen und in Lichtstudios, wird jetzt diesem unternehmerischen Konzept angepaßt, um die technische Kompetenz von ERCO deutlich zu machen. Sachlichkeit, nicht unpersönliche Sterilität, war das einzige Mittel, dies auszudrücken.

Das neue ERCO Logogramm beinhaltet diese Sachlichkeit, hat darüber hinaus aber auch einen dynamischen Charakter — Symbol für die Entwicklung des Unternehmens.

Over the last few years the ERCO lighting range has changed considerably and the present policy provides fittings of a simple but outstanding design and quality, which are also totally functional.

Because of this ERCO has become a leading supplier of Architectural Lighting and is acknowledged for its skill and expertise.

ERCO's modern image will continue to be developed in the design of catalogues and leaflets, appearances at exhibitions and trade fairs, and in many other forms of advertising.

The new ERCO logo does not only reflect this functionalism but also dynamism – a symbol of the company's development.

Ces dernières années le programme de fabrication d'ERCO a subi des changements décisifs. Tandis que dans le passé la forme était mise au premier plan, aujourd'hui c'est le fonctionnel basé sur les critères de la technique d'éclairage qui a la priorité sans pour autant négliger les aspects créatifs et techniques.

Avec cette conception ERCO est devenu un leader dans l'éclairage architectural. Aussi l'image que donne ERCO, sa présentation à travers ses catalogues et brochures, aux foires et dans les studios d'éclairagisme, sera maintenant adapté à ce concept d'entreprise de façon à bien exprimer la compétence technique d'ERCO. L'objectivité et non une stérilité impersonnelle, présente la seule possibilité de l'exprimer.

Le nouveau logogramme ERCO implique non seulement cette objectivité mais aussi un caractère dynamique – symbole du développement de l'entreprise.

Otl Aicher, Plakat für Erco-Leuchten / poster for Erco lamps, 1976, Offset, 84 × 59,4 cm, Museum für Kunst und Gewerbe Hamburg

[3] Ein Markenbild prägen
Creating a Brand Image

4 Dialoge führen

Engaging in Dialogue

Dialoge führen

Kreativer Austausch basiert häufig auf langjährigen persönlichen Beziehungen und geteilten Interessen. Durch Freund*innenschaften oder Partner*innenschaften, in Form eines stillen oder offenen Dialogs entstehen Werke, die auf gemeinsamen ästhetischen Vorstellungen und konzeptionellen Ansätzen fußen. Dies lässt sich sowohl bei Auftragsarbeiten als auch anhand freier Projekte im Design und in der angewandten Kunst beobachten, wo sich die Zusammenarbeit zwischen verschiedenen Disziplinen als fruchtbar erweist.

Das gegenseitige Vertrauen und übereinstimmende ästhetische Ansätze prägten auch die enge und langjährige Kollaboration des Designers Dieter Rams mit dem 1959 von Niels Vitsø und Otto Zapf gegründeten Unternehmen Vitsoe+Zapf (ab 1969 Vitsœ). Sie mündete in systembasierten Möbelprogrammen und bestimmte die Inszenierung und Kommunikationsstrategie des Unternehmens.[1] Die durch die Möbelsysteme vermittelte klare Einheitlichkeit in der Einrichtung übertrug sich auch auf das Erscheinungsbild von Vitsœ, das Wolfgang Schmidt ab 1969 gestaltete,[2] sowie in der Fotografie von Ingeborg Kracht (später Rams), die über 50 Jahre lang mit Dieter Rams an Projekten für Vitsœ und für den Elektrogerätehersteller Braun zusammenarbeitete. Kracht dokumentierte und formte die öffentliche Wahrnehmung des Designers und trug mit ihrer fotografischen Perspektive maßgeblich zur Etablierung des Systemdesigns von Vitsœ bei.[3] So verweisen ihre Aufnahmen mit einer Mittelformatkamera durch das quadratische Format auf die eckige Erscheinung der Sessel und heben diese hervor. In den Produktbroschüren ergänzen sich die Möbelserien von Rams, die Fotografien von Kracht und die Grafik von Schmidt zu einem stimmigen System. Schmidt stellt der systematischen Strenge eine humorvolle Ebene gegenüber, indem er unter anderem die Werbeplakate mit ironischen Anleitungen und farbenfrohen Logos (Hand und Fuß) ergänzt.[4] Das grafische Raster der Produktpräsentation überträgt Schmidt 1978 auch in ein Ausstellungssystem für Vitsœ.[5] In dieser methodischen Zusammenarbeit fanden Rams, Kracht, Schmidt und Vitsœ ihre gestalterische „Verwandtschaft".[6]

1983 fotografierte der Amerikaner Irving Penn erstmals Mode des Designers Issey Miyake für ein Editorial der Vogue.[7] Daraufhin engagierte der Japaner den Fotografen 1986 für seine erste Publikation und betrachtete sein Schaffen aus den 1970er und 1980er Jahren durch das kreative Auge eines anderen. Er ließ Penn größtmöglichen Freiraum und gab konsequent keinerlei Anweisungen für die Inszenierung. Miyake und Penn arbeiteten in der Folge von 1988 bis 1999 in einem stummen Dialog und intensiven Austausch miteinander. Mit Blick auf diese Zusammenarbeit verwendete Issey Miyake den Ausdruck „A Un" aus der Sprache des Buddhismus, was so viel heißt wie „zwei Menschen, die gemeinsam atmen".[8] Damit verlieh er seiner seit dem Studium anhaltenden Bewunderung für den Amerikaner

Engaging in Dialogue

Creative exchange is often based on longstanding personal relationships and common interests. Through friendships or partnerships, in the form of silent or open dialogue, works are created based on shared aesthetic ideas and conceptual approaches. This can be observed in commissioned works as well as independent projects in design and the applied arts, where cooperation between various disciplines proves fruitful.

Mutual trust and likeminded aesthetic approaches marked the close and long-lasting collaboration between the designer Dieter Rams and the firm Vitsoe+Zapf (known after 1969 as Vitsœ), founded by Niels Vitsø and Otto Zapf in 1959. This cooperation led to a modular furniture program and defined the business's staging and communication strategy.[1] The clear aesthetic uniformity embodied by the furniture systems was translated into the Vitsœ corporate image designed by Wolfgang Schmidt after 1969.[2] It was similarly reflected in the photography of Ingeborg Kracht (later Ingeborg Rams), who worked together with Dieter Rams for Vitsœ and for the electrical appliance manufacturer Braun for over fifty years. Kracht documented and shaped the public perception of the designer's work, decisively contributing to the establishment of modular design at Vitsœ with her photographic language.[3] Her square photographs, taken with a medium-format camera, express and accentuate the angular appearance of the chairs. Rams's furniture series, Kracht's photographs, and Schmidt's graphic design complement each other in the product brochures and generate a harmonious system. Schmidt gave a humorous twist to the modular austerity by inserting ironic instructions or colorful logos (hand and foot) into the advertising posters.[4] He also transferred the graphic grid of the product presentation to an exhibition system for Vitsœ in 1978.[5] In this systematic cooperation, Rams, Kracht, Schmidt, and Vitsœ discovered their design "kinship."[6]

In 1983, the American photographer Irving Penn portrayed clothing by the fashion designer Issey Miyake for the first time in an editorial for Vogue.[7] Then, in 1986, the Japanese designer hired the photographer to illustrate his first publication, viewing his work from the 1970s and 1980s through the creative eye of another. He gave Penn complete freedom and consequently issued no instructions for the staging. From 1988 to 1999, Miyake and Penn worked together in a silent dialogue and intensive exchange of ideas. Issey Miyake referred to this cooperation as "A Un," using a Buddhist term that essentially means "two people who breathe together."[8] In this way he expressed his admiration for Penn, which had begun during his time as a student. Penn emphasizes the volume of the fabrics and directs the viewer towards the graphic outline of the clothing. Geometric forms and simplicity are characteristic of Miyake's fashion just as they are of Penn's compositions. Both artists are fascinated by the surfaces of materials, whether the irregular folds

Ausdruck. Penn betonte das Volumen der Stoffe und lenkte den Blick auf die grafische Form der Kleidungsstücke. Geometrische Formen und Einfachheit sind charakteristisch für Miyakes Schnitte ebenso wie für Penns Bildanordnungen. Beide zeigen sich von den Oberflächen der Materialien fasziniert, sei dies die unregelmäßige Faltung in Crinkle-Optik des Polyesterstoffs, die mit dem Licht spielt, oder die Beschaffenheit des Papiers und die Tiefe des mit dem Platin-Palladium-Verfahren veredelten Abzugs, auf dem Penn uns einen verschmutzten Handschuh präsentiert, das Übersehene des Alltags. Penn, erklärte Miyake, gebe seinen Entwürfen „neuen Atem und [er] präsentiert sie unter einem neuen Aspekt, der mir vielleicht gar nicht bewußt war, den ich aber unbewußt einzufangen versucht hatte. Ohne Penn-sans Anleitung hätte ich wahrscheinlich nicht immer wieder neue Themen gefunden, mit denen ich mich selbst herausforderte, noch wäre ich zu neuen Lösungen gekommen."9

Dass sich eine Kollaboration auf der Basis eines gemeinsamen Gestaltungsverständnisses entwickeln kann, zeigten in den 1980er Jahren auch die Designer*innen Michel Feith, Claudia Schneider-Esleben und Rouli Lecatsa. Sie arbeiteten für wenige Jahre unter dem Namen Möbel perdu – Atelier, Werkstatt + Galerie für Architektur, Design + Kunst in Hamburg zusammen, um gemeinsam das sogenannte Neue Deutsche Design dieses Jahrzehnts in Deutschland auszustellen und ein Netzwerk mit anderen Designer*innen der Zeit zu etablieren. In einer Presseerklärung von 1983 bezieht die Gruppe ausdrücklich

Stellung für eine interdisziplinäre Arbeitsweise: „Wir, Michel Feith, Claudia Schneider-Esleben und Rouli Lecatsa, sind eine Gruppe von Architekten und Designern, die in übergreifenden Bereichen arbeiten [...]. Wir verwenden Materialien wie Neon, Beton, Marmor, Plexi, Holz, Celluloid, Tortulit, Laminate, Stahl, Gummi, Blech ... Wir sind interessiert, junges provokatives Design der Öffentlichkeit zugänglich zu machen, auch in Kombination mit Künstlerinstallationen, Bilderausstellungen, Video- und Filmvorführungen."10

Die Ausstellung Möbel perdu – Schöneres Wohnen 1982/83 im Museum für Kunst und Gewerbe in Hamburg war Namensgeberin und Grundstein für die Zusammenarbeit. Zuvor hatten Feith und Schneider-Esleben bereits unter dem Label Lux Neonlicht – Galerie + Ambiente in der Hamburger Rautenbergstraße 7 Installationen und Objekte aus Leuchtstoffröhren entworfen und produziert.

Mit Möbel perdu organisierten Feith, Schneider-Esleben und Lecatsa Veranstaltungen und Ausstellungen wie English Memphis – Low tech, fast furniture (April 1983), Barockoko – der Hang zum Gesamtkunstwerk (November 1985) oder Kreative Heimroboter – Haustiere von morgen (Dezember 1986).11 Gleichzeitig verstand sich die Gruppe als Produzentin eigener Objekte und als Verkaufsplattform. Neben zahlreichen anderen Galerien in deutschen Großstädten etablierte Möbel perdu eine wichtige Vernetzungs- und Diskursplattform für die Designszene der 1980er Jahre.

in the crinkles of polyester that play with light or the quality of the paper and the depth of the print developed using the platinum palladium procedure, in which Penn shows us a dirty glove, an overseen detail of everyday life. As Miyake explained, Penn "reinterprets the clothes, gives them new breath, and presents them to me from a new vantage point—one that I may not have been aware of, but had been subconsciously trying to capture. Without Penn-san's guidance, I probably could not have continued to find new themes with which to challenge myself, nor could I have arrived at new solutions."9

That a collaboration can evolve on the basis of a shared understanding of design was demonstrated in the 1980s by the architects Michel Feith, Claudia Schneider-Esleben, and Rouli Lecatsa. They worked together in Hamburg for several years under the name "Möbel perdu—Studio, Workshop, and Gallery for Architecture, Design, and Art." Together they exhibited the so-called New German Design of that decade in Germany and established a network with other designers of the day. A press statement from 1983 explicitly articulated the group's interdisciplinary approach: "We, Michel Feith, Claudia Schneider-Esleben, and Rouli Lecatsa, are a group of architects and designers working in overlapping fields.... We utilize materials such as neon, cement, marble, plexiglass, wood, celluloid, Tortulit, laminate, steel, rubber, sheet metal.... We are interested in making young, provocative design accessible to the public, in combination with art installations, exhibitions of paintings, and video and film screenings."10

The 1982–83 exhibition Möbel perdu—Schöneres Wohnen (Lost Furniture—Living More Beautifully) at the Museum für Kunst und Gewerbe in Hamburg provided the name and cornerstone for their project. Previously, Feith and Schneider-Esleben had created and produced installations and objects made of neon tubes under the label Lux Neonlicht—Galerie + Ambiente at Rautenbergstraße 7 in Hamburg.

As Möbel perdu, Feith, Schneider-Esleben, and Lecatsa organized events and exhibitions like English Memphis—Low Tech, Fast Furniture (April 1983), Barockoko—the Tendency towards the Gesamtkunstwerk (November 1985), and Creative Home Robots—the Pets of Tomorrow (December 1986).11 At the same time, the group acted as the producers of their own objects and as a sales platform. Together with numerous other galleries in major German cities, Möbel perdu provided a crucial platform for networking and debate in the design scene of the 1980s.

1

Siehe dazu z. B. Klaus Klemp, Dieter Rams. Werkverzeichnis, Berlin 2020, S. 28; Sophie Lovell, Dieter Rams. So wenig Design wie möglich, London 2011, S. 187–230.

2

Siehe dazu die umfangreiche Darstellung der Arbeiten von Wolfgang Schmidt in: Anke Jaaks (Hg.), Worte und Bilder. Wolfgang Schmidt, Mainz 1992, bes. S. 90ff. Zur Relevanz der Corporate Identity für das Unternehmen siehe Lovell 2011 (wie Anm. 1), S. 196.

3

Siehe dazu Museum für angewandte Kunst Frankfurt a. M., „Zum Tod der Fotografin Ingeborg Rams", Presseinformation, 15.06.2022, https://www.museumangewandtekunst.de/media/nachruf_ingeborg_rams.pdf, zugegriffen am 17.10.2024.

4

Vgl. u. a. Julia Meer, „Strukturierte Kreativität statt gerasterter Langeweile. Die variable Ordnung hinter den Arbeiten von Christian Chruxin, Wolfgang Schmidt und Helmut Schmidt-Rhen", in: René Spitz und Petra Hesse (Hg.), System Design. Über 100 Jahre Chaos im Alltag, Ausst.-Kat. Museum für Angewandte Kunst Köln, Köln 2015, S. 86–95.

5

Entwurfszeichnung für Ausstellungssystem, Maßstab 1:1, 1978, Nachlass Wolfgang Schmidt, Bibliothek der HfG Offenbach.

6

Siehe dazu Jaaks 1992 (wie Anm. 2), S. 90.

7

„The Next Dimension", Vogue (USA), April 1983, S. 294f.

8

Issey Miyake, „Etonnement und mehr: Irving Penn", in: Colin Westerbeck (Hg.), Irving Penn. Eine Retrospektive, Ausst.-Kat. The Art Institute of Chicago u. a., Chicago 1997, S. 42–47, S. 43.

9

Ebd., S. 45.

10

Rouli Lecatsa, Presseerklärung zur Eröffnung der Galerie und ersten Designausstellung, 25.3.–25.6.1983, in: Kunstforum International, Bd. 82, Dez. 1985/Feb. 1986, S. 89.

11

Christian Borngräber, „Rezeptionsästhetik der beweglichen Güter", in: Kunstforum International, Bd. 99, März/April 1989, S. 58–169, hier: S. 118.

1

See Klaus Klemp, Dieter Rams. Werkverzeichnis (Berlin: Phaidon, 2020), 28; Sophie Lovell, Dieter Rams: As Little Design as Possible (London: Phaidon, 2011), 187–230.

2

See the extensive overview of Wolfgang Schmidt's work in Anke Jaaks, ed., Worte und Bilder. Wolfgang Schmidt (Mainz: H. Schmidt, 1992), esp. 90ff. On the importance of corporate identity for the firm, see Lovell, Dieter Rams, 196.

3

See the press bulletin from the Museum für angewandte Kunst, Frankfurt a. M., "Zum Tod der Fotografin Ingeborg Rams," June 15, 2022, https://www.museumangewandtekunst.de/media/nachruf_ingeborg_rams.pdf, accessed October 17, 2024.

4

See e. g. Julia Meer, "Strukturierte Kreativität statt gerasterter Langeweile. Die variable Ordnung hinter den Arbeiten von Christian Chruxin, Wolfgang Schmidt und Helmut Schmidt-Rhen," in System Design. Über 100 Jahre Chaos im Alltag, ed. René Spitz and Petra Hesse, exh. cat. Museum für Angewandte Kunst Cologne (Cologne: Museum für Angewandte Kunst Köln, 2015), 86–95.

5

Design drawing for an exhibition system, scale 1:1, 1978, estate of Wolfgang Schmidt, Bibliothek der HfG Offenbach.

6

See Jaaks, Worte und Bilder, 90.

7

"The Next Dimension," Vogue (USA) (April 1983): 294ff.

8

Issey Miyake, "Etonnement und mehr: Irving Penn," in Irving Penn. Eine Retrospektive, ed. Colin Westerbeck, exh. cat. The Art Institute of Chicago et al. (Munich: Schirmer/Mosel, 1997), 42–47, here 43.

9

Ibid., 45.

10

Rouli Lecatsa, press statement on the opening of the gallery and first design exhibition, March 25–June 25, 1983, Kunstforum International 82 (Dec. 1985/Feb. 1986): 89.

11

Christian Borngräber, "Rezeptionsästhetik der beweglichen Güter," Kunstforum International 99 (Mar./Apr. 1989): 58–169, here 118.

[4] Dialoge führen
Engaging in Dialogue

Dieter Rams, Sessel aus dem Programm 620 / armchair from 620 Chair Programme, 1962,
Polyester, Federkern, Stoff / polyester, spring core, fabric, 65,5 × 89 × 75 cm, Museum für Kunst und Gewerbe Hamburg, Foto / photo: Hans Hansen, 2024

Ingeborg Rams, Sesselprogramm 620 (RZ 62) von Dieter Rams / armchair from 620 Chair Programme (RZ 62) by Dieter Rams, 1970,
Silbergelatinepapier / gelatin silver prints, 20 × 28 cm, Archiv der Rams Foundation, Frankfurt a.M.

[4] Dialoge führen
      Engaging in Dialogue

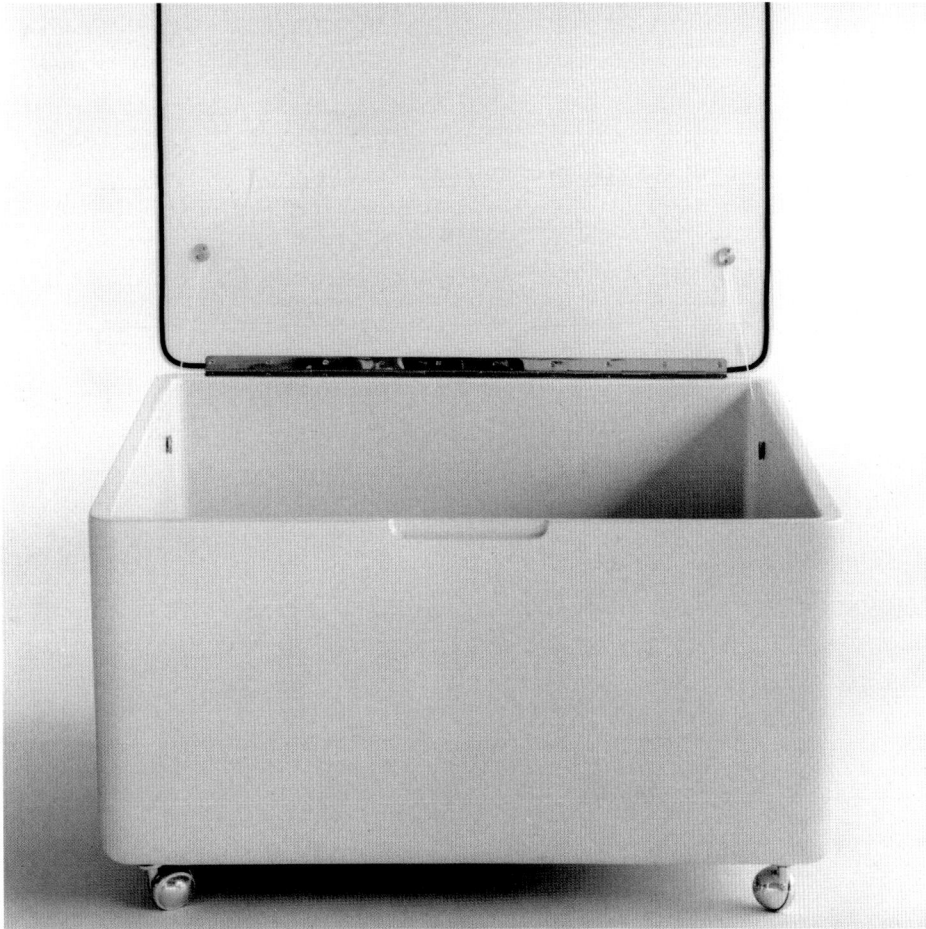

Ingeborg Rams, Sesselprogramm 620 (RZ 62) von Dieter Rams / armchair program 620 (RZ 62) by Dieter Rams, 1970, Silbergelatinepapier / gelatin silver prints, 20 × 28 cm, Archiv der Rams Foundation, Frankfurt a.M.

[4]   Dialoge führen
      Engaging in Dialogue

Design Dieter Rams

VITSŒ

Wolfgang Schmidt, Plakat für Vitsœ-Sesselprogramm 620 / poster for Vitsœ 620 Chair Programme, 1972,
Papier, gefaltet / paper, folded, 84,1 × 118,9 cm, Hochschule für Gestaltung, Offenbach a.M., Archiv Wolfgang Schmidt

[4]   Dialoge führen
      Engaging in Dialogue

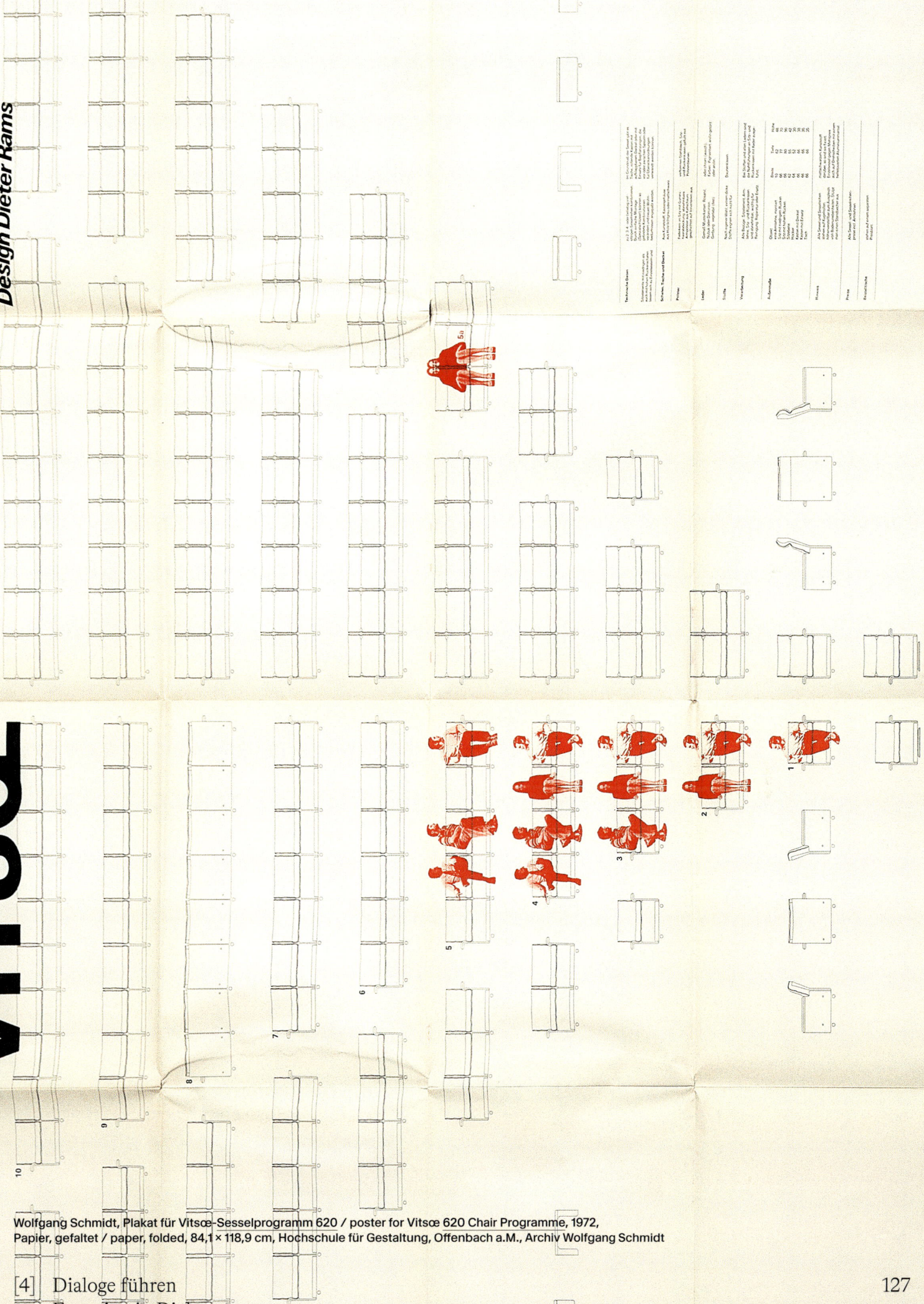

Wolfgang Schmidt, Werbeplakat für Vitsœ / advertising poster for Vitsœ, um / c. 1969, Vitsœ

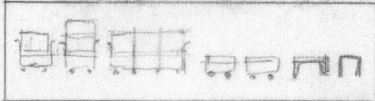

Dieser Sessel aus dem Sesselprogramm 620
VITSŒ Kollektion
design Dieter Rams

(o)

(v)

Ist aus ...
und ...
Man kann ...
Er kostet ...

Becker + tische
übereinander,
+ 2-Sitzer

VITSŒ Kaiser ...
D-6000 ...
Telefon ...

Rouli Lecatsa, Schminkspiegel / makeup mirror, 1982, Buche, Metall,
Spanplatte (kunststoffbeschichtet), Kunststofffolie (Celluloid), Leuchtstoffröhre,
Spiegel, Kabel, Stecker / beechwood, metal, chipboard (plastic-coated),
plastic film (celluloid), fluorescent tube, mirror, cable, plug, 101,1 × 55 × 26,8 cm,
Museum für Kunst und Gewerbe Hamburg, Foto / photo: Hans Hansen, 2024

Beatrice Kunz, Schminkspiegel von / makeup mirror by Rouli Lecatsa,
Zeit Magazin, Nr. / no. 2, 1983, Offset, 29 × 22 cm,
Museum für Kunst und Gewerbe Hamburg

ZEITmagazin

Nr. 2   7. Januar 1983

SERIE: »DER 30. JANUAR« (V)

MÖBEL PERDU...

Stadtneurotiker
oder Designer?
Ein neuer
exzentrischer
Stil spiegelt die
Lust, denkbar
ungemütlich
zu wohnen

(Seite 10)

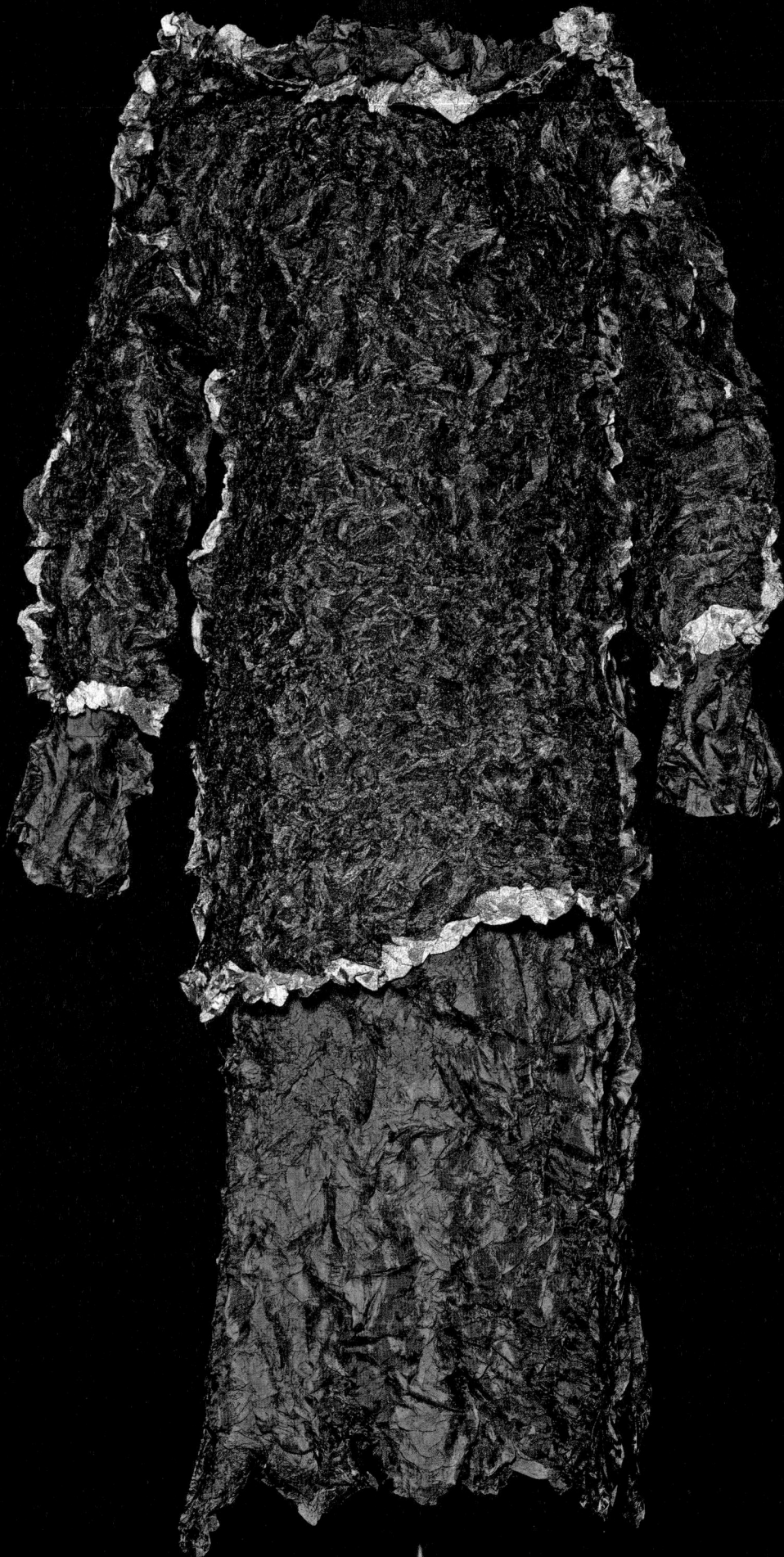

Issey Miyake, Damenkleid / gown, 1999/2000, Polyester, gecrusht, Taft / crushed polyester, taffeta, 137 cm, Museum für Kunst und Gewerbe Hamburg, Foto / photo: Hans Hansen, 2024

Irving Penn, Mud Glove, 1977, Platindruck / platinum print, 157,8 × 119,5 cm, Museum für Kunst und Gewerbe Hamburg, Eigentum der / property of Stiftung Hamburger Kunstsammlungen

[4] Dialoge führen
Engaging in Dialogue

ISSEY MIYAKE 1993

ISSEY MIYAKE 1992

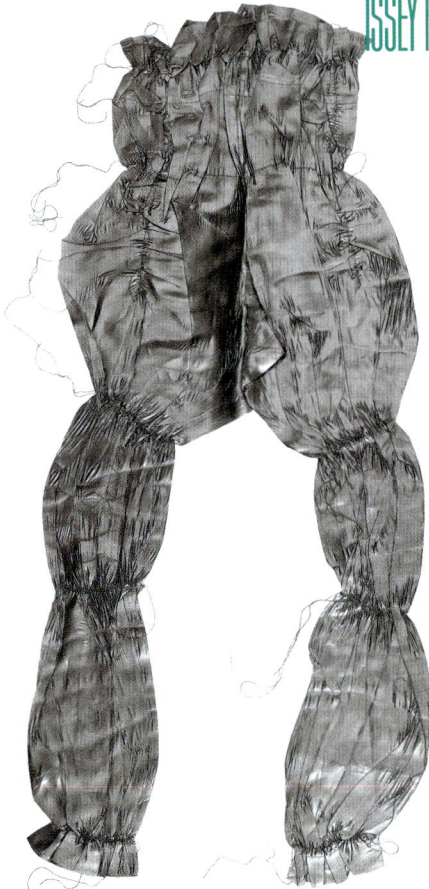

Irving Penn, Ikkō Tanaka, Plakate für / posters for Issey Miyake, 1992/93, Offset, 102,8 × 73 cm, Museum für Kunst und Gewerbe Hamburg, Schenkung / gift of The Irving Penn Foundation, zu Ehren der Zusammenarbeit zwischen / in honor of the collaboration between Issey Miyake, Ikkō Tanaka und / and Irving Penn

[4] Dialoge führen
Engaging in Dialogue

5 Designer*innen arbeiten künstlerisch

Designers Working Artistically

Designer*innen arbeiten künstlerisch

Das wechselseitige Interesse von Gestalter*innen an der freien Kunst und von bildenden Künstler*innen an Design und angewandter Gestaltung sowie der Austausch zwischen den Medien und Gattungen bringt einen kreativen Mehrwert hervor. In den 1920er Jahren verschränkte man am Bauhaus die angewandten und freien Bereiche, und auch in der Mode diente die Kunst seit Elsa Schiaparellis bekanntem Hummerkleid von 1937 – einer Kooperation mit Salvador Dalí – vielfach als Inspirationsquelle. Was macht den Reiz solcher Kollaborationen aus, und welche Wechselwirkungen zwischen angewandten und künstlerischen Bereichen lassen sich beschreiben?

Ettore Sottsass folgte in seinen Entwürfen eher künstlerischen Impulsen als funktionalen Vorgaben, die das Design in der Moderne leiteten. Als Gegenentwurf zur zweckorientierten Formgebung verblüffte seine fantasievolle Lampe Tahiti. Alltagsgegenstände wie ein Telefon sehen bei Sottsass aus wie Wolkenkratzer, Keramiken erinnern an Totems. Der Designer verband auch die Ebenen von Industriedesign und Architektur miteinander. Seine Architekturzeichnungen haben utopischen Charakter, und auch die Fotografien, die Santi Caleca ab 1986 von den Modellen für eine Reihe von Sottsass projektierter Einfamilienhäuser machte, verschieben die Architekturentwürfe in eine surreale Ebene. „Ich bin Architekt, aber ich mache vor allem Design [...]. Alle meine Entwürfe sehen aus wie kleine Bauwerke."[1] Ein solches „Bauwerk" ist auch das Telefon Enorme.

Die Künstlerin Marina Faust begleitete ab 1990 die Arbeit des Modeschöpfers Martin Margiela mit der Kamera, bis zu dessen Abschied vom Modebetrieb 2008. Margiela wurde in den 1990er Jahren als avantgardistischer, unangepasster und grenzüberschreitender Designer bekannt. Dem Starkult und der Selbstinszenierung von Designer*innen der 1990er Jahre trat er mit konsequenter Nicht-Sichtbarkeit entgegen. Er gab keine Interviews, ließ sich nicht fotografieren und arbeitete dezidiert im Kollektiv. Zu dieser Strategie gehörte auch, dass er eine Künstlerin, die zu diesem Zeitpunkt keinerlei Erfahrung mit Modefotografie hatte, für eine Mitarbeit auswählte. Faust fühlte sich angezogen von den ungewöhnlichen Modenschauen, die der Designer 1990 in den Vorstädten von Paris veranstaltete und in denen er seine Mode statt von Models von Menschen mit Street Credibility präsentieren ließ. Die Künstlerin schuf anfangs reportagehafte, ungestellte Aufnahmen Backstage, was ihre Arbeiten aus der Menge stark inszenierter Modefotografien der Zeit heraushob. Sie fotografierte für die Lookbooks Margielas, die an die Kund*innen verschickt wurden, wobei ihre Fotos sich durch den Anschein des Unfertigen und Unperfekten auszeichneten. Faust, die ihre Übersetzungen von Margielas Kleidungsstücken in die Welt der Kunst bis heute fortführt, vermittelte eher Stimmungen als den Modegegenstand exakt abzubilden oder Details erkennen zu lassen. Sie abstrahierte etwa den aus einer Bettdecke gefertigten Duvet Coat

Designers Working Artistically

The reciprocal interest of designers in the fine arts and of visual artists in design and the applied arts, as well as the interchange between media and genres, adds creative value. In the 1920s, the applied and fine arts were brought together at the Bauhaus, and in the world of fashion, too, art has frequently served as a source of inspiration since Schiaparelli's famous Lobster Dinner Dress of 1937—a collaboration with Salvador Dalí. What is the appeal of such collaborations, and what kind of interplay can be observed between the applied and artistic spheres?

In his designs, Ettore Sottsass followed artistic impulses rather than the functional requirements that had guided design into the modernist era. He shocked the design world with his imaginative lamp Tahiti, an alternative to functional form. With Sottsass, everyday objects like a telephone resemble skyscrapers and ceramics recall totems. He also linked industrial design and architecture with each other. His architectural drawings have a utopian character, and the photographs taken by Santi Caleca starting in 1986 of the models for Sottsass's projected single-family homes shift the architectural proposals to a surreal plane. "I am an architect but what I principally do is design.... All of my designs look like small buildings."[1] One such "building" is the telephone Enorme.

Artist Marina Faust accompanied the work of fashion designer Martin Margiela with her camera from 1990 until he retired from the fashion world in 2008. In the 1990s, Margiela was known as an avant-garde, nonconformist, and transgressive designer. He countered the celebrity cult and self-promotion of designers in the 1990s with systematic invisibility. Margiela gave no interviews, did not allow himself to be photographed, and resolutely carried out his work as a team. This strategy also included choosing to collaborate with an artist who at that time had no experience in fashion photography. Faust was attracted by the designer's unusual fashion shows in the banlieue of Paris in 1990, where his clothes were presented by people with street credibility rather than by models. The artist initially took candid backstage photos that looked like reportages, setting her images apart from the multitude of meticulously staged fashion photographs of the day. For the lookbooks of Margiela's collections sent to clients, she took pictures characterized by an unfinished and imperfect appearance. Faust continues to translate Margiela's clothing into the world of art to this day, always communicating moods instead of precisely illustrating the fashion item or showing recognizable details. For example, she used stark contrasts to abstract the Duvet Coat (1999), turning it into an emblematically charged object.

In 2022, fashion designer JW Anderson launched a collaboration with ceramicists Magdalene Odundo and Shawanda Corbett as well as photographer Juergen Teller. Anderson, who has collected art for almost twenty

(1999) mit hohen Kontrasten und machte ihn zu einem zeichenhaft aufgeladenen Objekt.

Der Modemacher JW Anderson initiierte 2022 eine Zusammenarbeit mit den Keramikerinnen Magdalene Odundo und Shawanda Corbett sowie dem Fotografen Juergen Teller. Anderson, seit fast zwanzig Jahren auch Kunstsammler, lernte Odundo im Zusammenhang mit der von ihm kuratierten Ausstellung Disobedient Bodies 2018 im Museum Hepworth Wakefield kennen. Odundos Keramiken, die die Vorstellung vom Körper als Gefäß aufrufen,[2] faszinieren Anderson. Das wird anhand verschiedener Modelle der Herbst-Winter-Kollektion 2022 deutlich, wenn sich etwa sein grobmaschiges Strick-kleid, das schmal am Körper hinabfällt, im unteren Drittel zu einer voluminösen Kugel aufbläht. Die Kollektion enthält mehrere ungewöhnliche Volumina und betont in der Silhouette den Körper als Behältnis. Juergen Teller fotografierte die Kollektion in Odundos Atelier und mit den Werken Corbetts in seinem Studio. Neben dem Modell Nyaueth Riam tritt auch Shawanda Corbett als Per-formerin auf, die dabei ihren eigenen, versehrten Körper einsetzt. Die Ergebnisse der Kollaboration wurden während der Coronapandemie, als keine Modeschauen stattfinden konnten, in Form von gedruckten Postern mit der Bildstrecke von Teller an die Kund*innen verschickt.

1
Ettore Sottsass, Zeichnungen aus 4 Jahrzehnten, Ausst.-Kat. Ikon Galerie für Designzeichnungen-Frankfurt a. M., Frankfurt a. M. 1990, S. 7.

2
Gert Staal, „Silent dancer", in: Magdalene Odundo, Ausst.-Kat. Het Kruithuis, Stedelijk Museum voor Hedendaagse Kunst, 's-Hertogenbosch, S. 15–19, hier: S. 16.

years, met Odundo in conjunction with the exhibition Disobedient Bodies, which he curated at the Hepworth Wakefield Museum in 2018. Anderson is fascinated by Odundo's ceramics, which evoke the idea of the body as a vessel.[2] This becomes apparent in various models for the fall/winter collection 2022, for example when a close-fitting, coarse mesh knit dress billows out into a voluminous orb in its lower third. The collection features several unusual volumes, and its silhouettes emphasize the body as a container. Juergen Teller photographed the collection in Odundo's workshop and in his own studio with works by Corbett. Together with model Nyaueth Riam, Shawanda Corbett also appears as a performer in these photos, utilizing her own, differently abled body. During the COVID-19 pandemic, when fashion shows could not be held, the results of the collaboration were sent to clients in the form of printed posters with Teller's image sequence.

1
Ettore Sottsass, Zeichnungen aus 4 Jahrzehnten, exh. cat. Ikon Galerie für Designzeichnungen, Frankfurt a. M., (Frankfurt a. M.: Ikon Galerie, 1990), 7.

2
Gert Staal, "Silent Dancer," in Magdalene Odundo, exh. cat. Het Kruithuis, Stedelijk Museum voor Hedendaagse Kunst ('s-Hertogenbosch: Museum Het Kruithuis, 1994), 15–19, here 16.

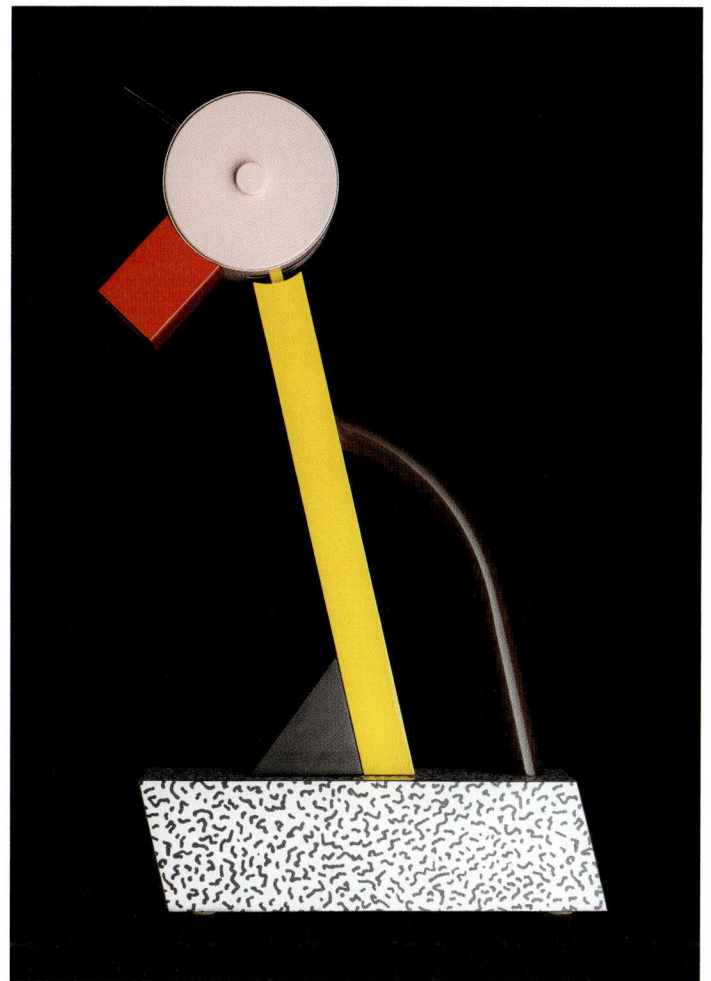

Ettore Sottsass, Telefon / telephone <u>Enorme</u>, 1986/87, Kunststoff / plastic, 11,2 × 10,3 cm (Körper / body), 19,3 × 5,5 cm (Hörer / receiver),
Museum für Kunst und Gewerbe Hamburg, Foto / photo: Hans Hansen, 2024
Ettore Sottsass, Tischleuchte / table lamp <u>Tahiti</u>, 1981, Holz, Stahl, Kunststoff / wood, steel, plastic, 64 × 36 × 10,2 cm,
Museum für Kunst und Gewerbe Hamburg, Foto / photo: Hans Hansen, 2024

[5] Designer*innen arbeiten künstlerisch
Designers Working Artistically

Santi Caleca, Haus für ein Dorf auf Log Hill Mesa, Colorado, von Sottsass Associati (Ettore Sottsass, Johanna Grawunder) / house for a village on Log Hill Mesa, Colorado, by Sottsass Associati (Ettore Sottsass, Johanna Grawunder) , 1989, C-Print, 90 × 120 cm, Leihgabe des Künstlers / courtesy of the artist

Ettore Sottsass, Architekturstudie / architectural study, 1986/87, Siebdruck / silkscreen, 100 × 133,5 cm, Museum für Kunst und Gewerbe Hamburg

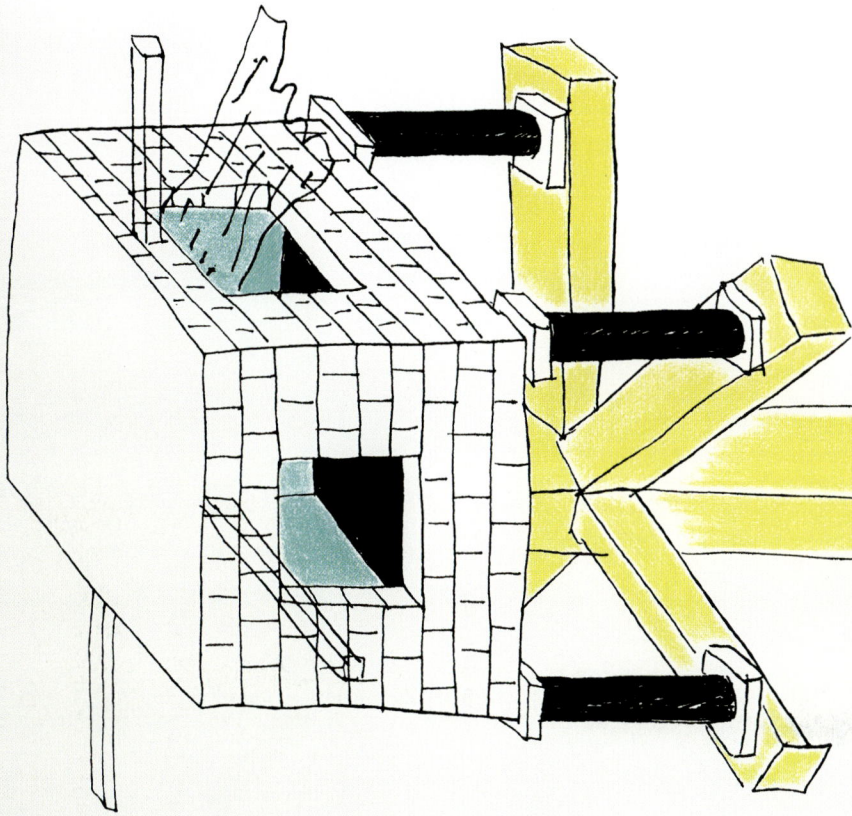

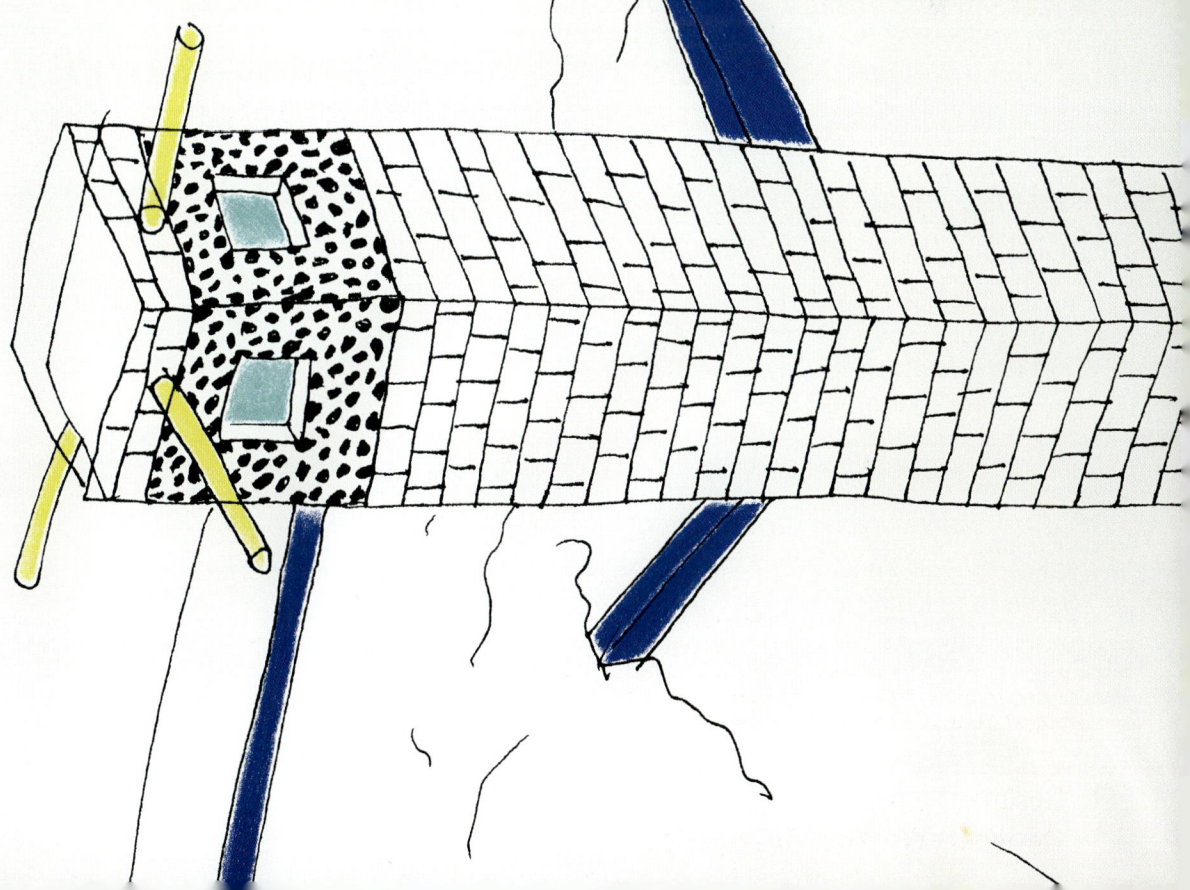

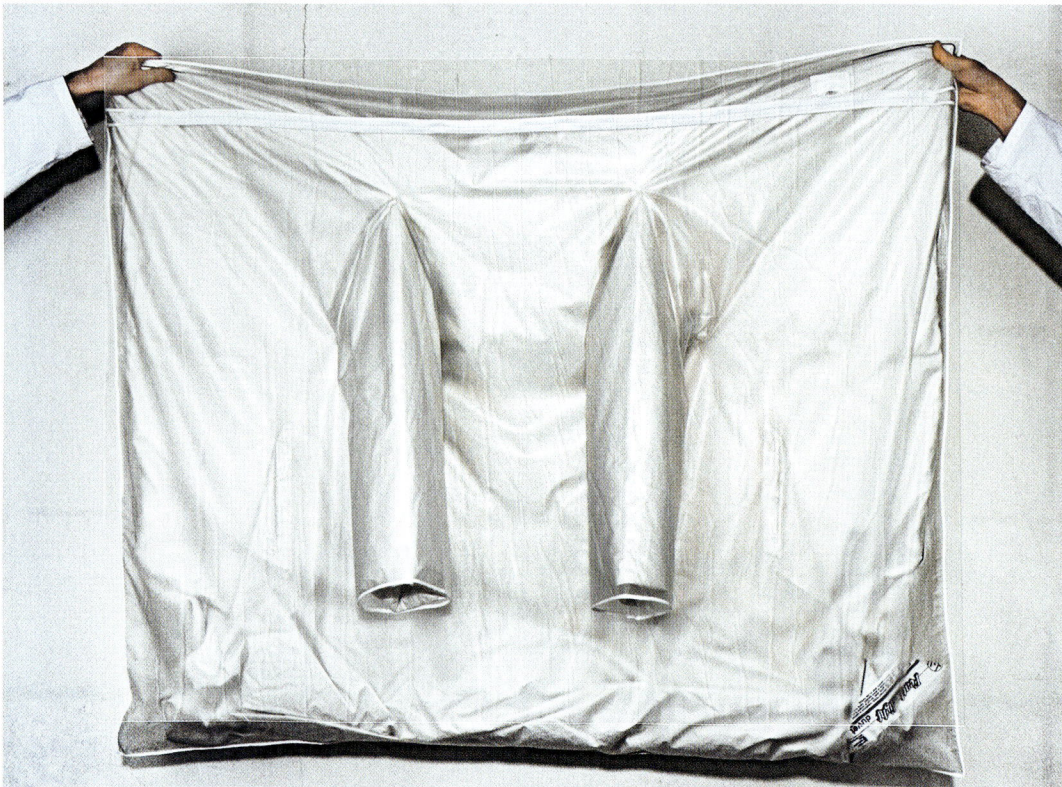

Marina Faust, From The Archive Box, 1990–2008/2025, Pigmentdruck auf Seidenpapier, auf Fotopapier aufliegend / pigment print on silk tissue paper, lying on matte photo paper, 90 × 122 cm, Leihgabe der Künstlerin und / courtesy of the artist and Galerie Gianni Manhattan, Wien / Vienna

[5] Designer*innen arbeiten künstlerisch
     Designers Working Artistically

Martin Margiela, Duvet Coat, 1999, Baumwollgewebe, Daunen / cotton fabric, down feathers, 112 × 142 cm, Museum für Kunst und Gewerbe Hamburg, Foto / photo: Hans Hansen, 2024

Marina Faust, From The Archive Box, 1990–2008/2025, Pigmentdruck auf Seidenpapier, auf Fotopapier aufliegend / pigment print on silk tissue paper, lying on matte photo paper, 122 × 90 cm, Leihgabe der Künstlerin und / courtesy of the artist and Galerie Gianni Manhattan, Wien / Vienna

[5] Designer*innen arbeiten künstlerisch
Designers Working Artistically

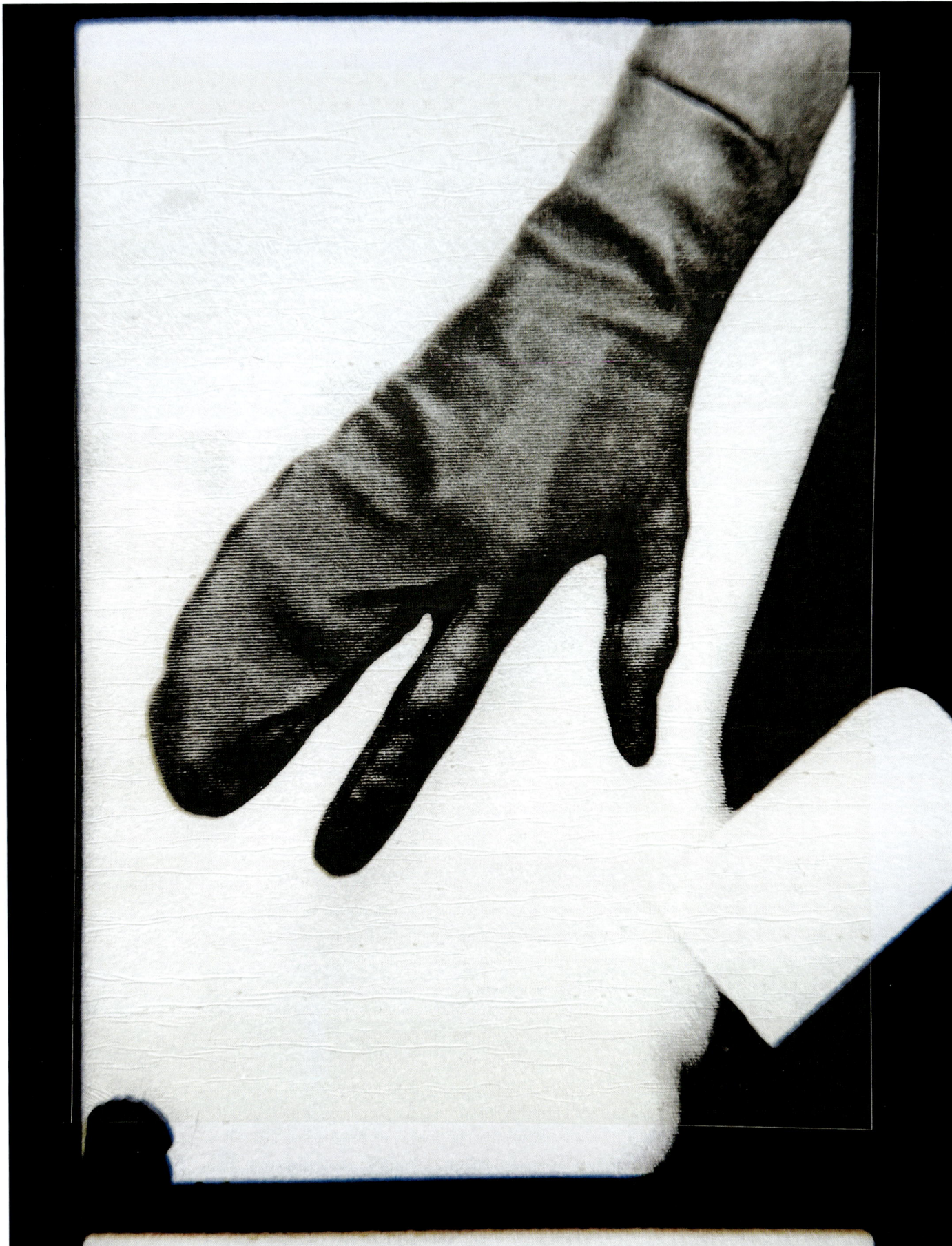

Marina Faust, From The Archive Box, 1990–2008/2025, Pigmentdruck auf Seidenpapier, auf Fotopapier aufliegend / pigment print on silk tissue paper, lying on matte photo paper, 122 × 90 cm, Leihgabe der Künstlerin und / courtesy of the artist and Galerie Gianni Manhattan, Wien / Vienna

REPLICA
REPRODUCTION OF FOUND
GARMENTS OF VARYING SOURCES
AND PERIODS.
Style description:
Doctor's coat
Provenance:
France
Period:
1920

REPLICA
REPRODUCTION OF FOUND
GARMENTS OF VARYING SOURCES
AND PERIODS.
Style description:
Tailored jacket
France
Period:
1970

REPLICA
REPRODUCTION OF FOUND
GARMENTS OF VARYING SOURCES
AND PERIODS.
Style description:
Waiter's jacket for
maritime hotel service
Provenance:
France
Period:
1980

REPLICA
REPRODUCTION OF FOUND
GARMENTS OF VARYING SOURCES
AND PERIODS.
Style description:

REPLICA
REPRODUCTION OF FOUND
GARMENTS OF VARYING SOURCES
AND PERIODS.
Style description:
Evening dress
Provenance:
USA
Period:
1970

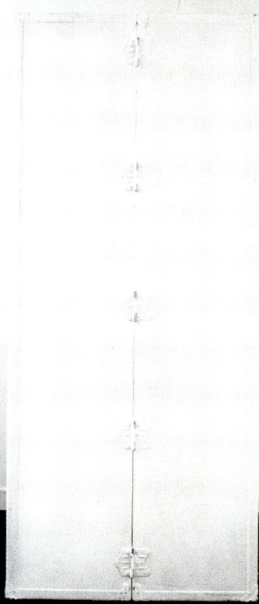

Maison Martin Margiela
'4':
REPLICAS sélectionnées dans la garde-
robe pour femme/REPLICAS chosen from
the wardrobe for women.
Printemps/été-Spring/Summer 2005

TOUTES LES PHOTOS / ALL PHOTOS :
MARINA FAUST, Paris.

Service shopping:

Pour emprunter des tenues,
veuillez appeler:
To borrow outfits, please call:

Tel: +33(0)1 44 53 43 20
Fax: +33(0)1 44 53 43 36
E-mail: presse martinmargiela.net

Service Presse:
163, rue Saint Maur, 75011 Paris
Tel: +331 44 53 43 20 - Fax: +33144 53 43 36

④ A WARDROBE FOR WOMEN

Garments selected and designed with extra attention payed to fabric choices, finish and detailing.

Each season ④ contains eight 'Replica' - Garments found and exactly reproduced by Maison Martin Margiela.

Each replica will carry a label describing its provenance, description and epoque.

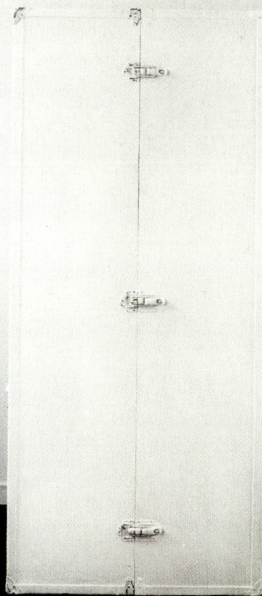

REPLICA
REPRODUCTION OF FOUND
GARMENTS OF VARYING SOURCES
AND PERIODS.
Style description:
Sailor's trousers
Provenance:
France
Period:
1980

REPLICA
REPRODUCTION OF FOUND
GARMENTS OF VARYING SOURCES
AND PERIODS.
Style description:
Jacket
Provenance:
Hong kong
Period:
19470

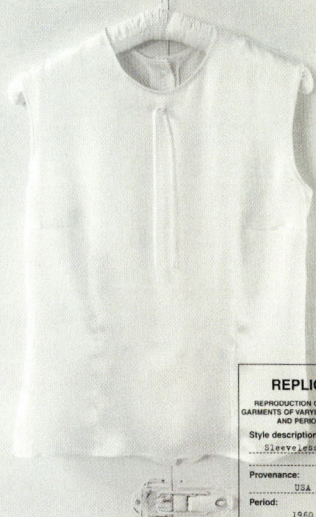

REPLICA
REPRODUCTION OF FOUND
GARMENTS OF VARYING SOURCES
AND PERIODS.
Style description:
Sleeveless top
Provenance:
USA
Period:
1960

REPLICA
REPRODUCTION OF FOUND
GARMENTS OF VARYING SOURCES
AND PERIODS.
Style description:
Lady's shirt
Provenance:
France
Period:
1950

Magdalene Odundo, Series Two (III), 1991, Terrakotta / terracotta, 42 × 26,6 cm, Museum für Kunst und Gewerbe Hamburg, Foto / photo: Hans Hansen, 2024

Magdalene Odundo DBE   Shawanda Corbett   Nyaneth Riam   London 2021 ³/₁₉

Juergen Teller, JW Anderson, Kampagnenplakate Damen, Herbst 2021 / women's Fall 2021 campaign poster, 2021, Tintenstrahldruck / inkjet print, 66,8 × 94,5 cm,
Leihgabe des Künstlers / courtesy of the artist

[5] Designer*innen arbeiten künstlerisch
     Designers Working Artistically

Magdalene Odundo DBE   Shawanda Corbett   Nyacuth Riam

London 2021 ⅔

Juergen Teller, JW Anderson, Kampagnenplakate Damen, Herbst 2021 / women's Fall 2021 campaign poster, 2021, Tintenstrahldruck / inkjet print,
66,8 × 94,5 cm, Leihgabe des Künstlers / courtesy of the artist

6 Provokation als Werbestrategie

Provocation as Advertising Strategy

Provokation als Werbestrategie

Werbebilder prägen unsere Gesellschaft. Sie berühren uns, wecken Zuversicht und Vertrauen, können aber auch Verunsicherung auslösen und provozieren. Bilder – seien es Grafiken oder Fotografien – sind zum einen Ausdruck kultureller Identität, zum anderen beeinflussen sie auch unsere Wahrnehmung der Welt und Entscheidungen. In der Werbung werden sie mit Typografie zu Botschaften kombiniert, mit dem Ziel, Kaufentscheidungen anzuregen. Werbung, die auf Provokation setzt, verbindet das kommerzielle Ziel mit einer politischen und gesellschaftlichen Aussage. Neben dem Kaufanreiz wird über die Empörung zu Wachsamkeit und Engagement aufgerufen.

In den 1960er Jahren sorgte die Zusammenarbeit zwischen der amerikanischen Werbeagentur Doyle Dane Bernbach (DDB) mit der jüdischen New Yorker Bäckerei Levy's für Aufsehen. Der Slogan „You don't have to be Jewish to love Levy's", erfunden von Judy Protas, die zahlreiche Slogans bei DDB verantwortete, provozierte, indem er die religiösen und ethnischen Stereotype der Zeit ansprach.[1] Verschiedene Plakate zeigten New Yorker*innen unterschiedlicher Herkunft, die genüsslich in ein Sandwich mit Brot von Levy's bissen. Die Kampagne verhalf der Bäckerei zu großer Reichweite und forderte Betrachter*innen mittels Humor dazu auf, über Themen wie Identität oder Zugehörigkeit nachzudenken.[2]

Der italienische Fotograf Oliviero Toscani hingegen setzte radikale Mittel ein, um die Auseinandersetzung mit sozialen und politischen Konflikten in die Gesellschaft zu tragen. Zwischen 1983 und 2000 provozierte er mit seiner Arbeit für das Modeunternehmen Benetton immer wieder weltweite Kontroversen. Indem er bewusst Themen wie Aids, Rassismus, Krieg und Hunger auf die große Plakatwand brachte, ging er weit über die Inszenierung von Mode hinaus.[3] Mit Kampagnen wie Black and White Ende der 1980er und zu Beginn der 1990er Jahre und dem neuen Logo der Marke „United Colors of Benetton" löste er sich von traditionellen Werbeästhetiken und stellte rassistische Klischees und politische Themen offen zur Diskussion. Die Reaktionen auf seine provokanten Motive reichten von klarer Ablehnung und dem Vorwurf der Verletzung der Menschenwürde bis zu heller Begeisterung.[4]

In den 1980er Jahren setzte der Technologiekonzern Apple für die Fernsehwerbung auf filmische Inszenierung und utopische Narrative. 1984 wurde während des Sportereignisses Super Bowl ein Werbespot von Ridley Scott für den für eine breite Masse von Nutzer*innen erschwinglichen Macintosh ausgestrahlt. Angelehnt an George Orwells Roman 1984, zeigt er eine Zukunft, in der ein Überwachungsstaat, wie ihn Orwell entworfen hatte, zerstört wird. Mit dem Slogan „And you'll see why 1984 won't be like 1984" konfrontiert Scott die von Orwell prognostizierte Dystopie mit der tatsächlichen, laut Werbung positiven Gegenwart im Jahr 1984. Das Unternehmen bringt sich mit dem Werbespot als Verfechter von Freiheit und Kreativität gegen technokratische

Provocation as Advertising Strategy

Advertising images shape our society. They move us and inspire confidence and trust, but can also cause insecurity and provoke us. Images—whether graphics or photographs—are an expression of cultural identity and at the same time influence our perception of the world and our decisions. In advertising, they are combined with typography to formulate messages meant to stimulate purchasing decisions. Advertising that relies on provocation fuses commercial objectives with political and social statements. Along with the inducement to buy, they call for vigilance and commitment by inciting outrage.

In the 1960s, the collaboration between the advertising agency Doyle Dane Bernbach (DDB) and the Jewish bakery Levy's in New York attracted media attention. The slogan "You don't have to be Jewish to love Levy's," coined by Judy Protas, who created numerous advertising jingles for DDB, was provocative in that it addressed the religious and ethnic stereotypes of the period.[1] Various posters showed New Yorkers of different backgrounds relishing a sandwich made with Levy's bread. The campaign helped the bakery become more widely known and used humor to challenge the public to rethink topics such as identity or belonging.[2]

The Italian photographer Oliviero Toscani, on the other hand, utilized radical means to address social and political conflicts. Between 1983 and 2000, he provoked controversary around the world with his work for the clothing retailer Benetton. By deliberately placing topics such as AIDS, racism, war, and hunger on huge billboards, he went far beyond conventional fashion advertising.[3] With campaigns like Black and White from the late 1980s and early 1990s and the company's new "United Colors of Benetton" logo, he departed from traditional advertising aesthetics and addressed racist clichés and political issues. Reactions to his provocative images ranged from adamant rejection and accusations of violating human dignity to boundless enthusiasm.[4]

In the 1980s, the technology corporation Apple embraced cinematic staging and utopian narratives for its television advertising. During the 1984 Super Bowl, the company broadcast a commercial by Ridley Scott featuring the Macintosh, a computer affordable for the broad mass of consumers. Drawing on George Orwell's novel 1984, it depicted a future in which the surveillance state imagined by Orwell is overthrown. Scott contrasted the dystopia predicted by Orwell with the current, positive (according to the commercial) reality of 1984, claiming: "And you'll see why 1984 won't be like 1984." In this way, the company positioned itself as the defender of freedom and creativity against technocratic monotony, as a rebellious alternative to established technology corporations. Going beyond the mere promotion of a product, the advertisement helped create a robust brand identity.[5]

Today, as well, advertising campaigns can lead to discussions of social norms, participation, and belonging.

Viktoria Lea Heinrich

Monotonie in Stellung, eine rebellische Alternative zu etablierten Technologieunternehmen. Über den reinen Produktverkauf hinaus trug diese Werbung damit zur Schaffung einer starken Markenidentität bei.[5]

Auch heute noch führen Werbekampagnen zu Diskussionen um gesellschaftliche Normen, um Teilhabe und Zugehörigkeit. 2022 arbeitete der ghanaische Fotograf Prince Gyasi mit dem Hersteller von Designerkleidung Balmain zusammen und brachte eine neue, kulturell aufgeladene Perspektive in die Modefotografie. Für die Herbstkollektion reinszenierte er in Zusammenarbeit mit Olivier Rousteing, Designer und Creative Director bei Balmain, Antoine de Saint-Exupérys Erzählung Der kleine Prinz, indem er die Mode des französischen Unternehmens mit Models aus seiner Heimatstadt Accra fotografierte. Mit kräftigen Farben – in Abgrenzung zu den Pastelltönen der ursprünglichen Illustrationen des Buches – und eingängigen Bildaufbauten fordert der

Fotograf dazu auf, sich mit der Kolonialherrschaft und ihren Konsequenzen für die heutige ghanaische Bevölkerung auseinanderzusetzen.[6] Aus der Kampagne entwickelte sich eine längere Kooperation: Die freien fotografischen Arbeiten von Prince Gyasi von 2019 fanden als Prints auf den Stoffen der Kollektion 2024 von Olivier Rousteing Verwendung.

1
https://fontsinuse.com/uses/14355/levy-s-ad-campaign-you-don-t-have-to-be-jewis, zugegriffen am 22.01.2025.
2
Tulga Beyerle und Jürgen Döring, Das Plakat. 200 Jahre Kunst und Geschichte, Ausst.-Kat. Museum für Kunst und Gestaltung Hamburg, München u. a. 2020, S. 242.

3
Siehe dazu Eva Bræmer-Jensen, „Einleitung", in: Oliviero Toscani Billboards. 15 years of Communication for United Colors of Benetton, Ausst.-Kat. Museum for Moderne Billedkunst, Kunsthåndværk, Design og Møbeldesign Trapholt, Kolding 1997, S. 11–13.
4
Siehe dazu Lorella Pagnucco Salvemini, Toscani. Die Werbekampagnen für Benetton 1984–2000, München 2002, S. 44–46.

5
Siehe dazu Jörg Helbig (Hg.), Film-Konzepte: Ridley Scott, München 2022.
6
https://int.balmain.com/en/experience/balmain-x-prince-gyasi, zugegriffen am 22.01.2025.

In 2022, the Ghanian photographer Prince Gyasi collaborated with the designer clothing manufacturer Balmain, injecting a new, culturally-charged perspective into fashion photography. For the fall collection, he restaged Antoine de Saint-Exupéry's tale The Little Prince together with Olivier Rousteing, designer and creative director at Balmain, by photographing models from his hometown of Accra wearing clothing from the French fashion company. With vibrant colors—instead of the pastel tones of the book's original illustrations—and arresting visual compositions, the photographer challenged observers to engage with colonial rule and its consequences for the

present-day population of Ghana.[6] The campaign led to a long-term collaboration: creative photographic works by Prince Gyasi from 2019 appeared as prints on fabrics in the 2024 collection by Olivier Rousteing.

1
https://fontsinuse.com/uses/14355/levy-s-ad-campaign-you-don-t-have-to-be-jewis, accessed January 22, 2025.
2
Tulga Beyerle and Jürgen Döring, Das Plakat. 200 Jahre Kunst und Geschichte, exh. cat. Museum für Kunst und Gestaltung Hamburg (Munich: Prestel, 2020), 242.

3
See the introduction by Eva Bræmer-Jensen in Oliviero Toscani Billboards: 15 Years of Communication for United Colors of Benetton, exh. cat. Museum for Moderne Billedkunst, Kunsthåndværk, Design og Møbeldesign Trapholt (Kolding: Trapholtmuseet, 1997), 11–13.
4
See Lorella Pagnucco Salvemini, Toscani. Die Werbekampagnen für Benetton 1984–2000 (Munich: GRIN Verlag, 2003), 44–46.

5
See Jörg Helbig, ed., Film-Konzepte: Ridley Scott (Munich: text + kritik, 2022).
6
https://int.balmain.com/en/experience/balmain-x-prince-gyasi, accessed January 22, 2025.

Doyle Dane Bernbach, You Don't Have to Be Jewish to Love Levy's Real Jewish Rye, 1967, Offset, 114,2 × 75 cm, Museum für Kunst und Gewerbe Hamburg

[6]   Provokation als Werbestrategie
      Provocation as Advertising Strategy

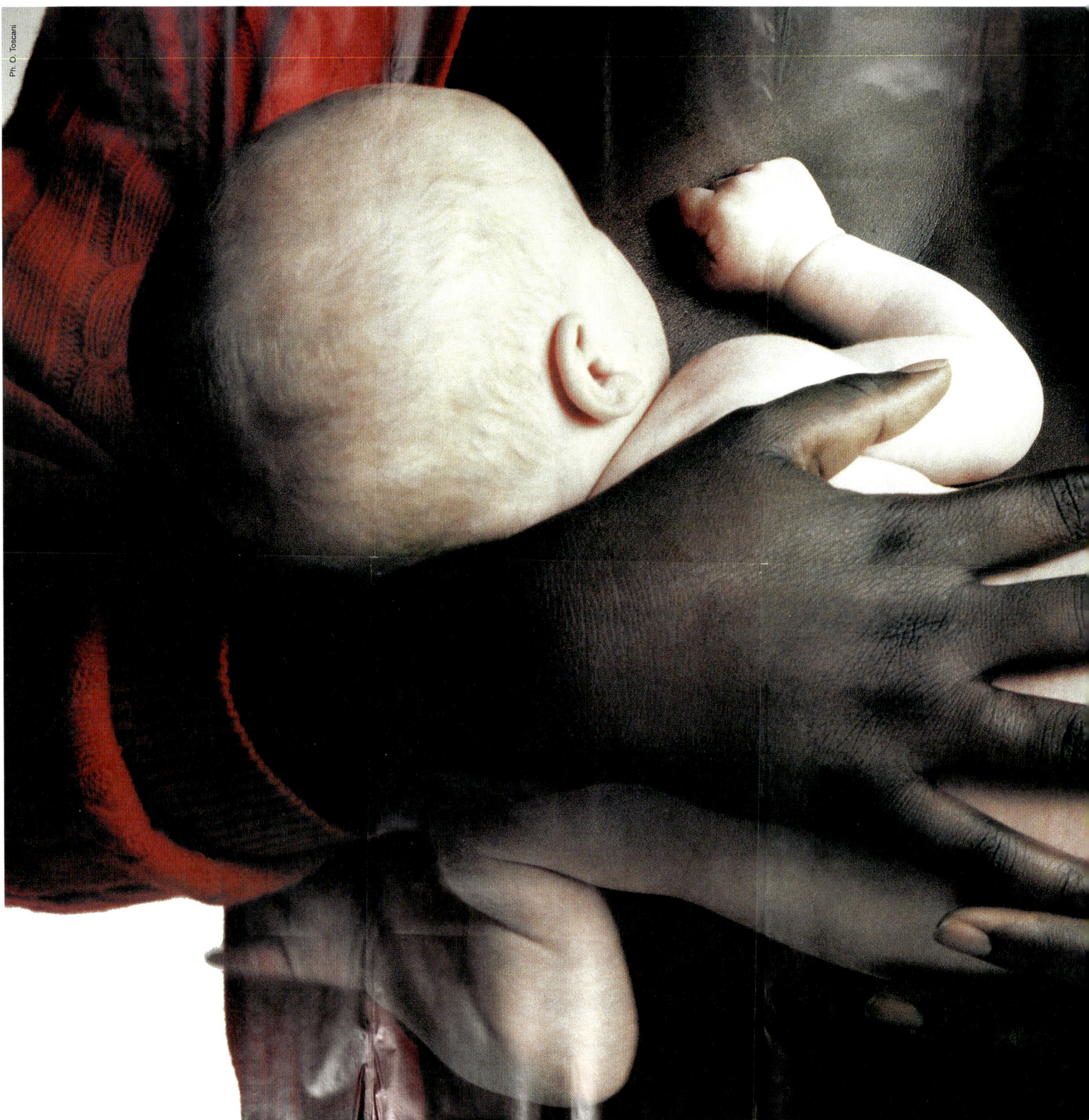

Ph. O. Toscani

Oliviero Toscani, Plakat für / poster for Benetton, 1989, Offset, 275,7 × 580,3 cm, Museum für Kunst und Gewerbe Hamburg

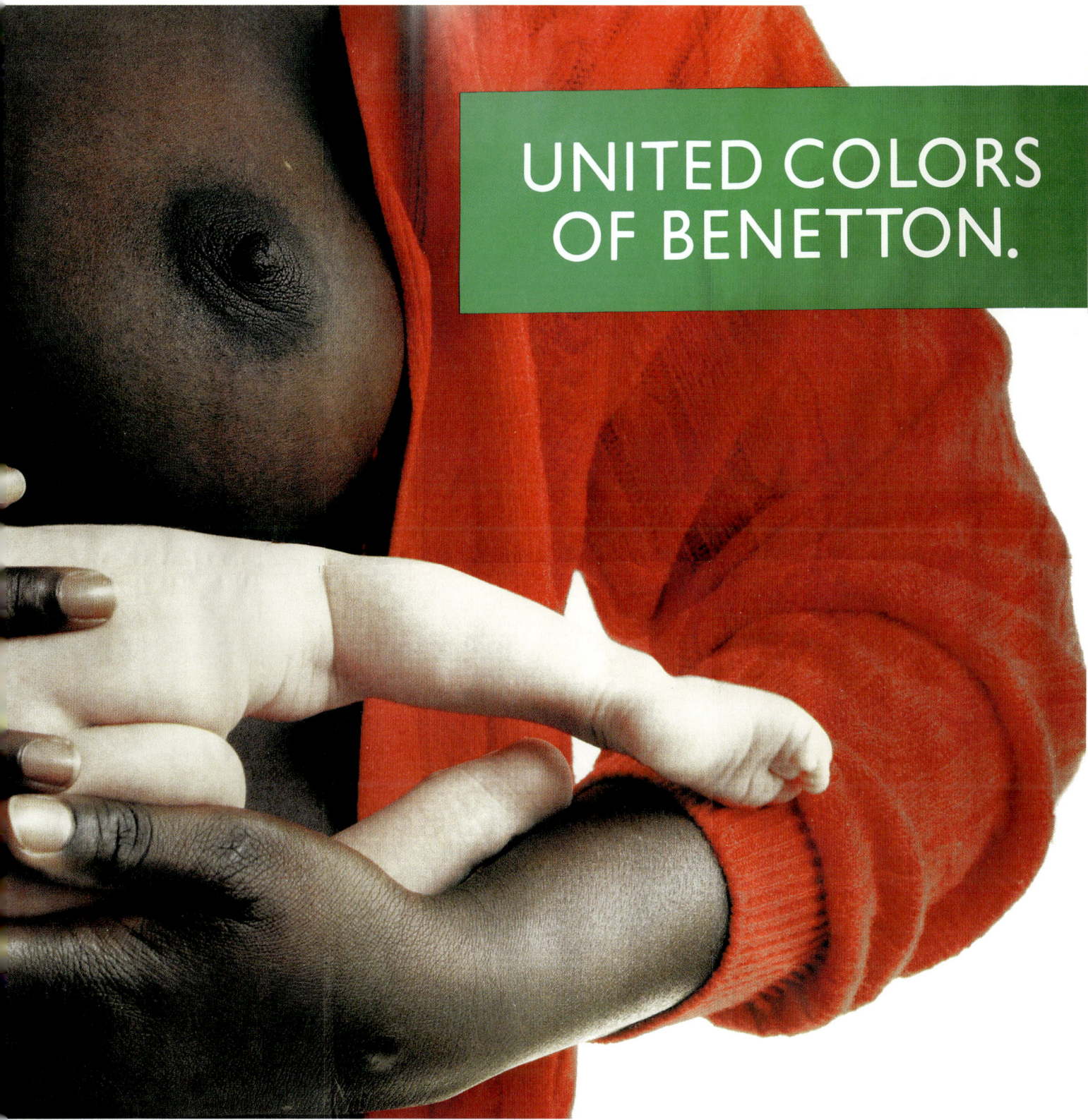

Prince Gyasi, <u>The Art of Appreciating Little Things</u>, 2019, Fujiflex-Print auf / on Alu-Dibond, 46 × 46 cm, Leihgabe / courtesy of Maāt Gallery, Paris

Balmain, Mantel mit Profilen (Look 27) / Coat with profiles (Look 27), Herrenkollektion / men's collection Fall/Winter 2024
von / by Olivier Rousteing, entworfen in Kollaboration mit Prince Gyasi / designed in collaboration with Prince Gyasi, 136 × 54 × 12 cm,
Foto / photo: Unbekannt / Unknown, Model: Amath Fall (Priscilla's Models), Leihgabe / courtesy of Balmain

7　Selbstinszenierung

Self-Staging

Selbstinszenierung

Die Inszenierung des Designers oder der Designerin spielt eine zentrale Rolle in der Vermarktung von Produkten, da sich mit ihrer Hilfe eine emotionale und ästhetische Verbindung zu potenziellen Käufer*innen herstellen lässt. Über gezielte Öffentlichkeitsarbeit und Imagepflege in Interviews, durch Fotoshootings oder die Darstellung des kreativen Schaffensprozesses lassen sich die Produkte in einem größeren kulturellen Kontext oder als Ausdruck von Individualität oder Exklusivität inszenieren.

In den 1950er und 1960er Jahren verband das Ehepaar Charles und Ray Eames seine Designphilosophie eng mit seinen Produkten, wodurch diesen ein idealler Wert jenseits der Funktionalität zugeschrieben wurde. So inszenierten sie in ihrem Haus in Pacific Palisades die Vorteile neuer Baumaterialien und präsentierten ein modernes heteronormatives Lebenskonzept. Ihre gleichberechtigte Partnerschaft wurde in den Medien jedoch häufig zugunsten einer einseitigeren Perspektive verzerrt. Die amerikanische Vogue, die vor allem eine weibliche Leserinnenschaft adressierte, brachte im August 1959 eine Strecke über den „Mann des 21. Jahrhunderts"[1] Charles Eames. Ray Eames wird ausschließlich mit Bezug auf ihr Erscheinungsbild als „kleine, weibliche Frau […] mit rosa Lippenstift"[2] erwähnt. Der Playboy stellte Charles Eames 1961 gemeinsam mit anderen männlichen Designern vor. Eine Doppelseite des Magazins zeigt ihn neben Harry Bertoia, George Nelson und weiteren mit ihren jeweiligen Möbelentwürfen.[3] Unterschlagen wurde die Tatsache, dass der Entwurf des DCM Plywood Chair, auf dem Charles Eames sitzt, ein gemeinsamer Entwurf des Paares war.

Anders als die Eames, die mit ihrer Selbstinszenierung bis heute die designhistorische Erzählung ihrer Zusammenarbeit geprägt haben, setzt der Tapetenhersteller Rasch seit jeher auf inszenierte Kollaborationen mit Designer*innen, um sein Produkt immer wieder neu zu positionieren. Bereits in den 1920er Jahren kooperierte Rasch mit Gestalter*innen wie Josef Hofmann oder Maria May. Besonders erfolgreich war die Zusammenarbeit mit dem Bauhaus unter Hannes Meyer. Die schlichten, teils gerasterten Tapeten von Bauhaus-Meistern wie Josef Albers, Ludwig Hilbersheimer und Joost Schmidt waren im Siedlungsbau der 1930er Jahre populär[4] und wurden bis 1940/41 produziert. In den 1980er Jahren folgte Rasch, ganz im Sinn eines für die Zeit typischen Strebens nach Individualität, dem Konzept „Massenware ist out – Zielgruppensortimente sind in".[5]

Die 1987/88 veröffentlichte Werbekampagne „Was fehlt ist die Tapete von Rasch" zeigte unterschiedliche Personen in leeren Räumen. Die Tapete – das eigentlich beworbene Produkt – war nicht abgebildet. 1989 wurden statt der ursprünglich eingesetzten Modelle junge, aufstrebende Innenarchitekt*innen und Designer*innen vor ihren Entwürfen porträtiert. Damit wurden Tapeten erneut und erfolgreich als Teil eines umfassenden

Self-Staging

The staging of the designer plays a key role in the marketing of products, helping to establish an emotional and aesthetic connection to potential buyers. Through targeted public relations and image-building in interviews, through photo shoots or the presentation of the creative process, products can be situated within a broader cultural context or positioned as an expression of individuality or exclusivity.

In the 1950s and '60s, the husband-and-wife team Charles and Ray Eames closely linked their design philosophy to their products, evoking immaterial values that went beyond mere functionality. In their house in Pacific Palisades, they staged the advantages of new building materials and displayed a heteronormative lifestyle. In the media, however, their equal partnership was often skewed towards a more one-sided perspective. The American magazine Vogue, addressed primarily to female readers, published a feature on Charles Eames in August 1959, referring to him as the "Twenty-first-century Man"[1] but mentioning Ray Eames only in reference to her appearance as a "small womanly woman … with pink lipstick."[2] In 1961, Playboy portrayed Charles Eames together with the male designers Harry Bertoia, George Nelson, and others on a two-page spread, each accompanied by his furniture designs.[3] The fact that the design of the DCM Plywood Chair on which Charles Eames sat was a joint work by the couple was suppressed.

In contrast to the Eameses, whose self-staging continues to shape the design-historical narrative of their collaboration today, the wallpaper manufacturer Rasch has always relied on publicized collaborations with designers to reposition its products. As early as the 1920s, Rasch worked with artists such as Josef Hofmann or Maria May. Rasch's collaboration with the Bauhaus under Hannes Meyer was particularly fruitful. The simple, often grid-patterned wallpapers by Bauhaus masters such as Josef Albers, Ludwig Hilbersheimer, or Joost Schmidt were popular in housing developments of the 1930s[4] and continued to be produced until 1940–41. In the 1980s, in keeping with the striving for individuality typical of the time, Rasch followed a strategy of "mass-produced goods are out—target group products are in."[5]

The advertising campaign What's missing is the wallpaper by Rasch, launched in 1987–88, showed various persons in empty rooms. The wallpaper—the product actually being promoted—was not depicted. In 1989, the models originally featured were replaced by young, emerging interior designers in front of their creations. In this way, wallpaper was once again successfully presented as part of an all-encompassing visual concept, and the designers—among them the furniture designer Herbert Jakob Weinand, Wolfgang Laubersheimer, and the interior designer Monika Wall—were staged as trendsetting role models. The campaign received

Designkonzepts präsentiert und die Designer*innen – unter anderem der Möbeldesigner Herbert Jakob Weinand, Wolfgang Laubersheimer oder die Innenarchitektin Monika Wall – als geschmacksbildende Vorbilder inszeniert. Die Kampagne fand breite Beachtung in Zeitschriften wie Schöner Wohnen und Architektur & Wohnen und trug maßgeblich dazu bei, das Image der Tapete in den 1980er Jahren zu modernisieren.[6]

In dieser Zeit rückte die Selbstinszenierung von Designer*innen zunehmend in den Vordergrund. Sie entwickelten sich zu den eigentlichen Stars der Werbekampagnen – der französische Produktdesigner Philippe Starck gehörte dabei zu den Trendsettern. Mit Auftraggebern wie Kartell, Alessi und später auch der Supermarktkette Target schuf Starck Produkte für die Masse – Design war im Mainstream angekommen. Während bei Charles und Ray Eames der Umgang mit neuen Technologien und die Etablierung eines modernen Lebensstils im Fokus der Selbstinszenierung gestanden hatten, wurden die Autor*innendesigner*innen der 1990er Jahre zu Persönlichkeiten des öffentlichen Lebens. Im Fokus stand nicht mehr die Funktionalität des zu bewerbenden Produkts, sondern die Präsentation der Schöpfer*in. In Vollendung zeigt diese Erhebung das von dem Modefotografen Jean-Baptiste Mondino aufgenommene Porträt des nur halb bekleideten Philippe Starck, auf dessen Haut seine eigenen Produkte, darunter auch der Wasserkessel Hot Bertaa, als Zeichnungen verteilt sind.

1
Allene Talmey, „Eames", in: Vogue, 134, Nr. 3, 15.8.1959, S. 124–144, hier: S. 125.
2
Ebd., S.2 126.
3
„Creators of Contemporary American Furniture", in: Playboy, 8, Nr. 7, Juli 1961, S. 46–52 und S. 108–110, hier: S. 47.

4
Tapetenfabrik Gebr. Rasch GmbH & Co. (Hg.) Zeitwände: Eine Tapetenkollektion von international renommierten Designern und Architekten, Ausst.-Kat., Bramsche 1992.
5
Werner Roßkopf, „Vom Handel und Wandel und dem bemusterten Auf und Ab – 2. Teil", in: Ebd., S. 278–287, hier: S. 282.

6
Siehe Erich Küthe, „Von der Propaganda zur Imagepolitik – eine Querschnittsbetrachtung zu den Werbestrategien von Rasch", in: Ebd., S. 288–297.

widespread attention in architectural magazines such as Schöner Wohnen and Architektur & Wohnen and contributed significantly to the modernization of the image of wallpaper in the 1980s.[6]

It was during this era that the self-staging of designers increasingly moved to the foreground, making them the actual stars of the advertising campaigns—with French product designer Philippe Starck as one of the leading pacesetters. For clients such as Kartell, Alessi, and later the supermarket chain Target, he created products for the masses: design had arrived in the mainstream. While the self-presentation of Charles and Ray Eames had focused on the use of new technologies and the propagation of a modern lifestyle, the artist-designers of the 1990s became stars in the public sphere. The spotlight was no longer exclusively on the functionality of the advertised product, but on the staging of its creator. The pinnacle of this trend is exemplified by the portrait by fashion photographer Jean-Baptiste Mondino of the half-naked Philippe Starck, whose products, including the kettle Hot Bertaa, appear as drawings on his body.

1
Allene Talmey, "Eames," Vogue 134, no. 3 (August 15, 1959): 124–44, here 125.
2
Ibid., 126.
3
"Creators of Contemporary American Furniture," Playboy 8, no. 7 (July 1961): 46–52 and 108–10, here 47.

4
Tapetenfabrik Gebr. Rasch GmbH & Co., ed., Zeitwände: Eine Tapetenkollektion von international renommierten Designern und Architekten, exh. cat. Deutsche Tapetenmuseum Kassel (Bramsche: Rasch, 1992).
5
Werner Roßkopf, "Vom Handel und Wandel und dem bemusterten Auf und Ab—2. Teil," in Gebr. Rasch, Zeitwände, 278–87, here 282.

6
See Erich Küthe, "Von der Propaganda zur Imagepolitik—eine Querschnittsbetrachtung zu den Werbestrategien von Rasch," in Gebr. Rasch, Zeitwände, 288–97.

Charles und / and Ray Eames, Stuhl DCM / Chair DCM, 1946, Stahl, Holz / steel, wood, 74,5 × 49 × 51 cm, Museum für Kunst und Gewerbe Hamburg, Foto / photo: Hans Hansen, 2024

[7] Selbstinszenierung
Self-Staging

Don Albinson, Charles & Ray Pinned by Bases, 1947, Reproduktion / reproduction, 160 × 302 cm, Eames Office, LLC

architectural design

September 1966   Price 5s.

Don Albinson, Cover des Magazins / cover of Architectural Design, September 1966, 30,5 × 24 cm, Museum für Kunst und Gewerbe Hamburg

decor BY JOHN ANDERSON

PHOTOGRAPHED ESPECIALLY FOR PLAYBOY BY HARVIN KONER AND DANIEL RUBIN

DESIGNS FOR LIVING

*unfettered by dogma, the creators of contemporary american furniture
have a flair for combining functionalism with esthetic enjoyment*

Marvin Koner, Daniel Rubin, Porträt der Designer / Portrait of designers George Nelson, Edward Wormley, Eero Saarinen, Harry Bertoia, Charles Eames, Jens Risom, Playboy, Bd. 8, Nr. 7, / vol. 8, no. 7, 1961, Offset, 28,5 × 42 cm, Museum für Kunst und Gewerbe Hamburg

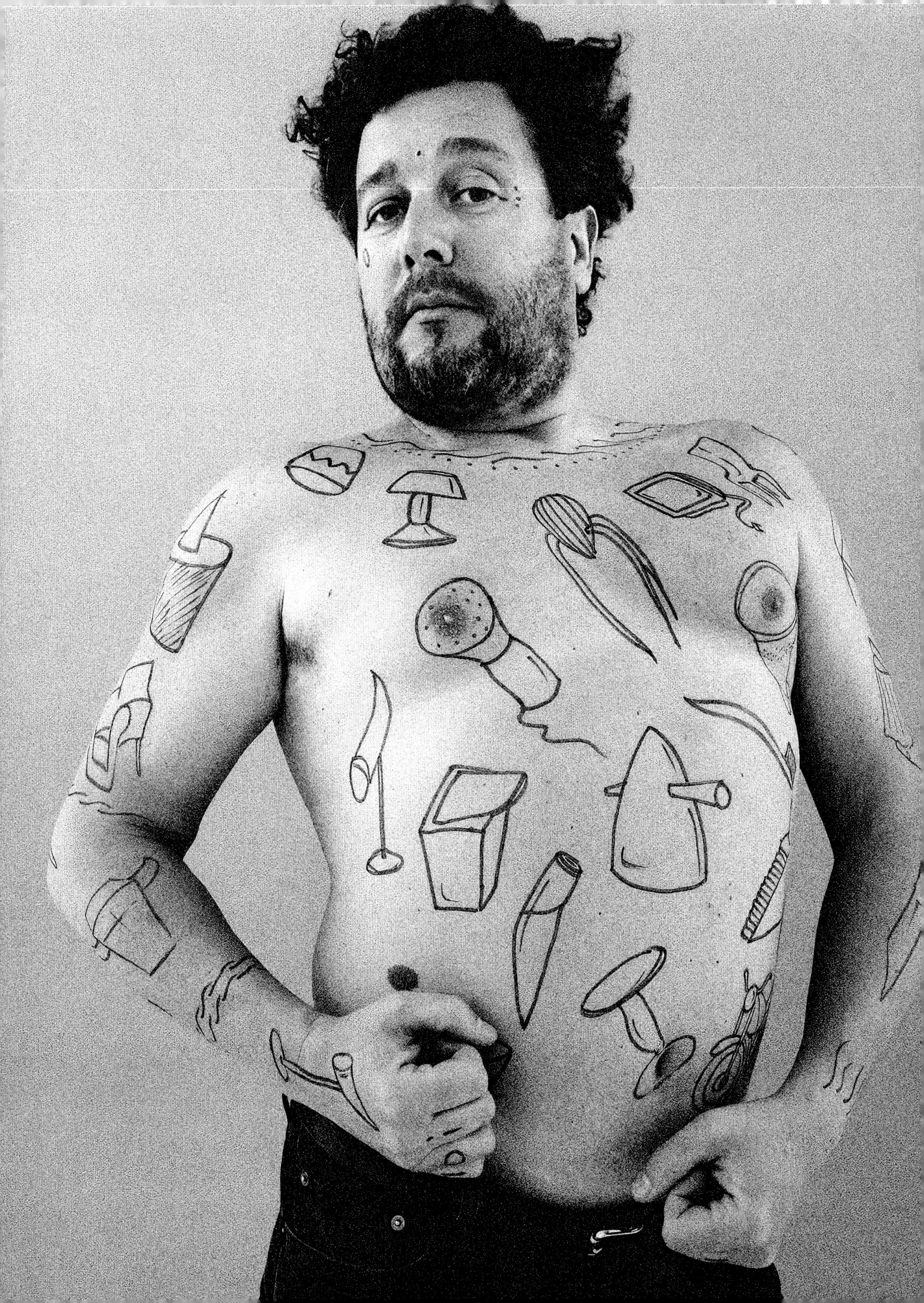

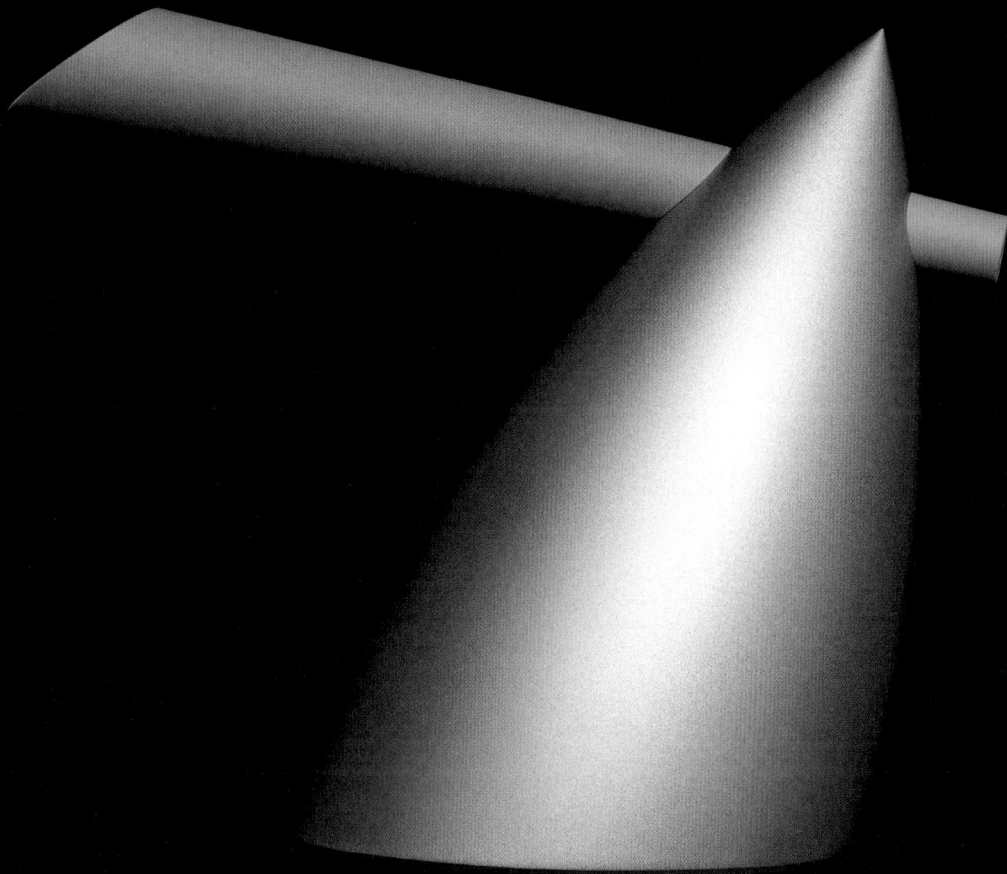

Jean-Baptiste Mondino, Philippe Starck by Jean-Baptiste Mondino, 2000, Schwarz-Weiß-Fotografie / black and white photograph, 146 × 105 cm, Leihgabe des Künstlers / courtesy of the artist

Philippe Starck, Wasserkessel / kettle Hot Bertaa, 1990, Kunststoff, Metall / plastic, metal, 27 × 27 cm, Museum für Kunst und Gewerbe Hamburg, Foto / photo: Hans Hansen, 2024

[7] Selbstinszenierung
Self-Staging

Wolfgang Laubersheimer, Industrial-Designer:

Was fehlt ist die Tapete von Rasch.

rasch®

Richard Nichterlein, <u>Was fehlt ist die Tapete von Rasch</u> (What's missing is the wallpaper by Rasch), Plakat mit Porträt des Designers Wolfgang Laubersheimer /
poster with portrait of designer Wolfgang Laubersheimer, 1980er Jahre / 1980s, Offset, 100,3 × 70,2 cm, Museum für Kunst und Gewerbe Hamburg, Schenkung /
gift of Rasch Tapeten

8 Neue Werkzeuge

New Tools

Neue Werkzeuge

Mit dem Aufkommen von digitalen Technologien, sozialen Medien und Smartphones seit Ende der 1990er Jahre hat sich die Welt der Inszenierung stark verändert. Plattformen wie Instagram und TikTok eröffnen neue Handlungsfelder, in denen die Präsentation von Objekten scheinbar demokratische Züge hat und vermeintlich Teilhabe möglich ist. Gleichzeitig betreten neue Akteur*innen das Feld, im digitalen Kontext wird jede*r zum/zur Influencer*in. Ob ein schneller, wie zufällig aufgenommener Schnappschuss, ein verwackeltes Video oder das sorgsam inszenierte Bild – der Blick durch die Linse der Amateurfotograf*innen wird zum mächtigen Werkzeug im Kontext einer Produktpräsentation. Videos und Bilder steigern die Verbreitung eines Produkts und bestimmen über seine Popularität.

Gezielt nutzen Unternehmen die Inszenierung durch Amateur*innen als Kommunikations- und Marketingmedium, gleichzeitig ist diese Form der Vermarktung kaum zu kontrollieren und liegt jenseits der Reichweite der Hersteller. Auch das New Yorker Modelabel Telfar, 2005 von dem Designer Telfar Clemens gegründet und seit 2014 unter der Kreativdirektion des Künstlers Babak Radboy, wurde vor allem durch die digitale Teilhabe und Macht seiner Käufer*innen populär. Für seine schlichten veganen Ledertaschen mit geprägtem Logo wirbt es mit dem Slogan „not for you – for everyone".[1] Es war eine Frage der Kultur, dass sich Telfar entschieden hat, sich außerhalb der finanziellen und materiellen Infrastruktur der europäisch-amerikanischen Modeindustrie aufzustellen –, ohne Investoren und Zwischenhändler. Stattdessen verlässt sich das Label auf seine eigene Community und Kanäle. Über sogenannte Drops – Ankündigungen einer neuen Taschenkollektion mit Datum und Uhrzeit auf ihren eigenen Plattformen – generiert Telfar Exklusivität und Begierde, die die Käufer*innen in den sozialen Medien aufnehmen und verstärken. Sein größtenteils Schwarzer Kund*innenstamm zeigt sich mit seinen Taschen, eingebettet in multi-generationale Szenen Schwarzen Alltagslebens. Nutzer*innen verweisen entweder auf die Firma oder senden ihre Videos direkt an die Plattform TELFAR:TV.[2]

Während Telfar die Inszenierung seiner Taschen durch Amateurfotograf*innen und -filmer*innen bewusst in die eigene Kampagnen-Strategie einplant, erfährt die Leuchte Mayday, 1998/99 von Konstantin Grcic für das italienische Unternehmen Flos entworfen, heute eine Neuinszenierung mithilfe der Plattform Instagram. Die Leuchte mit vielen Einsatzgebieten inszenierte der Fotograf Florian Böhm 2005 in einer Werkstatt in der Bowery in New York; die Aufnahmen entstanden zufällig und ohne große Vorbereitungen.[3] Während diese tatsächlich auch spontan wirkende Inszenierung Mitte der 2000er Jahre für die Präsentation von Designobjekten ungewöhnlich und neuartig war,[4] versammelt der Instagram-Account der Journalistin Jasmin Jouhar

New Tools

The advent of digital technologies, social media, and smartphones since the late 1990s has radically transformed the world of product staging. Platforms like Instagram and TikTok open up new spheres of action, in which the presentation of objects allegedly has democratic qualities and participation is ostensibly possible. At the same time, new actors have entered the field; in a digital context, everyone is an influencer. Whether a quick snapshot seemingly taken by chance, a shaky video, or a carefully staged image—the view through the lens of the amateur photographer has become a powerful tool for the presentation of products. Videos and photos increase the dissemination of a product and decide its popularity.

The New York fashion label Telfar, founded by the designer Telfar Clemens in 2005 and under the creative direction of the artist Babak Radboy since 2014, was popularized largely through the participation and power of its consumers. Telfar is known primarily for its simple vegan leather bags with a stamped logo; with its slogan "It's not for you – it's for everyone,"[1] the label has made culturally motivated decisions to exist outside of the financial and material infrastructure of the Euro-American fashion industry – with no investors or stockists – instead relying on its own community and channels. Via so-called "drops" of a new collection at a specific date and time announced on its own platforms, Telfar generates exclusivity and desire, which is picked up and amplified by consumers on social media. Its largely black customer base in particular present themselves with their bags, integrated in multigenerational scenes of everyday black social life. Users either tag the brand or submit the videos directly to their platform TELFAR.TV.[2]

While Telfar deliberately integrates the staging of its bags by amateur photographers and filmers into its marketing strategies, the Mayday lamp, designed by Konstantin Grcic for the Italian company Flos in 1998–99, is currently experiencing a new kind of presentation on Instagram. The lamp, which can be used in a variety of ways, was photographed by Florian Böhm in 2005 in an auto repair shop in the Bowery in New York; the photos were created by chance and without extensive preparation.[3] While this presentation did in fact look spontaneous and was unusual and innovative for design objects in the mid-2000s,[4] since 2022 the journalist Jasmin Jouhar has collected and posted countless photographs by users of the lamp on her Instagram account. These images by her followers feature the multiple ways in which the lamp can be utilized in everyday life. The account name, @made_my_mayday, plays on the individual, personal appropriation of the product. At the same time, the digital compendium of images pays homage to a lamp design that enables such varied use.

Digital platforms for dissemination, however, are not solely responsible for the transformation in the staging and presentation of objects. Technologies such as 3D

unzählige Fotografien von Nutzer*innen der Leuchte. Vor dem Hintergrund der unterschiedlichen Gebrauchsszenarien im Alltag veröffentlicht sie seit 2022 Einreichungen ihrer Follower*innen. Der Name des Accounts, „Made my Mayday", spielt auf diese individuelle, persönliche Aneignung des Produkts an. Gleichzeitig ist die digitale Bildersammlung eine Hommage an die Gestaltung der Leuchte, die eine vielfältige Nutzung erst ermöglicht.

Digitale Verbreitungsplattformen sind indessen nicht allein verantwortlich für den Wandel in der Darstellungs- oder Präsentationsform von Objekten. Auch Technologien wie 3-D-Renderings oder Augmented Reality verändern die Art der Inszenierung maßgeblich. Das französische Modelabel Jacquemus, 2008 von dem Designer Simon Porte Jacquemus in Paris gegründet, bedient sich dieser Technologien als Teil seiner Marketingkampagne. So fuhren 2023 in einem Instagram-Video von nur wenigen Sekunden überdimensionale Taschen des Labels über die Straßen von Paris. Viele Instagramnutzer*innen hielten die Taschen für echt oder für mit künstlicher Intelligenz hergestellt, tatsächlich aber waren es Renderings des 3-D-Künstlers Ian Padgham, der das Modell Bambino Bag virtuell nachgebaut und in eine Straßenkulisse gesetzt hatte. Das Video ging viral und wurde bis heute fast 49 Millionen Mal angeschaut und kommentiert.[5]

1
TELFAR – shop.telfar, zugegriffen am 16.10.2024.
2
https://www.telfar.tv/conspire, TELFAR.TV — Conspire, zugegriffen am 16.10.2024. Die Formulierung ist in Zusammenarbeit mit Babak Radboy entstanden.

3
Vgl. das Interview mit Konstantin Grcic im vorliegenden Katalog.
4
Der Fotograf Florian Böhm reflektiert über die Entstehung seiner Inszenierungen der Objekte von Konstantin Grcic in der von ihm herausgegebenen Monografie über den Designer. Florian Böhm (Hg.), KGID. Konstantin Grcic Industrial Design, London 2005, S. 21.

5
Beitrag vom 05.04.2023, @jacquemus, Instagramaccount, zugegriffen am 16.10.2024.

rendering or augmented reality have also radically changed the mise-en-scène of products. The French fashion label Jacquemus, founded in Paris by the designer Simon Porte Jacquemus in 2008, utilizes these technologies as part of its marketing campaigns. In 2023, for example, a brief, seven-second Instagram video showed oversized versions of the label's bags cruising through the streets of Paris. Many Instagram users believed the bags to be real or created with AI, but in fact they were renderings by the 3D artist Ian Padgham, who virtually reconstructed the label's Bambino Bag and inserted it into the streets of Paris. The video went viral and has been watched and commented on almost 49 million times.[5]

1
https://telfar.net/, accessed October 16, 2024.
2
https://www.telfar.tv/conspire, accessed October 16, 2024. The description of Telfar was formulated in collaboration with Babak Radboy.

3
See the interview with Konstantin Grcic in this catalogue.
4
The photographer Florian Böhm comments on the stagings of objects by Konstantin Grcic in a publication he edited on the designer: Florian Böhm, ed., KGID. Konstantin Grcic Industrial Design (London: Phaidon, 2005), 21.

5
Post from April 5, 2023, @jacquemus, Instagram account, accessed October 16, 2024.

Konstantin Grcic, Leuchte / lamp Mayday, 1998/99, Kunststoff / plastic, 53 × 22 × 22 cm, Museum für Kunst und Gewerbe Hamburg, Foto / photo: Hans Hansen, 2024

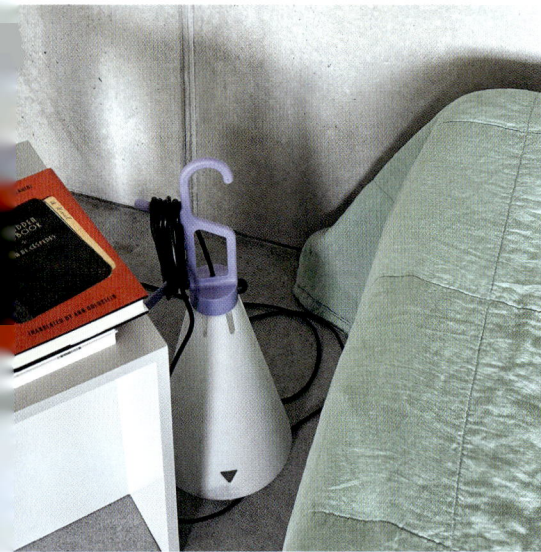

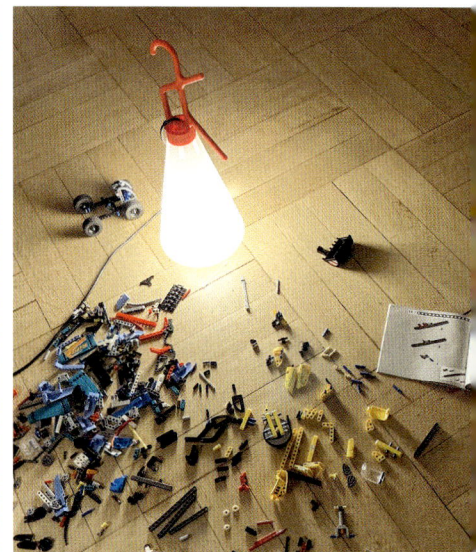

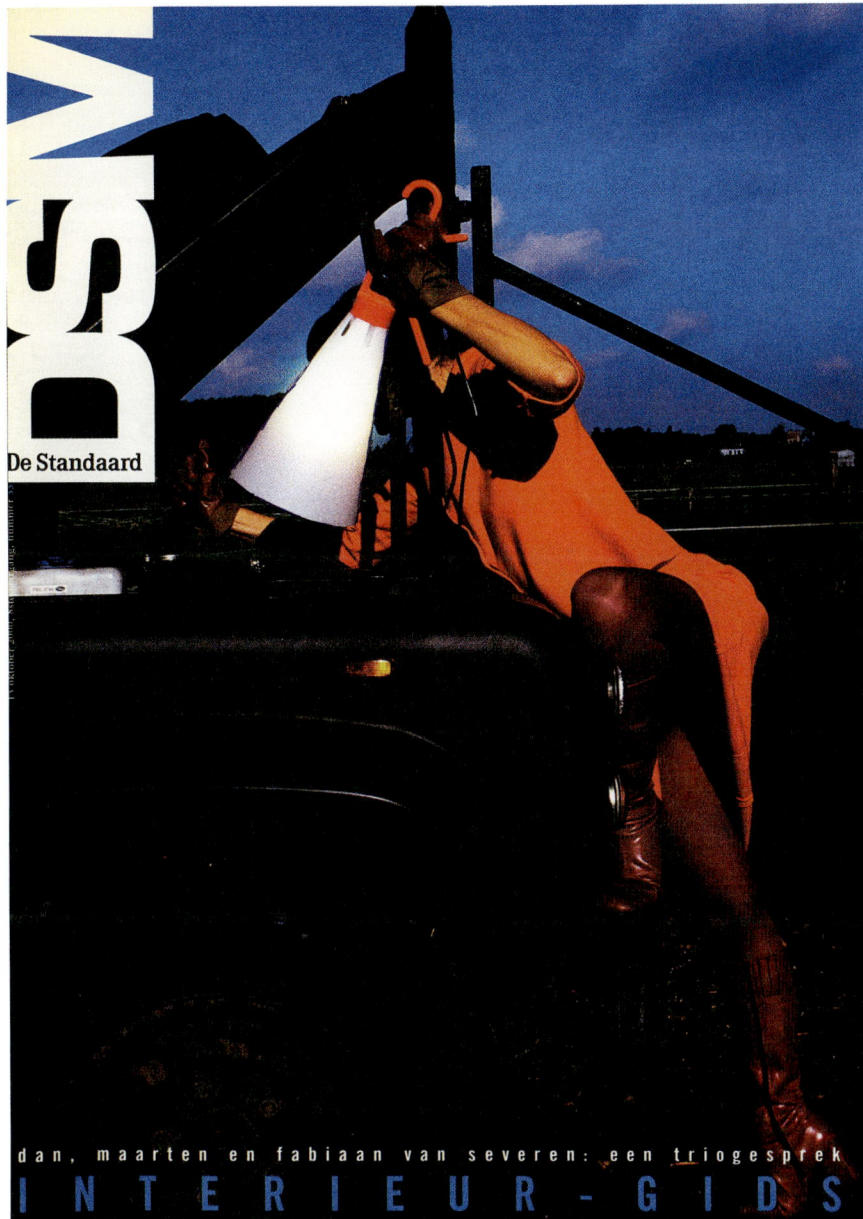

Jasmin Jouhar, Posts des Instagram-Accounts /
posts from the Instagram account @made_my_mayday

Frank, Surplus, Mayday von / by Konstantin Grcic,
Cover des Magazins / of magazine De Standaard, Oktober / October 2000,
Offset, ca. 42 × 29,7 cm, Konstantin Grcic Design GmbH, Berlin

Florian Böhm, Mayday, NYC, 2004, Fotografie / photograph, Maße variabel / variable dimensions, Leihgabe des Fotografen / courtesy of the photographer

[8] Neue Werkzeuge
New Tools

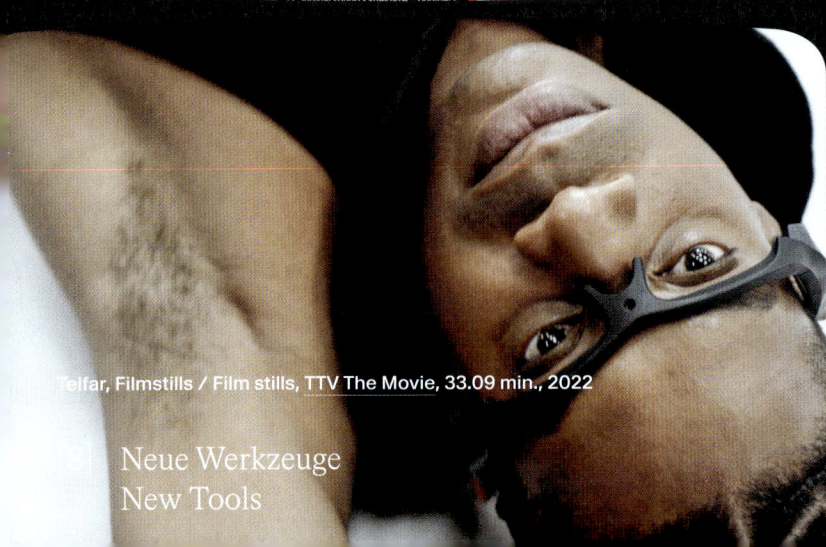

Telfar, Filmstills / Film stills, TTV The Movie, 33.09 min., 2022

Neue Werkzeuge
New Tools

Ian Padgham (@origiful), Jacquemus Bag Vehicles in Paris, Digitalvideo mit 3-D-Anteilen, Ausschnitt aus / digital video with 3D elements, clip from Fake out of Home Style (aka FOOH), Filmstill / film still

Aufsätze und Interview

Essays and Interview

Ein Päckchen Kaffee, das sich weiß vom schwarzen Hintergrund abhebt, eingerahmt von dem Schriftzug „NERVEN-RUHE" und vier diagonal durch die Komposition verlaufenden, roten Linien. Mehr braucht der Gestalter Eduard Scotland nicht, um die zentrale Botschaft von *Kaffee Hag* auf den Punkt zu bringen. Am oberen Rand seines Plakatentwurfs von 1932 ist die Schrift zittrig, die roten Linien sind gezackt wie ein einschlagender Blitz, sobald sie aber auf das Kaffeepäckchen treffen, werden sie in geordnete Bahnen gelenkt, und auch die Schrift findet in eine klare, ungestörte Form zurück. Wer sich nicht mit Nervosität und Unruhe herumquälen will, trinke *Kaffee Hag*, so die Aussage (**Abb. 1**).

Genuss und Gesundheit miteinander zu versöhnen, war das Versprechen, das der Kaufmann und Unternehmensgründer Ludwig Roselius im Jahr 1906 zum Markenkern des von ihm entwickelten koffeinfreien Kaffees gemacht hatte. Seinen *Kaffee Hag*, der zu den ersten und erfolgreichsten Markenprodukten im deutschsprachigen Raum zählt, formte er nach den Bedürfnissen seiner Zeit und dem Potenzial, das er für diese Innovation auf dem Markt erkannte. Zu Beginn des 20. Jahrhunderts traf ein von der Lebensreformbewegung geprägtes Bewusstsein für gesunde Ernährung auf eine zunehmend von Hektik und Schnelllebigkeit geplagte Gesellschaft. Die fortschreitende Industrialisierung, die Beschleunigung von Transport und Kommunikation, die aufkommenden Massenmedien und ein städtisches Leben im Takt der Taschenuhr sorgten für Reizüberflutung und Überforderung. Kaffee und andere Genussmittel standen im Verdacht, den damit einhergehenden Zustand der Nervosität zu befördern.

Corporate Design avant la lettre

The Birth and Popularization of the *Kaffee Hag* Brand

A packet of coffee in white against a black background, surrounded by the words "NERVEN-RUHE" ("calm nerves") and four red lines running diagonally through the image: that was all designer Eduard Scotland needed to encapsulate the core message of *Kaffee Hag*. At the top of his 1932 poster design, the word "NERVEN" quivers and the red lines are jagged like a bolt of lightning—but as soon as they penetrate the packet of coffee, they become straight and the lettering for "RUHE" returns to a clear, ordered form. The message is clear: if you want to avoid nervous agitation, drink *Kaffee Hag* (**fig. 1**).

Reconciling pleasure and health: in 1906, that was the promise that businessman and company founder Ludwig Roselius embraced as the core message of the brand of decaffeinated coffee he had developed. He molded *Kaffee Hag*, one of the first and most successful brand products in the German-speaking world, to the needs of his time and the market potential he recognized in this innovation. At the beginning of the twentieth century, an awareness of healthy nutrition propagated by the *Lebensreform* (social reform) movement encountered a society increasingly plagued by stress and the rapid pace of modern life. Growing industrialization, the acceleration of transportation and communication, the emerging mass media, and an urban life dictated by the clock gave rise to sensory overload and overwhelm. Coffee and other stimulants were suspected of fueling the associated state of nervousness. Coffee in particular, appreciated for its stimulating effect, was increasingly regarded

by physicians and nutritional experts as harmful,[1] endangering the business of coffee producers. As Roselius observed in retrospective in a 1932 interview, at that time it seemed obvious that "decaffeinated coffee had to come."[2]

This sober conclusion notwithstanding, the Kaffee-HAG company traces its own history to a foundation myth that is often repeated even today. Roselius's father, the Bremen merchant and coffee importer Dietrich Roselius, had died in 1902 at the relatively young age of fifty-nine; the cause of death was identified as vascular damage, presumably caused by coffee—a result of the numerous samples his profession required him to drink daily. This blow of fate supposedly drove Roselius to investigate the effects of caffeine and search for a way to remove the substance from coffee. In 1904 he began his decaffeination experiments together with the chemist and later HAG employee Karl Wimmer, which resulted in success in January 1906.[3] The procedure entailed subjecting raw coffee beans to steam until they were swollen. Afterwards, the caffeine was extracted with a solvent—originally benzene—that escaped during the subsequent drying, leaving no noticeable effect on the coffee's taste.[4] Then the beans were roasted, cooled, and packaged. *Kaffee Hag* thus came from real coffee beans and was not a surrogate made of turnips or grains, such as already existed in the market niche. After this discovery, Roselius founded the company Kaffee-Handels-Aktiengesellschaft (HAG) on June 21, 1906. He built a factory in the Holzhafen port of Bremen according to plans by the

Insbesondere das wegen seiner anregenden Wirkung geschätzte Koffein galt Ärzten und Ernährungsreformern nun als gesundheitsschädlich[1] und wurde für das Geschäft der Kaffeeproduzenten zu einem Risiko. In dieser Zeit, so befand Roselius 1932 rückblickend in einem Interview, lag es nahe, „daß der koffeinfreie Kaffee kommen mußte".[2]

Trotz dieser nüchternen Schlussfolgerung beginnt die Firmengeschichte der Kaffee-HAG in Eigendarstellungen mit einem bis heute oft wiedergegebenen Gründungsmythos: 1902 war Roselius' Vater, der Bremer Kaufmann und Kaffee-Importeur Dietrich Roselius, im Alter von nur 59 Jahren gestorben. Als Todesursache wurden Gefäßschädigungen durch Koffein vermutet – eine Folge der zahlreichen Kaffeeproben, die er von Berufs wegen täglich durchzuführen hatte. Dieser Schicksalsschlag soll Roselius angeregt haben, sich mit der Wirkung von Koffein auseinanderzusetzen und nach Methoden zu suchen, dem Kaffee diese Substanz zu entziehen. 1904 begann er zusammen mit dem Chemiker und späterem HAG-Mitarbeiter Karl Wimmer seine Forschungen zur Entkoffeinierung, die erst im Januar 1906 zum Erfolg führten.[3] In dem Verfahren wurden die rohen Kaffeebohnen mit Wasserdampf zum Aufquellen gebracht. Anschließend wurde das Koffein mit einem Lösungsmittel extrahiert – ursprünglich kam dabei Benzol zum Einsatz –, das bei der anschließenden Trocknung wieder entwich, sodass der Geschmack nicht merklich davon beeinflusst wurde.[4] Erst danach wurden die Bohnen geröstet, gekühlt und verpackt. *Kaffee Hag* war also echter Bohnenkaffee und kein Surrogat aus Rüben oder Getreide, wie es schon in dieser Marktlücke existierte. Nach diesem Durchbruch gründete Roselius am 21. Juni 1906 die Kaffee-Handels-Aktiengesellschaft (HAG). Im Bremer Holzhafen ließ er nach Plänen

Abb. / Fig. 1:   Eduard Scotland, Nerven-Ruhe / Calm Nerves, Plakatentwurf für / poster design for Kaffee Hag, 1932

des Architekten Hugo Wagner ein Fabrikgebäude errichten, in dem 1907 die Produktion aufgenommen wurde. Ab 1910 machte das Unternehmen Gewinn. 1913 war die Fabrik so stark ausgelastet, dass ein Erweiterungsbau erforderlich wurde.[5] Roselius ließ die von ihm mitentwickelte Entkoffeinierungsmethode rückwirkend zum 28. Oktober 1905 auf die (zu diesem Zeitpunkt noch gar nicht bestehende) Kaffee-HAG patentieren und brachte sie so als ideelles Startkapital in das Unternehmen ein. Eine technische Innovation mündete so letztlich in die Einführung eines neuen Markenprodukts.[6]

Noch vor der Herstellung des koffeinfreien Kaffees begann die Arbeit an der Gestaltung des Produkts und am Auftritt der Firma, die bis zur Markteinführung im Dezember 1907 eine noch heute überzeugende Corporate Identity erhielt.[7] Maßgeblich daran beteiligt waren die Architekten Alfred Runge und Eduard Scotland, mit denen Roselius schon seit 1900 durch das gemeinsame Engagement in der Heimatschutzbewegung bekannt war und denen er die Leitung der Reklameabteilung anvertraute. Der Kern des von ihnen geschaffenen künstlerischen Erscheinungsbildes war die von Scotland 1907 gestaltete Schutzmarke. Den Schriftzug „KAFFEE HAG" setzte Scotland in einer eleganten Grotesk und platzierte ihn in einem roten Rettungsring, den er auf weißem Grund in ein schwarzes Linienraster stellte. Mit dem Rettungsring nutzten Runge und Scotland ein gerade in Norddeutschland jedem vertrautes Symbol, das die im gesundheitlichen Sinne „rettende" Wirkung des Produkts auf Verpackungen, Geschäftspapieren und Werbeträgern bildlich verankerte – auch in der Komposition des eingangs vorgestellten Plakats stand es im Mittelpunkt. In den Jahren der Markteinführung sorgten Roselius und sein Team für eine derart massive Präsenz des Rettungsring-Logos, dass er

architect Hugo Wagner, which began production in 1907. The business first made a profit in 1910, and by 1913 the factory was operating at such high capacity that an expansion became necessary.[5] In the name of Kaffee-HAG, Roselius procured a retroactive patent for the decaffeination process he had helped to develop, dated to October 28, 1905—a time when the firm did not yet actually exist—and so incorporated the procedure into the business as immaterial seed capital. A technical innovation thus ultimately led to the introduction of a new brand product.[6]

Even before the manufacture of decaffeinated coffee, work had begun on the design of the product and the image of the company, which received a corporate identity that has remained compelling ever since December 1907, when the product was launched.[7] A key role was played by the architects Alfred Runge and Eduard Scotland, with whom Roselius had been acquainted since 1900 through their joint involvement in the *Heimatschutz* (homeland conservation) movement and to whom he entrusted the management of the advertising department. The core of the image they created was the trademark designed by Scotland in 1907. Scotland set the lettering of "KAFFEE HAG" in an elegant sans-serif type and placed it in a red lifebuoy on a white background within a framework of black lines. With the lifebuoy, Runge and Scotland used a symbol familiar to everyone, especially in northern Germany, visually anchoring the product's "health-rescuing" effect in its packaging, business correspondence, and advertising media—as well as on the poster mentioned above. During the years of the market launch, Roselius and his team ensured such

a massive presence for the lifebuoy logo that in 1925, he himself admitted that he had used it "to the point of unconsciousness."[8] It found its way onto the pages of magazines and billboards, onto store shelves and display windows. Restrictive contracts made it possible to determine the appearance of the brand even on the business premises of third parties. Until 1912, for example, there was a "decoration manual" that specified in detail "the permissible aesthetics and design of advertising shop windows for *Kaffee Hag*" (**fig. 2**).[9] Runge and Scotland developed matching furniture for store decorations and trade fair presentations, including folding chairs with the lifebuoy logo on the backrest.[10] This was accompanied by the "Riefelporzellan" (grooved porcelain) they designed in 1907 for use in the restaurant industry. It consisted of a coffee pot, milk jug, sugar bowl, cup, and cake plate—all, of course, emblazoned with a lifebuoy. Only pots and cups with this logo were to be used to serve *Kaffee Hag*.[11] For the International Hygiene Exhibition in Dresden in 1911, Runge and Scotland even erected an entire Kaffee-HAG clubhouse, whose program and furnishings were fully geared towards recommending the new drink as a harmless treat for regeneration, especially for athletes.[12]

In the opinion of the design historian Hans Georg Böcher, it was only logical that Roselius should choose two trained architects to manage his advertising office. On the basis of their discipline, they were able to successfully develop the complex framework of a "very structurally conceived brand architecture."[13] Their proposals followed the *Lebensreform* movement from the turn of the century and lent *Kaffee Hag* an "artistic and modern appearance."[14]

selbst 1925 eingestand, es „bis zur Bewusstlosigkeit" verwendet zu haben.[8] Es fand seinen Weg auf Zeitschriftenseiten und Plakatwände, in Ladenregale und Schaufenster. Strikte Verträge machten es möglich, das Erscheinungsbild der Marke noch bis in die Geschäftsräume Dritter hinein bestimmen zu können. So gab es bis 1912 ein „Dekorations-Handbuch", das „die zulässige Ästhetik und Gestaltung von Werbe-Schaufenstern für *Kaffee Hag*" detailliert vorgab (Abb. 2).[9] Eigens für Ladendekorationen und Messeauftritte entwickelten Runge und Scotland passendes Mobiliar, darunter Klappstühle mit Rettungsring-Logo auf der Rückenlehne.[10] Dazu gesellte sich das von ihnen 1907 für den Einsatz in der Gastronomie entworfene „Riefelporzellan". Es bestand aus Kaffeekanne, Milch-kännchen, Zuckerdose, Tasse und Kuchenteller, alle natürlich mit Rettungsring. Nur in Kannen und Tassen mit diesem Logo durfte *Kaffee Hag* serviert werden.[11] Für die internationale Hygieneausstellung in Dresden 1911 bauten Runge und Scotland schließlich ein ganzes Klubhaus für Kaffee-HAG, dessen Programm und Einrichtung ganz darauf ausgerichtet waren, das neue Getränk besonders auch Sportlern als unschädlichen Genuss zur Regeneration zu empfehlen.[12]

Nach Ansicht des Designhistorikers Hans Georg Böcher war es folge-richtig, dass Roselius für die Leitung seiner Reklameabteilung zwei ausgebildete Architekten auswählte. Aus ihrer Disziplin heraus hätten sie überzeugend das komplexe Gerüst einer „sehr baulich gedachten Markenarchitektur"[13] entwickeln können. Ihre Entwürfe schlossen an die Reformbewegungen der Jahrhundertwende an und verliehen *Kaffee Hag* so ein „künstlerisch-modernistisches Erscheinungsbild".[14] Die Vorbilder dafür sieht Böcher vor allem in Arbeiten der Wiener Sezession und der Darmstädter Künstlerkolonie Mathildenhöhe, die einer „lichten, hellen und in gewisser Weise puristischen

Böcher identifies the models for this approach in the works of the Vienna Secession and the Mathildenhöhe artists' colony in Darmstadt, which "helped a bright, light, and to some extent puristic conception of Jugendstil to achieve its breakthrough."[15] Runge und Scotland's designs for furniture and china strongly resemble the well-known furniture se-ries, partially made of pressboard, developed by the Darm-stadt artist Hans-Günther Reinstein in 1908. His armchairs and dressers were conceived entirely in white and exhib-ited the characteristic grooves also found on the *Kaffee Hag* china. The packaging design of *Kaffee Hag* was similarly dominated by white, causing the decaffeinated beverage to stand out visually from many other brand products that utilized vividly colored packaging. The latter included the entirely purple packaging of *Milka* chocolate, introduced in 1910, and the green and red wrapping of *Persil* detergent, available since 1907. The avant-garde use of white, unique on the market, stood for innovation and a light, modern lifestyle, lending the product the aura of an upscale lifestyle accessory in step with the times.

While Runge and Scotland defined the guidelines for HAG advertising, the company also commissioned work from other artists. One example is the poster by Lucian Bernhard from 1909 (p. 29). Bernhard also used reduced means, but set a completely different tone with strong red and blue and a bold Gothic type. Instead of promoting the company's image, he focused "with radical exclusivity and the greatest possible simplicity on nothing but the prod-uct."[16] This also included the coffee bean, which Runge and Scotland had depicted surprisingly rarely. The fact that

Kaffee Hag was made from real coffee beans was its deci-sive competitive advantage over the producers of coffee substitutes. Bernhard's approach of focusing entirely on the product without any accessories and thus also fulfilling the companies' demands made him one of the innovators of poster advertising at the beginning of the twentieth cen-tury.[17] That he received the commission can thus hardly be considered a coincidence.

After a temporary halt in production during World War I, it took until the early 1920s for Kaffee HAG to once again achieve its prewar sales figures and consolidate the business economically. Advertising and marketing activities likewise flourished again and were closely linked to the patronage of Ludwig Roselius. In the years after the war, Roselius acquired the houses on the dilapidated Böttcher-straße, just a stone's throw from the town hall in the heart of Bremen. From 1921 to 1927, he rebuilt them into an im-mersive *Gesamtkunstwerk* made of brick. On one side of the street, Runge and Scotland constructed the relatively modern HAG building with a restaurant, stores, and offices, where visitors could drink and buy *Kaffee Hag* and convince themselves of the wholesomeness and harmlessness of the "detoxified coffee beans."[18] Opposite it, the Expressionist-style Paula-Becker-Modersohn-Haus was built according to plans by the sculptor, painter, and architect Bernhard Hoetger. It housed workshops for artisans, showrooms, and the museum with its collection of works by the artist—the first museum in the world dedicated to a woman painter.[19] Roselius, who sympathized with Nazi ideas, saw the works of the artists he collected and supported—such as Paula

Auffassung des Jugendstils zum Durchbruch verholfen"[15] hätten. So weisen Runge und Scotlands Entwürfe für Möbel und Porzellan große Ähnlichkeiten auf mit der bekannten, teils aus Presspappe hergestellten Möbelserie des Darmstädter Künstlers Hans-Günther Reinstein, die dieser 1908 entwickelte. Seine Sessel und Kommoden waren ganz in Weiß gehalten und ihre Wandungen mit den charakteristischen Riefelungen verziert, die sich auch im *Kaffee-Hag*-Porzellan wiederfanden. Weiß war auch beherrschend im Verpackungsdesign von *Kaffee Hag*. Das koffeinfreie Getränk hob sich bei seiner Markteinführung dadurch optisch von vielen anderen Markenprodukten ab, die auf bunte Verpackungen in kräftigen Farben setzten. Zu ihnen gehört zum Beispiel die 1901 eingeführte *Milka*-Schokolade mit ihrer vollfarbigen Verpackung in Lila, oder das seit 1907 erhältliche Waschmittel *Persil* in seiner grün-roten Verpackung. Das avantgardistische, im Markt singuläre Weiß stand für Innovation, für einen leichten, modernen Lebensstil und gab dem Kaffee damit die Aura eines hochwertigen Lifestyle-Produkts auf der Höhe der Zeit.

Während Runge und Scotland die Leitlinien der HAG-Werbung bestimmten, vergab die Firma Aufträge auch an andere Künstler*innen. Ein Beispiel ist das Plakat von Lucian Bernhard (1883–1972) aus dem Jahr 1909 (S. 29). Auch Bernhard arbeitete mit reduzierten Mitteln, doch setzte er mit kräftigem Rot und Blau und einer fetten Fraktur einen ganz anderen Ton. Statt für das Image des Unternehmens zu werben, rückte er „mit radikaler Ausschließlichkeit und höchstmöglicher Einfachheit nichts anderes als das Produkt"[16] in den Mittelpunkt. Dazu gehörte auch die Kaffeebohne, die Runge und Scotland überraschend selten zeigten. Dass es sich bei *Kaffee Hag* um echten Bohnenkaffee handelte, war ja der entscheidende Wettbewerbsvorteil gegenüber den Produzenten von

Abb. / Fig. 2:　Werbeschaufenster für / display window for Kaffee Hag, Amsterdam, 1915

Kaffee-Ersatzprodukten. Mit seinem Ansatz, die Konzentration ohne jedes Beiwerk ganz auf die Ware zu lenken und damit auch den Ansprüchen der Unternehmen entgegenzukommen, zählt Bernhard zu den Erneuerern der Plakatwerbung am Beginn des 20. Jahrhunderts,[17] sodass der Auftrag an ihn kaum als Zufall gelten kann.

Nach dem vorläufigen Produktionsstopp im Ersten Weltkrieg dauerte es bis in die frühen 1920er Jahre, bis Kaffee-HAG wieder die Verkaufszahlen der Vorkriegszeit erreichte und das Geschäft sich wirtschaftlich konsolidierte. Auch Werbung und Vermarktungsaktivitäten kamen zu neuer Blüte und verbanden sich aufs Engste mit dem mäzenatischen Engagement von Ludwig Roselius. Mitten in der Bremer Innenstadt, nur einen Steinwurf vom Rathaus entfernt, erwarb Roselius in den Jahren nach dem Krieg die Häuser der baufälligen Böttcherstraße, die er zwischen 1921 und 1927 zu einem immersiven Gesamtkunstwerk aus Backstein umgestalten ließ. Auf der einen Straßenseite errichteten Runge und Scotland das gemäßigt moderne HAG-Haus mit Restaurant, Läden und Geschäftsräumen. Hier konnte man *Kaffee Hag* trinken und kaufen und sich von der Bekömmlichkeit und Unschädlichkeit der „entgifteten Kaffeebohnen"[18] überzeugen. Gegenüber entstand nach Plänen des Bildhauers, Malers und Architekten Bernhard Hoetger das expressionistische, von Roselius so bezeichnete Paula-Becker-Modersohn-Haus. Es beherbergte Werkstätten für Kunsthandwerker*innen, Schauräume und das Museum mit seiner Sammlung von Werken der Künstlerin – das erste einer Malerin gewidmeten Museum weltweit.[19] Roselius, der mit den Ideen des Nationalsozialismus sympathisierte, sah in den Arbeiten der von ihm gesammelten und geförderten Künstler*innen wie Paula Modersohn-Becker, Heinrich Vogeler

Abb. / Fig. 3:   Unbekannt / Unknown, Kaffee Hag – weil er coffeinfrei ist / Kaffee Hag – because it's caffeine-free, um / c. 1930, Lithografie / lithograph, Staatsarchiv Bremen

oder Hoetger eine zeitgemäße Formensprache mit dem Weiterleben einer ursprünglichen, nordischen Kunst vereint[20] und begriff den Expressionismus als einen Weg, „deutsch zu denken".[21] Mit der Böttcherstraße verfolgte er also auch kulturpolitische Ziele. Sie sollte die Öffentlichkeit von der Qualität dieser neuen Kunst überzeugen, dem nicht aus einer alten Patrizierfamilie stammenden Unternehmer die Anerkennung seiner Geburtsstadt sichern und als märchenhafte Touristenattraktion nicht zuletzt auch Werbeinstrument für die Marke *Kaffee Hag* sein – eine Symbiose aus Kunst, Handel, Industrie und Politik.[22]

1928 entstand ein weiteres Projekt von Roselius und Hoetger. Für die internationale Presse-Ausstellung *Pressa* in Köln konzipierten sie gemeinsam den 40 Meter hohen HAG-Turm, der zu den größten Attraktionen der Schau zählte. Ein Aufzug brachte Besucher*innen zu einer Aufsichtsplattform mit weitem Blick über das Messegelände. Das Fensterband des Aufzugschachts war mit den Flaggen der 37 Länder geschmückt, in denen *Kaffee Hag* verkauft wurde. Im Inneren waren eine Rösterei samt Paketiermaschine aufgebaut, sodass man der Veredelung des Kaffees live beiwohnen konnte. Eine Ausstellung informierte in vier Abschnitten über „Presse und Werbewesen"[23], und in einer Art medizinischem Labor konnten die Gäste an acht Stationen durch Bewegung von Kurbeln, Hebeln und Knöpfen „Muskelkraftleistung, Schnelligkeit und Ausdauer, ruhige Hand, Bewegungssicherheit, Gelenkempfindlichkeit, Auffassung, Entschlussgeschwindigkeit, Nervenruhe und Mut" testen, all dies unter dem raumüberspannenden Schriftzug „Genuss und Gesundheit durch *Kaffee Hag*" (S. 33).[24] Eine Apparatur im selben Raum setzte den Herzschlag der Besucher*innen mittels Lautsprecher in akustische Signale um. Gerade dieses Angebot scheint geschickt gewählt, denn 1925 hatte Eduard Scotland ein rotes

Modersohn-Becker, Heinrich Vogeler, and Hoetger—as combining a contemporary formal language with the rejuvenation of a primal, Nordic art[20] and viewed Expressionism as a way of "thinking German."[21] The Böttcherstrasse project thus enabled him to pursue cultural and political objectives. It was intended to convince the public of the quality of this new art style, secure recognition for the entrepreneur (who did not come from one of Bremen's traditional patrician families) in the city of his birth, and not least of all promote the *Kaffee Hag* brand as a fairytale tourist attraction—a symbiosis of art, business, industry, and politics.[22]

Roselius and Hoetger embarked on another project in 1928. For the international press exhibition *Pressa* in Cologne, they jointly designed the forty-meter-high HAG Tower, one of the biggest attractions at the show. An elevator took visitors to an observation platform with a sweeping view of the exhibition grounds. The ribbon window of the elevator shaft was decorated with the flags of the thirty-seven countries in which *Kaffee Hag* was sold. Inside, a roasting plant and packaging machine were set up so that visitors could watch the coffee being processed live. An exhibition featured four sections with information on "Press and Advertising."[23] In a kind of medical laboratory, visitors could test their "muscular strength, speed and endurance, steadiness of hand, sureness of movement, joint sensitivity, understanding, speed of decision, calmness of nerves, and courage" at eight stations by moving cranks, levers, and buttons, all under a slogan spanning the entire room: "Enjoyment and Health through *Kaffee Hag*" (p. 33).[24]

An apparatus in the same room transformed the visitors' heartbeat into acoustic signals broadcast over loudspeakers. This offer, in particular, seems to have been cleverly chosen, since Eduard Scotland had added a red heart to the brand architecture as a second symbol in 1925.[25] Accordingly, the slogan now read: "*Kaffee Hag* preserves your heart."

The poster with this motto is one of a series of extremely condensed designs that Scotland developed from the mid-1920s on. The generous white spaces and absence of figurative depictions set them apart from his earlier posters and give them a clearer, more objective appearance. Scotland worked predominantly with black on a white background, sometimes purely typographically, and set strategic accents in red. The texts were sometimes short and easy to grasp in passing, such as "Stressed—then *Kaffee Hag*" (p. 31), but sometimes unusually long for the medium of posters: "World-renowned scientists and more than 36,000 doctors recommend *Kaffee Hag* because it is caffeine-free. The quality is unsurpassable!" (fig. 3). A series of advertisements in the same style were also created in addition to the posters. They, too, differ from the majority of HAG advertisements in which the combination of figurative illustration and text was the predominant principle of design. The images were usually placed at the top of the advertisement with often very extensive texts beneath them, which—in the context of topics such as the enjoyment of nature, history, coffee growing, sports, or family—discussed the benefits of decaffeinated coffee for personal well-being.

After about 1928, photographs also made their way into HAG advertising alongside graphic illustrations.[26]

Herz als zweites Bildzeichen in die Markenarchitektur eingefügt.[25] Passend dazu lautete der Slogan nun: „*Kaffee Hag* schont Ihr Herz".

Das Plakat mit dieser Losung gehört zu einer Reihe von Entwürfen mit äußert reduzierter Gestaltung, die Scotland ab Mitte der 1920er Jahre entwickelte. Durch großzügige Weißräume und den Verzicht auf figurative Darstellungen heben sie sich von seinen früheren Plakaten ab und erscheinen klarer und sachlicher. Scotland arbeitete vorwiegend mit Schwarz auf weißem Grund, teilweise rein typografisch, und setzte gezielt Akzente in Rot. Die Texte waren mal kurz und auch im Vorbeigehen leicht zu erfassen, wie „Gehetzt – dann *Kaffee Hag*" (S. 31), mal für das Medium Plakat ungewöhnlich lang: „Wissenschaftler von Weltruf und mehr als 36000 Ärzte empfehlen *Kaffee Hag*, weil er coffeinfrei ist. Die Qualität ist unübertrefflich!" (Abb. 3.). Parallel zu den Plakaten entstand auch eine Reihe von Anzeigen im selben Stil. Sie stechen auch deshalb aus der Vielzahl der HAG-Inserate heraus, da die Kombination von figurativer Illustration und Text das sonst vorherrschende Gestaltungsprinzip war. Die Bilder waren dabei meist am oberen Rand der Annoncen angeordnet, darunter folgten oft sehr ausführliche Texte, die – ausgehend von Themen wie Naturgenuss, Geschichte, Kaffeeanbau, Sport oder Familie – die Vorzüge des coffeinfreien Kaffees für das persönliche Wohlergehen erörterten.

Ab etwa 1928 wurden neben grafischen Illustrationen auch Fotografien in der HAG-Werbung verwendet.[26] Die Aufnahmen stammten zum Teil von Fotografen aus dem norddeutschen Raum, etwa von dem in Worpswede tätigen Hans Saebens oder von dem Helgoländer Franz Schensky, der vornehmlich Naturaufnahmen beisteuerte. Daneben verpflichtete die HAG mit Hein Gorny und Albert Renger-Patzsch zwei Fotografen, die für eine dezidiert gegenwärtige

Abb. / Fig. 4:   Anzeige für / advertisement for Kaffee Hag mit einem Motiv von / with a motif by Albert Renger-Patzsch (Andruck / test print), 1931

Bildsprache standen. Beide fertigten Sachaufnahmen von Kaffeegeschirr, gefüllten Tassen oder Kaffeeverpackungen an. Von Renger-Patzsch stammt daneben eine Reihe von Motiven, die auf den ersten Blick nichts mit der Welt des Kaffees zu tun haben. Die Aufnahme eines mit einer weißen Substanz gefüllten Erlenmeyerkolbens wurde für Anzeigen genutzt, die über Entdeckung und Wirkung von Koffein aufklärten, und lässt sich so noch einem bereits etablierten Themenkomplex zuordnen. Bemerkenswerter sind zwei Aufnahmen Renger-Patzschs, die sich mit Handarbeit und Feinmotorik beschäftigen: Eines zeigt zwei Hände beim Einfädeln eines Fadens in ein Nadelöhr, das andere die Arbeit mit der Pinzette an einem Uhrwerk. Der begleitende Text zum zweiten Motiv gibt eine Anekdote aus dem Leben von Henry Ford wieder, laut der dieser bei dem Versuch, eine Uhr nach dem Zerlegen wieder zusammenzusetzen, erkannte, dass „nur unbedingte Ruhe und Sicherheit zum Ziel führen" – die Grundlage für eine erfolgreiche Laufbahn als Erfinder und Industrieller. Diese Anzeige existiert in zwei Varianten. Während die eine dem zuvor beschriebenen Gestaltungsprinzip folgt, setzt die zweite den Text flächenfüllend als breiten Block und kombiniert ihn mit einem schmalen Ausschnitt des Bildes, der den Text als diagonaler Streifen durchschneidet (Abb. 4). In dieser Gestaltung wie auch in den typografischen Plakaten von Eduard Scotland zeigt sich deutlich der Einfluss zeitgenössischer Kunstströmungen wie Konstruktivismus und Neue Sachlichkeit. Gepaart mit dem Versprechen höherer Lebensqualität, gesteigerter Leistungsfähigkeit und neuer Schaffenskraft, präsentiert sich *Kaffee Hag* in der Adaption avantgardistischer Stilmittel als immer noch zeitgemäßes Designprodukt. Die Ära des Wilhelminismus, in der dieser Kaffee erfunden wurde, hat er endgültig hinter sich gelassen und steht bereit als Begleiter für eine neue Epoche.

Some were taken by photographers from northern Germany such as Hans Saebens, who worked in Worpswede, or Franz Schensky of Helgoland, who mainly contributed nature photographs. HAG also engaged Hein Gorny and Albert Renger-Patzsch, two photographers who employed a distinctly contemporary visual language. Both produced objective images of coffee crockery, filled cups, and coffee packaging. Renger-Patzsch also produced a series of motifs that at first glance seem unrelated to the world of coffee. The photograph of an Erlenmeyer flask filled with a white substance was used for advertisements explaining the discovery and effects of caffeine and can thus be associated with an already established thematic complex. More remarkable are two of Renger-Patzsch's photographs that deal with manual labor and fine motor skills: one depicts two hands passing a thread into the eye of a needle, the other shows the use of tweezers to work on a clock. The text accompanying the latter recounts an anecdote from the life of Henry Ford in which he realized, while trying to reassemble a watch after taking it apart, that "only absolute calm and certainty lead to the goal"—the basis for a successful career as an inventor and industrialist. This advertisement exists in two versions. While one follows the design principle described above, the second sets the text as a wide block filling the entire field and combines it with a narrow section of the image cutting through the text as a diagonal strip (fig. 3). This design, as well as Eduard Scotland's typographic posters, clearly reflect the influence of contemporary art movements such as Constructivism and the New Objectivity. Coupled with the promise of a higher quality of life, enhanced performance, and new creative energy, *Kaffee Hag*'s adoption of avant-garde stylistic devices presented it as a design product still in step with the times. It had finally left behind the era of Wilhelminism in which it had been invented and stood ready as the companion for a new era.

1
Koffein stand nicht nur im Verdacht „chronische Magenleiden" zu verursachen, sondern wurde von Ärzten aus dem Umfeld der Naturheilkunde und Abstinenzbewegung insbesondere auch für Nervenleiden, Herzklopfen und Blutarmut verantwortlich gemacht und zusammen mit Alkohol, Tabak und Zucker zu den Genussmitteln gezählt, die die Organe schwächen und die Gesundheit bedrohen. Vgl. dazu Stefan Rindlisbacher, Lebensreform in der Schweiz (1850–1950). Vegetarisch essen, nackt baden und im Grünen wohnen, Berlin 2022, S. 146, 147 sowie 163–165.

2
Alexander Schug, „100 Jahre Kaffee-Handels-Aktiengesellschaft", in: Bärbel Kern u. a. (Hg.), 100 Jahre Kaffee HAG. Die Geschichte einer Marke, Bremen 2006, S. 33–61, hier: S. 36.

3
Vgl. ebd., S. 34.

4
Eine zeitgenössische Erörterung zum Problem der gesundheitsschädigenden Wirkung von Genussmitteln und der von Roselius und Wimmer entwickelten Methode zur Entkoffeinierung findet sich bei Viktor Grafe, „Neue Genussmittel", in: Prometheus. Illustrierte Wochenschrift über die Fortschritte in Gewerbe, Industrie und Wissenschaft, 23. Jg. Nr. 1187, 27.7.1912, S. 682–684.

5
Schug 2006 (wie Anm. 2), S. 39f.

6
Vgl. Hans-Georg Böcher, „Die Marke Kaffee Hag. 100 Jahre Corporate Identity", in: Kern 2006 (wie Anm. 2), S. 225–261, bes. S. 225.

7
Kirsten Leuenroth, „Kaffee Hag im Corporate Design von Runge & Scotland", in: Kern 2006 (wie Anm. 2), S. 197–223, bes. S. 200.

8
Roselius in einem Brief vom 4.6.1925 an die französische Tochterfirma Café Sanka, zit. nach Böcher 2006 (wie Anm. 6), S. 228, 261.

9
Böcher 2006 (wie Anm. 6), S. 239.

10
Ebd.

11
Vgl. Leuenroth 2006 (wie Anm. 7), S. 202f.

12
Ebd., S. 209.

13
Böcher 2006 (wie Anm. 6), S. 239.

14
Ebd., S. 225.

15
Ebd., S. 238.

16
Dirk Reinhardt, Von der Reklame zum Marketing. Geschichte der Wirtschaftswerbung in Deutschland, Berlin 1993, S. 62.

17
Vgl. ebd.

18
Erich Hartmann in einer Besprechung zur Einweihung der Böttcherstraße am 1. Juni 1927 in der Frankfurter Zeitung, zit. nach: Rainer Stamm, „Kaffee Hag und die Kunst", in: Kern 2006 (wie Anm. 2), S. 141–173, hier: S. 155.

19
Stamm 2006 (wie Anm. 18), S. 152.

20
Ebd., S. 149.

21
Lars Oldenbüttel, „Ludwig Roselius", in: Kern 2006 (wie Anm. 2), S. 9–31, hier: S. 26.

22
Vgl. Stamm 2006 (wie Anm. 18), S. 144–157.

23
Der Ausstellungsplan der Pressa. IX. Abteilung: Presse und Werbewesen, Typoskript, Staatsarchiv Bremen, Kaffee-Handels-Aktiengesellschaft (Kaffee HAG) Werbe- und Marketingarchiv, StaB 7.2157,464.

24
Vgl. fotografische Dokumentation zur Pressa, ebd.

25
Vgl. Leuenroth 2006 (wie Anm. 7), S. 215.

26
Zu den von Kaffee-HAG in diesen Jahren geschalteten Print-Anzeigen siehe Hag Inseratverzeichnis 1927–1930, Staatsarchiv Bremen, StAB 7.2157,779; Hag Inserat-Verzeichnis 1930–1939, Staatsarchiv Bremen, StAB 7.2157,780.

1
Caffeine was not only suspected of causing "chronic stomach problems," but was also blamed for nervous disorders, heart palpitations, and anemia by physicians from the fields of naturopathy and the abstinence movement. Like alcohol, tobacco, and sugar, it was viewed as a stimulant that weakened the organs and endangered health. See Stefan Rindlisbacher, Lebensreform in der Schweiz (1850–1950). Vegetarisch essen, nackt baden und im Grünen wohnen (Berlin: Peter Lang, 2022), 146, 147 and 163–65.

2
Alexander Schug, "100 Jahre Kaffee-Handels-Aktiengesellschaft," in Bärbel Kern et al., eds., 100 Jahre Kaffee HAG. Die Geschichte einer Marke, 33–61 (Bremen: Edition Temmen, 2006), here 36.

3
See Schug, "100 Jahre," 34.

4
For a contemporaneous discussion of the damaging health effects of stimulants and the method of decaffeination developed by Roselius and Wimmer, see Viktor Grafe, "Neue Genussmittel," Prometheus. Illustrierte Wochenschrift über die Fortschritte in Gewerbe, Industrie und Wissenschaft 23, no. 1187 (July 27, 1912): 682–84.

5
Schug, "100 Jahre," 39ff.

6
See Hans-Georg Böcher, "Die Marke Kaffee Hag. 100 Jahre Corporate Identity," in Kern, 100 Jahre Kaffee HAG, 225–61, esp. 225.

7
Kirsten Leuenroth, "Kaffee Hag im Corporate Design von Runge & Scotland," in Kern, 100 Jahre Kaffee HAG, 197–223, esp. 200.

8
Roselius in a letter to the French subsidiary Café Sanka on April 4, 1925, quoted in Böcher, "Die Marke Kaffee Hag," 228, 261.

9
Böcher, "Die Marke Kaffee Hag," 239.

10
Ibid.

11
See Leuenroth, "Kaffee Hag im Corporate Design," 202ff.

12
Ibid., 209.

13
Böcher, "Die Marke Kaffee Hag," 239.

14
Ibid., 225.

15
Ibid., 238.

16
Dirk Reinhardt, Von der Reklame zum Marketing. Geschichte der Wirtschaftswerbung in Deutschland (Berlin: Akademie Verlag, 1993), 62.

17
Ibid.

18
Erich Hartmann in a review of the inauguration of the Böttcherstraße on June 1, 1927, in the Frankfurter Zeitung; quoted in Rainer Stamm, "Kaffee Hag und die Kunst," in Kern, 100 Jahre Kaffee HAG, 141–73, here 155.

19
Stamm, "Kaffee Hag und die Kunst," 152.

20
Ibid., 149.

21
Lars Oldenbüttel, "Ludwig Roselius," in Kern, 100 Jahre Kaffee HAG, 9–31, here 26.

22
See Stamm, "Kaffee Hag und die Kunst," 144–57.

23
Der Ausstellungsplan der Pressa. IX. Abteilung: Presse und Werbewesen, typescript, Staatsarchiv Bremen, Kaffee-Handels-Aktiengesellschaft (Kaffee HAG) Werbe- und Marketingarchiv, StaB 7.2157,464.

24
See the photographic documentation for the Pressa exhibition in ibid.

25
See Leuenroth, "Kaffee Hag im Corporate Design," 215.

26
On the print advertisements placed by Kaffee-HAG during these years, see "Hag Inseratverzeichnis 1927–1930," Staatsarchiv Bremen, StAB 7.2157,779; "Hag Inserat-Verzeichnis 1930–1939," Staatsarchiv Bremen, StAB 7.2157,780.

Möbel für Menschen

Der Möbelhersteller Vitsœ wirbt damit, die Lebensqualität der Nutzer*innen zu verbessern: Flexibel anpassbare Designs, hohe Qualität und eine zurückhaltende ästhetische Erscheinung für verantwortungsbewusste, freie und mündige Menschen.[1] Die Sessel des Unternehmens wurden einst sogar für die Skylobby des Bundeskanzleramts ausgewählt und damit zu einem Teil der politischen Repräsentation der Bundesrepublik erhoben.[2] In seiner Selbstdarstellung hält der Hersteller Werte wie Langlebigkeit, Qualität und Zeitlosigkeit hoch – und das nicht erst seit Kurzem, sondern seit beinahe sieben Jahrzehnten. Bis heute vertreibt die Firma ein kleines Sortiment von Möbeln, die allesamt der Designer Dieter Rams entworfen hat. Zunächst organisierte Rams den Verkauf seiner Möbelentwürfe in Eigenregie zusammen mit Otto Zapf im hessischen Eschborn, 1959 stieg der dänische Möbelhändler Niels Wiese Vitsø ein. 1967 trennten sich die Wege des als Vitsoe+Zapf firmierenden Unternehmens, es entstand die neue Firma Vitsœ, die 1995 nach Royal Leamington Spa bei Birmingham verkauft wurde, wo sie heute noch ihren Sitz hat. Unberührt von all den Umbrüchen blieben die Kernprodukte des Möbelherstellers sowie das Verständnis von Gestaltung. Während die Firmengeschichte umfassend dargestellt worden ist,[3] existiert kaum Literatur zur Produktinszenierung. Zur unverwechselbaren Erscheinung von Vitsœ haben vor allem die Arbeiten der Fotografin Ingeborg Kracht, seit der Heirat mit Dieter Rams 1967 Ingeborg Rams, und des Grafikers Wolfgang Schmidt beigetragen.

Furniture as Worldview

Furniture for People

The furniture manufacturer Vitsœ claims to improve the quality of life for its users: flexibly customizable designs, well-made products, and an understated aesthetic for responsible, free, and independent people.[1] The company's chairs were once even selected for the Skylobby lounge of the Federal Chancellery, making them part of the political representation of the Federal Republic of Germany.[2] In its self-presentation, the manufacturer upholds values such as longevity, quality, and timelessness—and not just recently, but for almost seven decades now. To this day, the company sells only a small range of furniture, all of which was designed by Dieter Rams. Initially, Rams sold his furniture designs himself together with Otto Zapf of Eschborn, Hesse; in 1959, the Danish furniture dealer Niels Wiese Vitsø joined them and the company began trading as Vitsoe+Zapf. In 1967, Zapf left the company, which from then on was known as Vitsœ. In 1995, it moved to Royal Leamington Spa near Birmingham, where it is still based today. Through all these upheavals, the furniture manufacturer's core products and understanding of design have remained unchanged. While the history of the company has been comprehensively documented,[3] hardly any of the literature has focused on the *mise-en-scène* of its products. Yet the unmistakable appearance of Vitsœ was defined above all by the work of photographer Ingeborg Kracht, known as Ingeborg Rams after her marriage to Dieter Rams in 1967, as well as that of graphic designer Wolfgang Schmidt.

Design by Vitsœ in Photography, Graphics, and the Showroom

In an age of mass media, design without visual communication is almost inconceivable: every brochure, shop window, and media presentation not only advertises products, but also reflects the business's attitude. Using the company Vitsœ as an example, I would like to show that a piece of furniture is not just a simple utilitarian object, but always also stands for a conscious approach to life.

Modernism Arrives

From 1955 on, Dieter Rams worked as a designer for the electronics manufacturer Braun. There he played a key role in developing products such as the *SK 4* record player, popularly known as "Snow White's coffin" and celebrated as a milestone of design history, since it heralded a true paradigm shift in the design of home electronics in the mid-1950s. But Rams was also interested in interior design: during a visit to the Stuttgart showroom of the US furniture manufacturer Knoll International, he discovered examples of modern interior design for the first time—at a moment when modernism was only slowly establishing itself in the young Federal Republic of Germany. The impression this visit made on Rams is revealed in a sketch for an (unrealized) showroom for Braun from 1955 (fig. 1). The drawing has almost iconic significance, especially for Vitsœ, as it contains the earliest draft of what would later become the company's most important product, the *606 Universal Shelving System*. Yet there is more to the sketch if we look at the other elements of the design: the room appears very clearly

Im Zeitalter der Massenmedien ist es kaum mehr vorstellbar, Design ohne visuelle Kommunikation anzubieten: Jede Broschüre, jedes Schaufenster und jeder mediale Auftritt wirbt nicht nur mit den Produkten, sondern spiegelt auch die Haltung des Unternehmens wider. Am Beispiel der Firma Vitsœ möchte ich darstellen, dass Möbel nicht nur einfache Gebrauchsgegenstände sind, sondern immer auch für bewusste Lebensentwürfe stehen.

Die Moderne hält Einzug

Seit 1955 war Dieter Rams als Designer für den Elektrohersteller Braun tätig. Hier hatte er maßgeblich an Produkten wie etwa dem als „Schneewittchensarg" bekannt gewordenen Plattenspieler *SK 4* mitgewirkt, der einen festen Platz in der Designgeschichte hat, weil er Mitte der 1950er Jahre einen regelrechten Paradigmenwechsel in der Gestaltung von Heimelektronik einläutete. Rams hatte allerdings ebenso Interesse an der Innenarchitektur: Bei einem Besuch im Stuttgarter Showroom des US-Möbelherstellers Knoll International erlebte er zum ersten Mal Beispiele moderne Raumgestaltung – zu einer Zeit, als die Moderne erst langsam Einzug in die junge Bundesrepublik hielt. Einen unmittelbaren Eindruck davon vermittelt Rams' Skizze für einen (nicht realisierten) Ausstellungsraum für Braun aus dem Jahr 1955 [Abb. 1]. Die Zeichnung hat vor allem für Vitsœ nahezu ikonische Bedeutung, denn sie enthält den frühesten Entwurf dessen, was später als *Regalsystem 606* zum wichtigsten Produkt des Unternehmens werden sollte. In der Skizze steckt allerdings noch mehr, betrachtet man die anderen Elemente der Gestaltung: Der Raum erscheint sehr übersichtlich, alle darin befindlichen Objekte sind bewusst positioniert. Das Arrangement weist eine enge ästhetische

Abb. / Fig. 1:   Dieter Rams, Skizze eines Messestandes für Braun (nicht realisiert) / sketch of an exhibition stand for Braun (not realized), 1955

Verwandtschaft mit den Räumen auf, die etwa der amerikanische Architekt Alexander Girard im Museum of Modern Art in New York gestaltet hatte. Mit der Rückenlehne zur Wand platziert Rams am linken Rand einen gelben *Womb Chair* (Eero Saarinen, 1948), bei den Sitzmöbeln im gegenüberliegenden Essbereich handelt es sich um *String Chairs* (André Dupré 1947) – beide Entwürfe wurden von Knoll vertrieben. Ebenfalls auf der linken Raumseite steht eine Radio-Phono-Kombination, ein Braun *PK-G5/81*, der als „Langer Heinrich" bekannt wurde. Als Inspirationsquelle für den Showroom von Rams kommt auch der Messestand *d55* in Betracht, den Otl Aicher und Hans G. Conrad von der Hochschule für Gestaltung Ulm ebenfalls im Jahr 1955 für Braun entworfen hatten: Braun-Geräte und Knoll-Möbel, akzentuiert präsentiert in einem zurückhaltend eingerichteten Ambiente, zeichneten den *d55* als einen der fortschrittlichsten Messeauftritte jener Zeit aus. Die Skizze von Rams erinnert daran, dass Vitsœ nicht nur personell, sondern auch inhaltlich im Zusammenspiel mit Braun betrachtet werden muss und sich beide Häuser mit dem Stil der internationalen Moderne am selben Leitbild orientierten.

Zwei Jahrzehnte später war Rams ein vielfach ausgezeichneter Designer, seine Audiogeräte für Braun und seine Möbel für Vitsœ wie etwa der Sessel *620* waren in der Zwischenzeit in den Sammlungen einschlägiger Museen (u. a. im Victoria and Albert Museum, London, 1970) angekommen. Auch die Produktpalette war gewachsen: Neben dem *Tisch 621* und dem modularen *Sesselprogramm 601* zählt das individuell anpassbare *Regalsystem 606* zum erfolgreichen Kern des Geschäfts. 1976 beschrieb Rams in seiner Rede „Design by Vitsœ", was gutes Design für ihn bedeutete: „When we concentrate on the essential elements in design, when we omit all superfluous elements, we find

---

organized, and all the objects in it are deliberately positioned. The arrangement has a close aesthetic affinity with the rooms designed by the American architect Alexander Girard at the Museum of Modern Art in New York. Rams places a yellow *Womb Chair* (Eero Saarinen, 1948) on the left-hand side with the backrest facing the wall, while the seating in the dining area opposite features *String Chairs* (André Dupré, 1947)—both items marketed by Knoll. Also on the left-hand side of the room is a radio-phono combination, a Braun *PK-G5/81*, which became known as the "Langer Heinrich" (Long Henry). A source of inspiration for the Rams showroom may have been the *d55* exhibition stand created for Braun in 1955 by Otl Aicher and Hans G. Conrad from the influential design school Hochschule für Gestaltung (HfG) in Ulm. The *d55* highlighted Braun appliances and Knoll furniture in an understated ambience, distinguishing it as one of the most progressive trade fair presentations of the time. The sketch by Rams is a reminder that Vitsœ should be viewed in conjunction with Braun not only in terms of personnel, but also in terms of content, and that both companies followed the same stylistic principles of international modernism.

Two decades later, Rams had won multiple design awards, and his audio devices for Braun and his furnishings for Vitsœ, such as the *620 Chair Programme*, had meanwhile entered the collections of relevant museums including the Victoria and Albert Museum in London in 1970. Vitsœ's product range had also expanded: in addition to the *621 Table* and the modular *601 Chair*, the individually adjustable *606 Universal Shelving System* belonged to

the successful core of the business. In a talk on "Design by Vitsœ" in 1976, Rams defined what good design meant for him: "When we concentrate on the essential elements in design, when we omit all superfluous elements, we find forms become: quiet, comfortable, understandable and, most importantly, long lasting."[4] As I hope to show in the following, this conception of design was manifested in visual communication as well—and it is precisely here that the merit of Ingeborg Rams und Wolfgang Schmidt lies.

Photography in the Service of Communication

The work of photographer Ingeborg Rams is another link between Braun and Vitsœ. She worked for the electrical appliance manufacturer from 1957 on, and her style was influenced by the approach to photography at Braun. The company employed a visual language characterized by a high degree of objectivity, focusing primarily on the product. Marlene Schnelle-Schneyder, Ingeborg Rams's colleague at Braun, summarized this approach in retrospect: "Photography, as visualized information, should dispense with effects. As a factual record, it should convey an image of the object or show the product in its field of application in relation to its surroundings. The image is primarily related to the product."[5] This echoes the concept of the Neue Sachlichkeit (New Objectivity) of the 1920s, which was applied to advertising by photographers such as Hans Finsler, Adolf Lazi, and Willi Moegle. The same aesthetic was also used by Ingeborg Rams at Vitsœ. A brochure from 1967 features images of the *620 Chair*, including a shot taken at such close range that the chair does not completely fit

forms become: quiet, comfortable, understandable and, most importantly, long lasting."[4] Auch in der visuellen Kommunikation, so möchte ich im Folgenden ausführen, sollte dieses Design-Verständnis sichtbar gemacht werden – und gerade hier liegt das Verdienst von Ingeborg Kracht (Rams) und Wolfgang Schmidt.

Fotografie im Dienst der Mitteilung

Die Arbeit der Fotografin Ingeborg Kracht ist eine weitere Verbindung der Firmen Braun und Vitsœ. Seit 1957 arbeitete sie für den Elektrogerätehersteller und wurde in ihrem Stil von der bei Braun vertretenen Haltung zur Fotografie geprägt. Hier folgte man einer Bildsprache, die durch ein hohes Maß an Sachlichkeit charakterisiert war und das Objekt in den Mittelpunkt stellte. Marlene Schnelle-Schneyder, Krachts Kollegin bei Braun, fasst diese Herangehensweise rückblickend so zusammen: „Die Fotografie, als visualisierte Information, soll auf Effekte verzichten. Als Sachaufnahme soll sie ein Bild des Gegenstandes vermitteln, oder in Relation zu seiner Umgebung das Produkt in seinem Anwendungsbereich zeigen. Das Bild ist in seiner Aussage primär auf das Produkt bezogen [...]."[5] Dies knüpft an die Auffassung der Neuen Sachlichkeit in den 1920er Jahren an, die besonders Fotografen wie Hans Finsler, Adolf Lazi und Willi Moegle auf die Werbung übertragen hatten. Diese Ästhetik wurde nun auch von Kracht bei Vitsœ eingesetzt: In einer Broschüre von 1967 finden sich unter anderem Bilder des *Sessels 620*, darunter eine Nahaufnahme, die so dicht an das Möbelstück herangeht, dass es nicht vollständig im Bild ist. Die Aufnahme wurde mit offener Blende gemacht, sodass der Sessel scharf erscheint, während der Hintergrund unkenntlich verschwommen ist.[6] Das Bild wirkt

within the frame. The photo was taken at full aperture, so that the armchair appears sharp, while the background is unrecognizably blurred.[6] The image is flooded with light, eliminating almost all shadow. Attention is thus focused entirely on the shape of the chair, the material and texture of its surface. Information about the product takes center stage and is intended to be immediately comprehensible to the viewer. Bright light, few shadows, background blurring, order, and a sense of sober interior design characterize all of Vitsœ's advertising photography in those years. This style has also been described as the "aesthetic signature"[7] of Gute Form, a design movement (also known as Good Design in English-speaking countries) that advocated an ethically charged concept of design from the 1950s on. Utility and material value, durability, and the expectation of restraint and functionality in design were the guiding principles of Gute Form. Accordingly, product photography was entirely committed to objective information. A view of the Vitsœ showroom on the Kaiserhofstraße in Frankfurt was regularly featured in the company's advertising after the store opened in 1970. The photo by Ingeborg Rams was taken at night and shows a view through the window into the illuminated shop with its various arrangements of domestic furniture (fig. 2). The three-part vertical structure is interrupted only by the lettering on the window pane. This nocturnal motif goes back to a pictorial tradition that emerged in the 1920s, for example at the Bauhaus. In the postwar period, the motif quickly established itself in the visual canon of progressive companies: Herman Miller, IBM, and Olivetti had their showrooms photographed

accordingly, emphasizing their modern attitude.[8] In the mid-1970s, Ingeborg Rams withdrew from photography at Vitsœ,[9] which soon became apparent in the company's photographic style and choice of motifs. The brochures of the following years, for example, featured a striking number of detailed photographs of technical connecting elements, emphasizing the quality of the workmanship and thereby also justifying the relatively high price of the products. Finally, in the 1980s, Vitsœ began to utilize a more fashionable product photography, now very different from Ingeborg Rams's images from earlier years. Bold highlights, dramatic shadows, and stark views from above and below now defined the photographic vocabulary—apparently only a short-lived style that did little to reflect the company's outlook and was soon abandoned (fig. 3).

Graphic Design "with Hand and Foot"

Applied product photography, the aesthetic of Gute Form, and a visual language in the style of international corporations—was Vitsœ merely joining the ranks of its peers? To answer this question, it is worthwhile to examine the third member of the trio, the graphic designer Wolfgang Schmidt.[10] His legacy continues to exert an influence today, above all through the pictograms and wordmark that still shape Vitsœ's corporate design. Schmidt belonged to the Kassel school of graphic designers around Hans Leistikow, a group whose extraordinary style of graphic arts and poster design was close to concrete poetry. In 1966 Schmidt taught at the HfG Ulm, and from 1961 on worked for Vitsoe+Zapf.[11] After Zapf left the company, Schmidt

lichtdurchflutet, beinahe jede Form von Schattenbildung wird vermieden. Die Aufmerksamkeit wird so gänzlich auf die Form des Sessels, auf das Material und die Beschaffenheit seiner Oberfläche gelenkt. Die Information über das Produkt steht im Vordergrund und soll sich den Betrachter*innen unmittelbar erschließen. Helles Licht, wenig Schatten, Hintergrundunschärfe, Ordnung und der Sinn für nüchtern eingerichtete Räume prägen die gesamte Werbefotografie von Vitsœ in jenen Jahren. Dieser Stil ist auch als „ästhetisches Signum"[7] der Guten Form beschrieben worden, jener reformerischen Designbewegung, die seit den 1950er Jahren ein ethisch aufgeladenes Konzept von Gestaltung vertrat. Gebrauchs- und Materialwert, Langlebigkeit sowie die Erwartung an das Design, zurückhaltend und dienend zu sein, waren leitend für die Gute Form. Entsprechend war die Produktfotografie ganz der sachlichen Information verpflichtet. Auch eine Ansicht des Vitsœ-Showrooms in der Frankfurter Kaiserhofstraße kommt regelmäßig in der Werbung zum Einsatz, seitdem er 1970 eröffnet wurde. Die Aufnahme von Ingeborg Rams ist nachts entstanden, sie zeigt den Blick durch das Schaufenster in den erleuchteten Laden, in dem verschiedene Wohnsituationen eingerichtet sind [Abb. 2]. Die dreiteilige vertikale Gliederung wird nur von dem Schriftzug auf der Scheibe durchbrochen. Dieses Nachtmotiv geht auf eine Bildtradition zurück, wie sie bereits in den 1920er Jahren zum Beispiel am Bauhaus aufgekommen war. In der Nachkriegszeit etablierte sich das Motiv rasch im Bildkanon progressiver Konzerne: Herman Miller, IBM und Olivetti ließen ihre Showrooms entsprechend ablichten und verwiesen damit auf ihre moderne Grundhaltung.[8] Mitte der 1970er Jahre zog sich Ingeborg Rams aus der Fotografie bei Vitsœ zurück,[9] was auch in der Auswahl der Bildmotive und im fotografischen Stil

Abb. / Fig. 2:   Ingeborg Rams, Vitsœ Showroom, Kaiserhofstraße, Frankfurt am Main, um / c. 1970 (Design Dieter Rams)

sichtbar wurde. So finden sich in den Broschüren von Vitsœ auffallend viele Detailaufnahmen von technischen Verbindungselementen, die die Qualität der Verarbeitung hervorheben und damit auch den verhältnismäßig hohen Preis der Produkte rechtfertigen sollten. In den 1980er Jahren schließlich kam eine modischere Produktfotografie bei Vitsœ auf, die sich nun ganz deutlich von Krachts Bildern aus den früheren Jahren unterschied. Kräftige Aufhellblitze, dramatische Schatten und starke Auf- und Untersichten gehörten nun zum fotografischen Vokabular – offenbar nur ein kurzlebiger Stil, der wenig zur Haltung des Unternehmens passte und bald wieder aufgegeben wurde (Abb. 3).

Grafik mit Hand und Fuß

Angewandte Sachfotografie, Gute-Form-Ästhetik und Bildsprache im Stil internationaler Unternehmen – reihte sich Vitsœ also ganz typisch unter seinesgleichen ein? Um dieser Frage nachzugehen, lohnt ein Blick auf den Dritten im Bunde, den Grafiker Wolfgang Schmidt.[10] Dessen Erbe wirkt bis heute nach, vor allem durch die Piktogramme und die Wortmarke, die noch immer zum Corporate Design von Vitsœ gehören. Schmidt zählte zur Kasseler Schule um Hans Leistikow, die sich mit ihrem außergewöhnlichen Stil der Grafik und Plakatgestaltung in der Nähe der Konkreten Kunst bewegte. 1966 unterrichtete Schmidt an der einflussreichen HfG Ulm und arbeitete seit 1961 für Vitsoe+Zapf.[11] Nach dem Zapf aus dem Unternehmen ausgeschieden war, überarbeite Schmidt 1969 das Erscheinungsbild umfassend und schuf die bis heute verwendete Wortmarke. Er wählte dafür die Schrift *Univers*, eine damals recht neue Groteskschrift von Adrian Frutiger, setzte sie in Großbuchstaben und schob die Lettern o und e zur Ligatur œ zusammen.[12] Ordnung

Abb. / Fig. 3:   Broschüre für Vitsœ-Tischprogramm / brochure for Vitsœ table series 570, 1977

und Übersichtlichkeit sind kennzeichnend für Schmidts Arbeit. In frühen Produktbroschüren korrespondiert sogar das Textspaltenraster mit dem Raster des *Regalsystem 606*. Viel Platz für Abbildungen, großzügiger Weißraum und eine gewisse Kargheit bestimmen seine Broschüren, ehe er seit dem Re-Design von 1969 mehr Variation zuließ. Größen und Zuschnitte von Abbildungen und Textelementen wechselten fortan stärker ab, die Übersichtlichkeit blieb dank der Verwendung typografischer Raster dabei jedoch erhalten. Der Stil, dem Schmidt hier folgte, war seit den 1950er Jahren in der progressiven Design-szene verbreitet, man denke etwa an die *ulm* – das Hausblatt der HfG Ulm – oder auch an Fachzeitschriften wie die *Neue Grafik*, die sinnbildlich für den fortschrittlichen Stil der Schweizer Grafik steht.

Während er sich bei Typografie und Layout einer etablierten Form anpasste, fand Schmidt auch individuelle Lösungen, die das Erscheinungsbild Vitsœs von dem Auftreten anderer Firmen abhob. Immer wieder hat Schmidt mit seiner Arbeit für das Unternehmen neue Wege beschritten, zum Beispiel mit einer faltbaren Broschüre, die zu einem Plakat aufgeklappt werden konnte. Es zeigt zahlreiche Exemplare des *Sessels 620*, dessen Modularität und vielfältigen Erweiterungsmöglichkeiten im Mittelpunkt stehen (S. 127). Die Sessel sind in ihren Konturen (Outlines) dargestellt, während die fotografierten Personen durch die rote Einfärbung verfremdet und in unterschiedlichen Anordnungen sitzend abgebildet sind. Schmidt betont hier die nicht nur die Vorzüge eines modularen Möbelsystems, sondern verweist auch auf den Ursprung des Sessels in der industriellen Serienfertigung. Bemerkenswert sind vor allem die drei roten Bildzeichen, die er für Vitsœ gestaltete. Dabei handelt es sich um grafisch stark vereinfachte Darstellungen von Hand, Fuß und Auge.

completely reworked its image in 1969, creating the wordmark that is still employed today. For this he selected the *Univers* typeface, a sans-serif type created by Adrian Frutiger that was quite new at the time, setting it in capital letters and combining the letters o and e to form the ligature œ.[12] Order and clarity typify Schmidt's work. In early product brochures, the grid of text columns even corresponds to the grid of the *606 Universal Shelving System*. Substantial room for images, generous amounts of white space, and a certain austerity characterize his brochures, before his redesign of 1969 allowed more variation. From then on, the sizes and layouts of images and text elements differed more strongly, but clarity was maintained through the use of typographic grids. The style that Schmidt followed here had been widespread in the progressive design scene since the 1950s, such as in *ulm*, the magazine of the HfG Ulm, or trade journals like *Neue Grafik*, which exemplified the advanced style of Swiss graphic arts.

While he adapted his typography and layout to an established form, Schmidt also found individual solutions that set Vitsœ's image apart from that of other businesses. Schmidt repeatedly broke new ground with his work for the company, for example with a folding brochure that could be unfolded into a poster. It depicts numerous examples of the *620 Chair*, focusing on its modularity and diverse options for expandability (p. 127). The chairs are shown in outline, while the photographed people are colored red and shown sitting in different arrangements. Here, Schmidt not only emphasizes the advantages of a modular furniture system, but also refers to the chair's origins in industrial serial production. Particularly noteworthy are the three red pictorial symbols he designed for Vitsœ: graphically simplified representations of a hand, foot, and eye. Over the years, Schmidt developed pictograms that he described as *Lebenszeichen* (signs of life). He designed a total of 262 pictograms, which he created independently and without a commission. He slightly adapted the eye, hand, and foot for use at Vitsœ and incorporated them into the company's visual identity in 1969. In contrast to pictograms, which convey orientation within a signage system, Schmidt wanted to use these symbols primarily to encourage direct sensory experience—a function that comes surprisingly close to today's emojis.[13] At Vitsœ, the pictograms were employed for invitation cards, posters, and brochures and were used to refer to details in a "completely anti-authoritarian"[14] way or simply to create atmosphere. In this way, they not only directly embodied the German idiom for quality—"mit Hand und Fuß" ("with hand and foot")—but also expressed the idea that a piece of furniture could best be experienced by trying it out for oneself. With their sensory reference, the red pictograms stand in contrast to the objective aesthetics of the other elements of the product presentation, thus contributing to an unmistakable visual language.

How to Live?

Rarely has the question of "how to live?" been discussed as widely and conscientiously as in the first two decades after the Second World War. From the perspective of today's consumer society, the high ethical demands on design may at first seem strange, but in that era a self-imposed social

Über Jahre erarbeitete Schmidt Piktogramme, die er Lebenszeichen nannte. 262 Bildzeichen sind es insgesamt, die er ohne Auftrag und in freier Arbeit entworfen hat. Für den Einsatz bei Vitsœ passte er Auge, Hand und Fuß formal leicht an und nahm sie 1969 in das Erscheinungsbild der Firma auf. Im Unterschied zu Piktogrammen, die Orientierung innerhalb eines Leitsystems vermitteln, wollte Schmidt mit diesen Symbolen vor allem zu einer sinnlichen Wahrnehmung auffordern – eine Verwendung, die den heutigen Emojis erstaunlich nahekommt.[13] Zum Einsatz kamen die Piktogramme bei Vitsœ etwa auf Einladungskarten, Plakaten und Broschüren, und sie wurden dazu genutzt, um „ganz anti-autoritär"[14] auf Details zu verweisen oder schlichtweg, um Atmosphäre zu erzeugen. Das Möbelstück hat, so wird damit auf einfache Weise vermittelt, nicht nur „Hand und Fuß", sondern soll sich am besten durch eigenes Ausprobieren erfahren lassen. Die roten Bildzeichen mit ihrem sinnlichen Bezug stehen in einem Spannungsverhältnis zur sachlichen Ästhetik der übrigen Elemente der Produktinszenierung und tragen damit zu einer unverkennbaren visuellen Sprache bei.

Wie leben?

Selten ist die Frage „Wie leben?" so breit und gewissenhaft diskutiert worden wie in den ersten beiden Jahrzehnten nach dem Zweiten Weltkrieg. Aus der Warte der heutigen Konsumgesellschaft wirken die hohen ethischen Ansprüche an das Design vielleicht zunächst befremdlich, doch die selbst auferlegte soziale Verantwortung ist in jener Epoche in vielen westlichen Industrieländern verbreitet. Bei Vitsœ ist 1971 zu lesen, dass Design „Sachlichkeit, Rationalität und Humanität vermitteln" könne.[15] Eine Vorstellung von Gestaltung, die

responsibility was widespread in many Western industrialized countries. In 1971, Vitsœ stated that design could "convey objectivity, rationality, and humanity,"[15] an idea of design that reveals a certain worldview and is hardly conceivable apart from the historical context of Nazism, war, and reconstruction. Dieter Rams, Ingeborg Rams, and Wolfgang Schmidt linked the design of Vitsœ furniture with an attitude that stood for both sustainable consumption and honest products. Through the visual language of showroom, photography, and graphics, they situated the Vitsœ company in the style of international modernism and the values it represented. A special feature of their work was that they not only achieved a high degree of design coherence, but also of recognizability. Vitsœ wanted to create design for people and their needs—or as Dieter Rams put it: "In this sense, every piece of furniture is also a world and life design. It reflects an image of man."[16]

eine bestimmte Weltanschauung offenbart und die ohne die zeithistorischen Bezüge auf Nationalsozialismus, Krieg und Wiederaufbau kaum denkbar ist. Dieter Rams, Ingeborg Kracht und Wolfgang Schmidt verknüpften das Design der Vitsœ-Möbel mit einer Haltung, die ebenso für nachhaltigen Konsum wie für ehrliche Produkte steht. Durch die visuelle Sprache von Showroom, Fotografie und Grafik verorteten sie das Unternehmen Vitsœ im Stil der internationalen Moderne und den durch diese Strömung vertretenen Wertvorstellungen. Eine Besonderheit lag darin, dass sie dabei nicht nur ein hohes Maß an gestalterischer Kohärenz, sondern auch an Wiederkennbarkeit erreichten. Vitsœ wollte Design für die Menschen und ihre Bedürfnisse schaffen – oder wie Dieter Rams es formulierte: „Jedes Möbelstück ist in diesem Sinne auch ein Welt- und Lebensentwurf. Es spiegelt ein Menschenbild."[16]

Abb. / Fig. 4:   Ingeborg Rams, Vitsœ-Tische 621 / Vitsœ 621 Tables, 1970 (Design Dieter Rams)

1

Dieser Beitrag war möglich durch Mithilfe von Klaus Klemp, Cassandra Peters und Hehn-Chu Ahn (Archiv der Dieter und Ingeborg Rams Stiftung), Mark Adams (Vitsœ Royal Leamington Spa), Mirko Meznaric (Vitsœ München), Hans-Gerd Grunwald, Bernd Grether, Michael Haberbosch, Maxim Weirich, die mit ihrem Wissen, ihren Materialien und Kontakten meine Recherchen unterstützt haben. Ihnen allen gilt mein herzlicher Dank.

2

Max Scharnigg, „Ein großes Erbe", in: Süddeutsche Zeitung, 30.01.2016.

3

Jo Klatt und Hartmut Jatzke-Wigand (Hg.), Möbel-Systeme von Dieter Rams, Hamburg 2002. Sophie Lovell, Dieter Rams. So wenig Design wie möglich, Hamburg 2013, S. 185–230.

4

Dieter Rams, „Design by Vitsœ", 1976, Rams Archiv 1.1.9.10.

5

Marlene Schnelle-Schneyder, „Braun Werbefotografie vor 30 Jahren", Oktober 1990, in: Rams Archiv 3.6.2.

6

Der Bokeh genannte fotografische Effekt wird durch die Verwendung einer offenen Blende im Kameraobjektiv erzeugt.

7

Gerda Breuer, „Überzeugen, nicht überreden. Das Wechselspiel von Sachfotografie und Produktdesign", in: Thomas Seelig und Urs Stahel (Hg.), Im Rausch der Dinge. Vom funktionalen Objekt zum Fetisch in Fotografien des 20. Jahrhunderts, Ausst.- Kat. Fotomuseum Winterthur u. Fotostiftung Schweiz/Museo Fotografia Contemporanea, Cinisello Balsamo, Göttingen 2004, S. 88–95, hier: S. 93.

8

Robert Gutmann und Alexander Koch, Ladengestaltung. Shop Design, Bd. 2, Stuttgart 1967.

9

Persönliche Mitteilung von Mark Adams, 16.12.2024.

10

Anke Jaaks (Hg.), Wolfgang Schmidt. Worte und Bilder, Mainz 1992.

11

Mit Günther Kieser beschäftigte die Firma in den 1960er Jahren zeitweise zwei Grafiker, die einen gänzlich unterschiedlichen Ansatz verfolgten. 1989 kam es zu einem Intermezzo von Neville Brody, bevor Vitsœ wieder auf Schmidts Stil zurückgriff, der bis heute für die Grafik des Unternehmens prägend ist.

12

Zur selben Zeit erklärte Otl Aicher die Univers zur Hausschrift der Olympischen Spiele in München 1972.

13

Philipp Nielsen und Maxim Weirich, „Turn over signs: Die stetige Neuausrichtung der Bild-zeichen", in: Die Gesellschaft der Zeichen: Piktogramme, Lebenszeichen und Emojis, Ausst.-Kat. Leopold-Hoesch-Museum, Düren/Museum für Neue Kunst, Städtische Museen Freiburg, Köln 2021, S. 176–187.

14

Vitsœ News, Mai 1971, Rams Archiv.

15

Vitsœ Sonderdruck, Bd. 1, 1972, Rams Archiv.

16

Dieter Rams, weniger, aber besser, 9. Aufl. Hamburg 2021, S. 133.

1

This essay was made possible through the help of Klaus Klemp, Cassandra Peters, and Hehn-Chu Ahn (Archive of the Dieter and Ingeborg Rams Foundation), Mark Adams (Vitsœ Royal Leamington Spa), Mirko Meznaric (Vitsœ Munich), Hans-Gerd Grunwald, Bernd Grether, Michael Haberbosch, and Maxim Weirich, who supported my research with their knowledge, materials, and contacts. I am grateful to all of them.

2

Max Scharnigg, "Ein großes Erbe," Süddeutsche Zeitung, January 30, 2016.

3

Jo Klatt and Hartmut Jatzke-Wigand, eds., Möbel-Systeme von Dieter Rams (Hamburg: Jo Klatt Design + Design Verlag, 2002); Sophie Lovell, Dieter Rams. So wenig Design wie möglich (Hamburg: Edel Germany, 2013), 185–230.

4

Dieter Rams, "Design by Vitsœ," 1976, Rams Archive 1.1.9.10.

5

Marlene Schnelle-Schneyder, "Braun Werbefotografie vor 30 Jahren," October 1990, in Rams Archive 3.6.2.

6

This photographic effect, known as bokeh, is produced by using a wide aperture.

7

Gerda Breuer, "Überzeugen, nicht überreden. Das Wechselspiel von Sachfotografie und Produktdesign," in Im Rausch der Dinge. Vom funktionalen Objekt zum Fetisch in Fotografien des 20. Jahrhunderts, ed. Thomas Seelig and Urs Stahel, exh. cat. Fotomuseum Winterthur and Fotostiftung Schweiz/Museo Fotografia Contemporanea, Cinisello Balsamo (Göttingen: Steidl, 2004), 88–95, here 93.

8

Robert Gutmann and Alexander Koch, Ladengestaltung. Shop Design, vol. 2 (Stuttgart: Verlagsanstalt Alexander Koch, 1967).

9

Personal communication from Mark Adams, December 16, 2024.

10

Anke Jaaks, ed., Wolfgang Schmidt. Worte und Bilder (Mainz: Schmidt, 1992).

11

For a time in the 1960s, the company employed a second graphic designer, Günther Kieser, who followed a completely different approach. A short intermezzo with Neville Brody occurred in 1989, after which Vitsœ returned to Schmidt's style, which has remained definitive for the firm's graphic presentation.

12

During the same period, Otl Aicher chose Univers as the official typeface for the 1972 Olympic Games in Munich.

13

Philipp Nielsen and Maxim Weirich, "Turn Over Signs: Die stetige Neuausrichtung der Bild-zeichen," in Die Gesellschaft der Zeichen: Piktogramme, Lebenszeichen und Emojis, exh. cat. Leopold-Hoesch-Museum, Düren/Museum für Neue Kunst, Städtische Museen Freiburg (Cologne: Verlag der Buchhandlung Walther und Franz König, 2021), 176–87.

14

Vitsœ News, May 1971, Rams Archive.

15

Vitsœ Sonderdruck, vol. 1, 1972, Rams Archive.

16

Dieter Rams, weniger, aber besser, 9th ed. (Berlin: Gestalten, 2021), 133.

Die nahezu vier Jahrzehnte umspannende Kollaboration zwischen Charles und Ray Eames kann als eine der fruchtbarsten und kreativsten Partnerschaften in der Designgeschichte bezeichnet werden. Ihr interdisziplinäres Werk, das die Bereiche Möbel-, Produkt- und Interior Design, Architektur, Film, multimediale Installationen und Ausstellungen umfasst, hat die amerikanische Designlandschaft der Nachkriegszeit entscheidend mitgeprägt, und ihre ikonischen Möbelentwürfe genießen auch Jahrzehnte nach ihrer Entstehung größte Popularität. Wie nur wenigen anderen Designer*innen ihrer Generation gelang es den Eames, ihre Philosophie, derzufolge Design und Technologie das Leben nachhaltig verbessern können, einer breiten Öffentlichkeit zu vermitteln. Eine wesentliche Rolle spielten in diesem Zusammenhang die innovativen Kommunikationsstrategien des Ehepaares, welche in vielerlei Hinsicht heute gängige Marketingmethoden vorwegnahmen. Als leidenschaftliche Fotograf*innen, Filmemacher*innen und Wissensvermittler*innen dokumentierten die beiden nicht nur alles, was sie inspirierte, sondern nutzten auch ihr eigenes Leben als wirkungsvolle Vorlage, um die von ihnen entworfenen Möbel und Produkte sowie ihr Verständnis von einer humanistischen Ausprägung der Moderne wirkungsvoll in Szene zu setzen. Dabei entstanden Bilder, von denen viele mittlerweile ähnlich bekannt sind wie die darauf zu sehenden Entwürfe selbst. Eine Auswahl soll im Folgenden näher betrachtet werden, um Aspekten von Storytelling und (Selbst-)Inszenierung im Werk von Charles und Ray Eames nachzugehen.[1] Der Fokus liegt zunächst auf einigen

Life as a Stage Set

Aspects of Storytelling and (Self-)Staging in the Practice of Charles and Ray Eames

The nearly four-decades-long collaboration between Charles and Ray Eames can be regarded as one of the most fruitful and creative partnerships in the history of design. Their interdisciplinary practice, which included furniture, product, and interior design as well as architecture, film, multimedia installations, and exhibitions, decisively shaped the American design landscape after World War II, and even decades later the Eameses' iconic creations still enjoy widespread popularity. Few other designers of their generation were as successful in conveying their philosophy—according to which design and technology could lastingly improve life—to a broad public. The couple's innovative communication strategies, which in many respects anticipated marketing approaches common today, played a key role in this context. As avid photographers, filmmakers, and knowledge mediators, the husband-and-wife team not only documented everything that inspired them, but also used their own life as a template to persuasively stage the furniture they had created as well as their conception of a human-centered approach to modernism. Many of the images that resulted from these activities have become almost as well-known as the objects they depict. In the following text, a selection will be examined more closely in order to trace aspects of storytelling and (self-)staging in the work of Charles and Ray Eames.[1] The focus will initially be on several photographs created in the context of the Eameses' private home in Pacific Palisades in Los Angeles, which

played a key role in the establishment and popularization of their unique aesthetic and philosophy of life.

The Eames House was built as part of the Case Study House Program initiated by John Entenza in 1945 for the magazine he edited, *Arts & Architecture*. Like the other buildings in the program, it was conceived as an experimental project intended to demonstrate the possibilities of newly developed materials and technologies for modern residential construction in the postwar period.[2] The goal was to promote contemporary, affordable, and aesthetically high-quality design concepts for single-family homes and thus encourage the dissemination of new forms of living.[3] Despite their model character, all of the Case Study Houses were tailored to the needs of their future residents in order to illustrate the adaptability of these newly developed methods and concepts. In the case of the Eames House, first announced in *Arts & Architecture* in December 1945, this meant a design that ideally reflected the "Life in Work" philosophy of its occupants.[4] Originally conceived as a bridge structure on pillars and thus reminiscent of International Style architecture, it was erected starting in February 1949 as a ground-level, two-story building with an adjoining separate studio to enable a smooth transition between private and professional activities.

This mixture of spheres so typical of the Eameses[5] was already expressed during the construction of their future home, which they documented meticulously,[6] thus

Fotografien, die im Kontext des Privathauses der Eames in Pacific Palisades in Los Angeles entstanden sind, das eine Schlüsselrolle bei der Etablierung und Popularisierung ihrer einzigartigen Ästhetik und Lebensphilosophie einnimmt.

Entstanden im Rahmen des Case Study House-Programms, das John Entenza 1945 für die von ihm herausgegebene Zeitschrift *Arts & Architecture* initiiert hatte, war das Eames House wie die übrigen Bauten des Programms als Versuchshaus konzipiert, um die Möglichkeiten neu entwickelter Materialien und Technologien für den modernen Hausbau der Nachkriegszeit vorzuführen.[2] Ziel war es, zeitgenössische, erschwingliche und ästhetisch hochwertige Gestaltungskonzepte für Einfamilienhäuser zu fördern und damit zur Verbreitung neuartiger Wohn- und Lebensformen beizutragen.[3] Trotz ihres Vorbildcharakters wurden alle Gebäude auf die Bedürfnisse der zukünftigen Bewohner*innen zugeschnitten, um die Anpassungsfähigkeit der Konstruktionsmethoden zu verdeutlichen. Im Falle des Eames House, das im Dezember 1945 erstmals in *Arts & Architecture* angekündigt wurde, bedeutete dies einen Entwurf, der die „Life in Work"-Philosophie seiner Bewohner in idealer Weise reflektierte.[4] Ursprünglich als Brückenkonstruktion auf Pfeilern konzipiert, wodurch es stilistisch an das Neue Bauen erinnerte, wurde es ab Februar 1949 als ebenerdiges, zweigeschossiges Wohnhaus mit daran angrenzendem, separatem Atelierhaus errichtet. Dadurch wurde ein fließender Übergang zwischen privaten und beruflichen Tätigkeiten ermöglicht.

Diese bei den Eames übliche Vermischung von Funktionen[5] manifestierte sich bereits beim Bau des Hauses, den sie fotografisch festhielten[6] und damit zugleich symbolisch den Beginn der Bewohnung markierten (Abb. 1).[7]

Abb. / Fig. 1:   Lucia Eames, Beim Bau des Eames-House / Constructing the Eames House, Pacific Palisades, 1949

Indem sie sich selbst mit ablichteten, setzten sie der industriell vorgefertigten Struktur zudem eine menschliche Komponente entgegen, auch um Vorbehalte gegenüber den im Programm vorgestellten innovativen Bau- und Wohnkonzepten abzubauen. Nach seiner Fertigstellung im Dezember 1949 wurde das Eames House von der Presse euphorisch aufgenommen und diskutiert.[8] Unter anderem veröffentlichte das Magazin *LIFE*, das eine zentrale Rolle bei der Verbreitung neuer Lebensweisen in dieser Zeit spielte, einen Artikel mit Aufnahmen des Gebäudes wie auch von Charles und Ray beim Entspannen im Wohnzimmer oder bei der gemeinsamen Arbeit in ihrem Studio (Abb. 2).[9] Die mediale Rezeption des Eames House als Sinnbild eines ungezwungenen kalifornischen Lebensstils, ausgestattet mit modernen, ansprechenden und dennoch erschwinglichen Möbeln und bewohnt von einem jungen, kreativen Paar, dessen Produkte wie es selbst Fröhlichkeit und Offenheit ausstrahlten, trug entscheidend zur Popularisierung der Eames-Ästhetik und Weltanschauung bei.[10] Auch ihre teilweise selbst entworfene, maßgeschneiderte Kleidung war ein Element dieser Inszenierung. Sie war gerade in den Anfangsjahren oftmals säuberlich aufeinander abgestimmt und erschien wie eine Künstler*innenuniform, vermittelte aber gleichzeitig ebenso wie die Einrichtung stets eine unangestrengte „casualness" und Nahbarkeit. (S. 166/167)

Am deutlichsten manifestierte sich der Eames-Look in der Verwandlung des ursprünglich schlicht gehaltenen Interieurs in ein eklektisches Ensemble aus massen- und handgefertigten Objekten, Textilien, Spielzeug, Fundstücken und folkloristischen Artefakten aus aller Welt. Von den Eames als „functioning decoration" bezeichnet, waren diese Elemente bewusst eingesetzt, um der Architektur aus Fertigteilen und den industriell produzierten Möbeln eine

also symbolically marking the beginning of its inhabitation (fig. 1).[7] By photographing themselves standing on the prefabricated steel structure, they also added a human component, helping to alleviate reservations regarding the novel construction methods and living ideals presented in the program. After its completion in December 1949, the Eames House was euphorically presented and discussed in the press.[8] Among others, the magazine *LIFE*, a key player in the dissemination of mid-century modern lifestyle, published an article with pictures of the building along with images of Charles and Ray relaxing in the living room or working together in their studio (fig. 2).[9] The Eames House's reception in the media as the symbol of casual California living, furnished with up-to-date and intriguing yet affordable furniture and occupied by a young creative couple whose products radiated joy and approachability as much as they themselves did, decisively contributed to the popularization of the Eames aesthetic and worldview.[10] Their clothing, partially custom-tailored and self-designed, was another important component of this staging. Especially in the early years, their outfits were often carefully coordinated and appeared like an artist's uniform, while at the same time communicating—like the furnishings—a relaxed "casualness" and accessibility (pp. 166–67).

The "Eames look" manifested itself most clearly in the transformation of the originally sparsely equipped interior into an eclectic ensemble of mass-produced and handmade objects, textiles, toys, found objects, and folkloristic artifacts from all over the world. Described by the Eameses as "functioning decoration," these elements were deliberately

used to lend a personal touch to the prefabricated architecture and industrially produced furniture.[11] This concept, though debatable from a present-day perspective due to the use of non-European artifacts,[12] was based on the Eameses' profound interest in crafts practices.[13] It was also closely linked to the holistic understanding of design they had encountered during their time at the Cranbrook Academy of Art. Essentially, it grew from their efforts to counter the purist—and therefore seemingly inhuman—manifestation of modernism propagated by representatives of the International Style with an alternative "modernism of the heart."[14]

The "ceremonial function"[15] that the living space increasingly acquired in this process is evident in the film *House—After Five Years of Living*, edited from several hundred photographs of their home taken by the Eameses.[16] It is similarly apparent in a photograph by Julius Shulman showing the couple in the living room of the house surrounded by their collection (fig. 2). One of the most published portraits of Charles and Ray, it demonstrates the desired humanizing effect of the decoration, which also took on a random quality due to the disparity of the objects. Yet in reality, not only the presentation of the individual components, but also the impression of the house as a whole was meticulously planned and directed. Accordingly, when visitors were expected, all the objects were rearranged, the candles were burned down to a certain height, and the eucalyptus leaves in the garden were raked into an arbitrary pattern. And although Ray mostly served simple and down-to-earth dishes, she invested great effort in the decoration of the

persönliche Note zu verleihen.[11] Aus heutiger Sicht aufgrund der Verwendung außereuropäischer Artefakte durchaus auch Gegenstand von Debatten,[12] lag diesem Konzept ein tiefgehendes Interesse an kunsthandwerklichen Praktiken zugrunde.[13] Zudem war es eng mit dem ganzheitlichen Designverständnis verbunden, mit dem die Eames während ihrer Zeit an der Cranbrook Academy of Art in Berührung gekommen waren, und basierte wesentlich auf ihrem Bestreben, der puristischen und daher als unmenschlich wahrgenommenen Moderne, wie sie von den Vertreter*innen des Neuen Bauens propagiert wurde, einen „Modernismus des Herzens" als Alternative gegenüberzustellen.[14]

Dass dem Wohnraum dabei zunehmend eine „zeremonielle Funktion"[15] zukam, wird einerseits in dem Film *House – After Five Years of Living* deutlich, zusammengeschnitten aus mehreren Hundert Fotografien der Eames von ihrem Haus,[16] und andererseits durch eine Fotografie von Julius Shulman, die das Ehepaar umgeben von seiner Sammlung im Wohnzimmer des Hauses zeigt (Abb. 2). Es ist eines der meistpublizierten Porträts von ihnen und veranschaulicht den angestrebten humanisierenden Effekt der Dekoration, der aufgrund der Disparität der Objekte außerdem etwas Zufälliges anhaftete. Tatsächlich wurde jedoch nicht nur die Art und Weise der Präsentation der einzelnen Bestandteile, sondern auch die Inszenierung der Wirkung des Hauses als Ganzes penibel geplant und umgesetzt. Wenn sich Besuch ankündigte, so wurden beispielsweise die Objekte neu arrangiert, die Kerzen auf eine bestimmte Länge heruntergebrannt und die Eukalyptusblätter im Garten zu einem willkürlichen Muster geharkt. Und auch wenn Ray meistens einfache und bodenständige Gerichte anbot, investierte sie beachtliche Mühen in die Tischdekoration und

table and the presentation of the food. At times, employees from the Eames Office were even recruited to help with preparations, illustrating the attention the Eameses devoted to the cultivation of their public image.[17] In keeping with Charles's motto that the role of the designer corresponded to that of a good host, the Eames House was transformed for visitors into a stage for the couple's "performance of hospitality," always intended to convey a pleasurable and easygoing atmosphere.[18]

In analogy to the Eames House, which the couple used to demonstrate their way of life, the showroom the Eames Office designed for Herman Miller in 1950 was created as a platform to commercialize the principles exemplified in the house. Consequently, it was designed as an almost identical copy of the latter in terms of both architecture and interior design. The principle of "functioning decoration" was likewise adopted to express the ethos of individual freedom of choice similarly advocated by the manufacturer.[19] The concept was also applied to the advertising for Eames products, often designed by the Eames Office itself on behalf of Herman Miller.[20] To this end, numerous iconic behind-the-scenes shots of the couple were taken that consistently convey pleasure and informality, just like the events at the Eames House (fig. 3). The majority of these pictures were, of course, staged and can therefore be regarded as part of Ray and Charles Eameses' integrative marketing strategies.[21]

In addition, many of these images seem to conspicuously display gender equality: Ray and Charles appear as equal (business) partners, and when employees are depicted, egalitarianism is likewise suggested, though on closer inspection a subtle hierarchy of genders can also be detected. In many photos, especially the earlier ones, Ray turns to Charles or looks up at him, often appearing somewhat "childlike" while he personifies the traditional male image of the period. In other photographs, however, this dynamic is deliberately inverted. This corresponds to statements in which Charles repeatedly stressed his wife's crucial role, while many articles, exhibitions, and advertising texts of the time, including those from Herman Miller, mention only his name (p. 169), and in public he usually appeared as the spokesman for the couple as well as for the Eames Office. Nevertheless, their professional relationship can certainly be regarded as one of equality, as research has now established,[22] while their private life seems to have been more strongly influenced by the gender roles typical of the era, with Charles in the center and Ray as the supportive wife responsible for certain household duties (at least until a private cook was engaged). Whatever difficulties they may have experienced, they always projected an outward image of harmony and togetherness.[23] Like any partnership, the Eameses' was by all accounts multifaceted, yet the passion for their work and their mission apparently always stood in the foreground.

As mentioned in connection with "functioning decoration," one of the couple's core concerns was to portray modern design as adaptable to individual lifestyles and needs. Against the backdrop of emerging consumer culture in the United States, the showrooms and advertising campaigns of progressive furniture companies were an important tool for introducing this potential to the public.

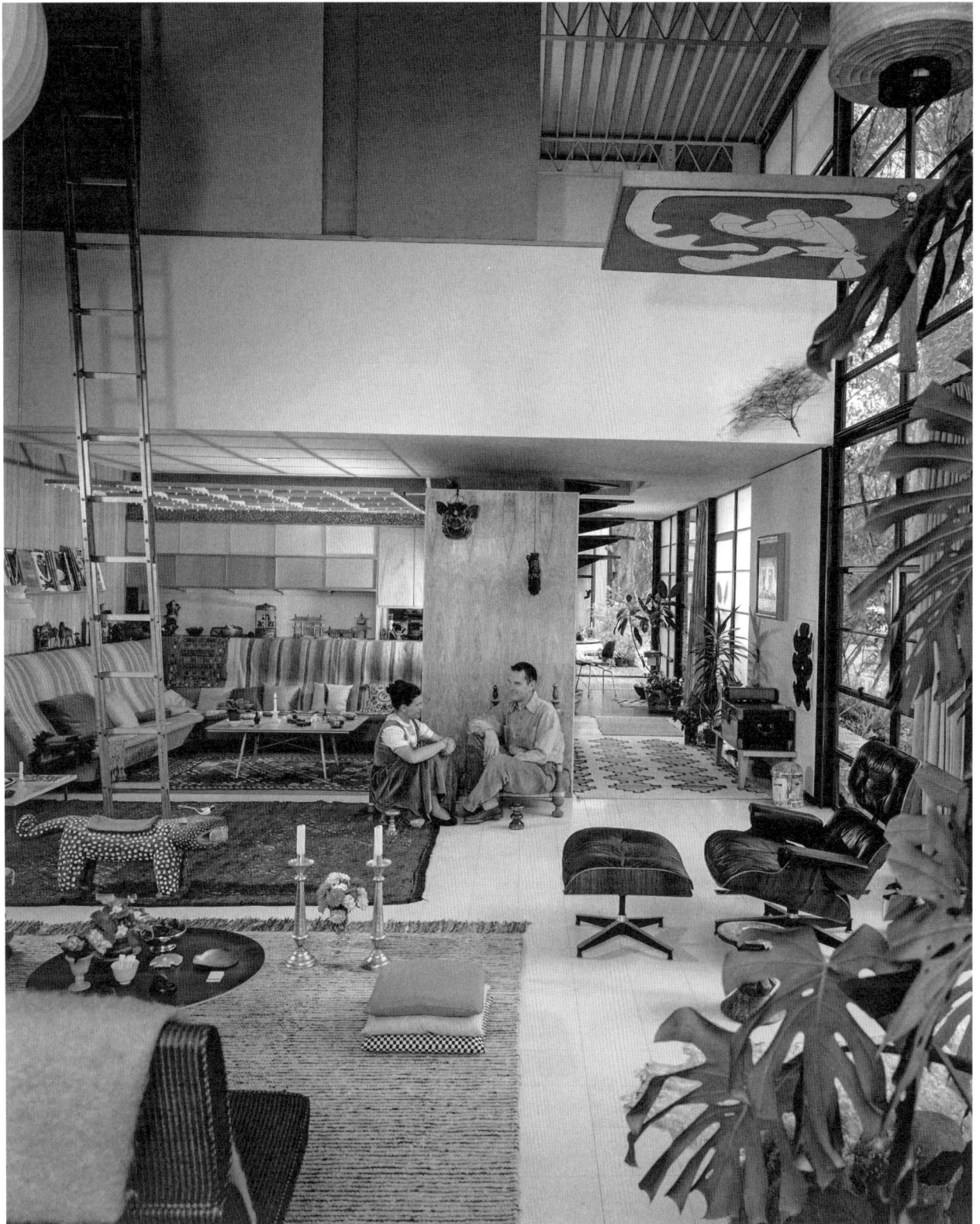

Tanja Hwang

die Präsentation der Speisen. In der Regel wurden sogar Mitarbeiter des Eames Office für die Vorbereitungen rekrutiert, was die Sorgfalt vor Augen führt, mit der die Eames ihr öffentliches Image kultivierten.[17] Dem Credo Charles' folgend, dass die Rolle des Designers der eines guten Gastgebers entspreche, transformierte sich das Eames House für Besucher*innen in eine Bühne für die „Inszenierung von Gastfreundschaft", wobei stets eine vergnügte und lockere Atmosphäre vermittelt werden sollte.[18]

In Analogie zum Eames House, das das Paar zur Vorführung seiner Lebensweise nutzte, wurde der Showroom, den das Eames Office 1950 für Herman Miller konzipierte, als Plattform angelegt, um die im Haus exemplarisch vorgelebten Prinzipien zu kommerzialisieren. Folglich wurde er als nahezu identisches Abbild des Hauses gestaltet, was sowohl die Architektur als auch die Inneneinrichtung betraf. Auch das Prinzip der „functioning decoration" wurde übernommen, um das Ethos individueller Wahlfreiheit zum Ausdruck zu bringen, das Herman Miller ebenfalls vertrat.[19] Auch auf die Werbung für die Produkte der Eames, die das Eames Office im Auftrag von Herman Miller häufig selbst entwarf, wurde das Konzept übertragen.[20] In diesem Rahmen entstanden zahlreiche ikonische Aufnahmen des Paares hinter den Kulissen (Abb. 3), die ebenfalls durchweg Vergnügen und Ungezwungenheit ausdrücken. Selbstverständlich war der Großteil davon inszeniert und ist somit als Teil der integrativen Marketingstrategie von Ray und Charles Eames zu betrachten.[21]

Auf diesen Fotografien wird auffällig deutlich Gleichberechtigung zur Schau gestellt. Ray und Charles erscheinen als gleichrangige (Geschäfts-) Partner, und wo auch Mitarbeiter*innen zu sehen sind, wird gleichermaßen Ebenbürtigkeit suggeriert. Bei genauerem Hinsehen lässt sich jedoch oftmals

Abb. / Fig 3: Unbekannt / Unknown, Charles und Ray Eames posieren auf La Chaise, einem Eames-Entwurf für den internationalen Wettbewerb für preiswertes Möbeldesign des Museum of Modern Art / Charles and Ray Eames posing on La Chaise, an Eames design produced for the Museum of Modern Art's International Competition for Low-Cost Furniture Design, 1948

Das Leben als Bühnenbild
Life as a Stage Set

eine subtile Geschlechterhierarchie erkennen. Auf vielen Fotos ist Ray Charles zugewandt oder blickt zu ihm auf und wirkt gerade in den frühen Aufnahmen oft etwas „kindlich", während er das klassische Männerbild der Zeit verkörpert. In einigen Aufnahmen wird diese Dynamik allerdings auch bewusst umgekehrt. Dies deckt sich mit Aussagen von Charles, der den Part seiner Frau wiederholt als zentral hervorgehoben hat, obwohl in vielen Artikeln, Ausstellungen und Werbetexten – auch in denjenigen von Herman Miller – ausnahmslos allein sein Name genannt wurde und in der Öffentlichkeit meist er als Sprecher der beiden und des Eames Office auftrat (S. 169). Dennoch kann die berufliche Beziehung durchaus als gleichgestellt bezeichnet werden, was mittlerweile auch in der Forschung anerkannt wird[22], wohingegen das Privatleben der beiden stärker von der damals gängigen Rollenverteilung geprägt worden zu sein scheint, mit Charles im Zentrum und Ray als unterstützende Ehefrau, die – zumindest bis zur Einstellung eines Kochs – auch bestimmte häusliche Pflichten übernahm. Nach außen wurde stets ein Bild von Harmonie und Zweisamkeit aufrechterhalten.[23] Die Partnerschaft der Eames war demnach facettenreich, doch die Leidenschaft für die Arbeit und ihre Mission standen wohl stets im Vordergrund.

Wie im Zusammenhang mit der „functioning decoration" bereits angesprochen, bestand eines der Kernanliegen des Paares darin, modernes Design als an individuelle Lebensstile und Bedürfnisse adaptierbar zu präsentieren. Vor dem Hintergrund der aufkommenden Konsumkultur in den USA waren die Showrooms und Werbekampagnen progressiver Möbelhersteller ein wichtiges Instrument, um die Öffentlichkeit über dieses Potenzial zu informieren. Das von den Eames angewandte Prinzip, ihre Möbel nicht nur durch individuelle

The Eameses' principle of personalizing their designs, not only through individual customization options and the possibility of free arrangement in different spaces, but also by complementing them with decoration, contributed significantly to the successful communication of this message. For the manufacturers, the focus was certainly on stimulating the desire to buy. Still, their progressive approach, which was also manifested in the creation of autonomous showrooms conceived by the designers whose products they sold, should not be underestimated, as it allowed them to dispense with the customary middlemen and interact directly with their clientele. Alongside other initiatives such as the *Good Design* exhibitions and furniture competitions held by the Museum of Modern Art, this strategy played a key role in promoting the acceptance of new products and modes of living in the mid-century period.[24]

However, in their effort to improve the quality of life for a broad range of people, the Eameses went far beyond the normal designer-manufacturer relationship in their collaboration with Herman Miller. The showroom and advertising campaign strategy of juxtaposing modern furniture with whimsical objects quickly grew into a vital component of the company's brand identity.[25] Moreover, the fact that the Eameses vouched for their designs with their own home and portraits is crucial for understanding the components of their (self-)staging: in doing so, they concurrently propagated the lifestyle associated with such concepts, the "Good Life" championed in the United States at that time. The almost endless opportunities and material wealth of the "Good Life," which in a certain way was

reflected in the overflowing decoration of the Eames House, were vital to overcoming the trauma of the Depression and war and to countering social tensions in the United States and the ongoing threat of the Cold War.[26] Thus it is not surprising that in 1959, the United States Information Agency commissioned the Eameses to present this genuine American way of life in monumental form at the American National Exhibition in Russia. The designers contributed an immersive installation titled *Glimpses of the U.S.A.*, consisting of seven screens presenting everyday life in their homeland by means of over 2,000 slides and films. What had previously been exemplified in their home on a small scale and then transferred to the showroom now took on monumental form in order to muster as much credibility as possible against the backdrop of the political significance of the event.[27]

Both *Glimpses of the U.S.A.* and the other activities of the couple discussed here testify to the considerable effort required to popularize the modern way of life to which Charles and Ray had so unfailingly dedicated themselves and in whose power for social reform they believed.[28] Their staging of themselves and their products enabled them to successfully communicate their aesthetic and ideological program to a broad public, and their image was a crucial factor in acquiring important contracts from clients such as IBM or the US government.[29] Whether in front of or behind the camera, the Eameses were always an integral part of their own communication strategy, controlling every aspect from the original design to the dissemination and reception of their creations and intentions. Their ability to

Anpassungsmöglichkeiten und freie Konfiguration im Raum zu personalisieren, sondern auch durch das Hinzufügen von Dekoration, trug wesentlich zur erfolgreichen Vermittlung dieser Botschaft bei. Für die Hersteller stand dabei sicherlich die Stimulierung der Kauflust im Vordergrund. Dessen ungeachtet darf deren progressive Herangehensweise, die sich auch in der Gestaltung autonomer und von den Designern eigenständig gestalteter Ausstellungsräume manifestierte, nicht unterschätzt werden. Mit den Showrooms verzichteten sie auf die üblichen Zwischenhändler und ermöglichten somit eine direkte Interaktion mit der Kundschaft, was neben Initiativen wie beispielsweise den *Good Design*-Ausstellungen und Möbelwettbewerben des Museum of Modern Art die Akzeptanz neuer Produkte und Lebensweisen maßgeblich beförderte.[24]

In ihrem Bestreben, die Lebensqualität der Allgemeinheit zu verbessern, gingen die Eames bei ihrer Kollaboration mit Herman Miller jedoch weit über die reguläre Designer-Hersteller-Beziehung hinaus. Die für Showroom und Werbekampagnen gewählte Strategie der Gegenüberstellung moderner Möbel mit eklektischen Objekten avancierte rasch zu einem wichtigen Bestandteil der Markenidentität des Herstellers.[25] Zentral für die Betrachtung von Elementen der (Selbst-)Inszenierung ist, wie dargestellt, dass die Eames darüber hinaus mit ihrem eigenen Haus und ihren Porträts für ihre Entwürfe und ihr Wohnkonzept bürgten, und damit auch für den dazugehörigen Lebensstil, dem „Good Life", das damals in den USA propagiert wurde. Von schier endlosen Möglichkeiten und Materialreichtum geprägt, die in der ausufernden Dekoration des Eames House gewissermaßen seine Entsprechung fanden, war dieses „gute Leben" nicht nur bei der Überwindung der Kriegstraumata und

Abb. / Fig. 4: Unbekannt / Unknown, Charles und Ray Eames bei der Auswahl von 35-mm-Dias im Eames Office, Ende der 1960er Jahre / Charles and Ray Eames selecting 35mm slides in the Eames Office, late 1960s

der wirtschaftlichen Depression von Bedeutung, sondern auch mit Blick auf die sozialen Spannungen innerhalb der USA und die konstante Bedrohungslage während des Kalten Krieges.[26] Es ist daher wenig überraschend, dass die United States Information Agency 1959 auf die Eames zurückgriff, um die genuin amerikanische Lebensweise in monumentaler Form auf der *American National Exhibition* in Russland zu präsentieren. Die Designer steuerten hierfür eine aus sieben Bildschirmen bestehende, immersive Installation namens *Glimpses of the U.S.A.* bei, die anhand von mehr als zweitausend Dias und Bewegtbildern das tägliche Leben in ihrer Heimat vorstellte. Was zuvor im kleinen Rahmen exemplarisch in ihrem Haus vorgeführt und auf das Konstrukt des Showrooms übertragen worden war, war hier ins Monumentale überführt, um vor dem Hintergrund der politischen Bedeutung der Veranstaltung größtmögliche Glaubhaftigkeit zu erzielen.[27]

Sowohl *Glimpses of the U.S.A.* als auch sämtliche weiteren hier besprochenen Aktivitäten des Paares legen Zeugnis ab von dem beträchtlichen Einsatz, der für die Popularisierung des modernen Lebens erforderlich war, dem sich Charles und Ray so konsequent verschrieben hatten und an dessen sozialreformerische Kraft sie glaubten.[28] Mit ihrer Selbst- und Produktinszenierung gelang es ihnen, ihr ästhetisches und weltanschauliches Programm erfolgreich einer breiten Öffentlichkeit zu vermitteln, und sie trug auch dazu bei, bedeutende Aufträge etwa von IBM oder der US-Regierung zu akquirieren.[29]

Ob vor oder hinter der Kamera, die Eames waren stets integraler Bestandteil der eigenen Kommunikationsstrategie und kontrollierten jeden Aspekt vom ursprünglichen Entwurf über die Vermittlung und der Rezeption ihrer Kreationen und Intentionen. Ihre Fähigkeit, Geschichten zu erzählen, zeigt

tell stories is also evidenced by the numerous films, slideshows, exhibitions, and multimedia presentations on which they increasingly concentrated from the late 1950s on (**fig. 4**). They thus number among the few designers of their generation whose careers, like Western society itself, developed from the era of consumer culture to the information age.[30] Were they active today instead of half a century ago, they would almost certainly be known not only as designers, but also as influencers.

sich auch in den zahlreichen Filmen, Slideshows, Ausstellungen und Multi-mediapräsentationen, auf die sie sich ab Ende der 1950er Jahre vermehrt konzentrierten. (Abb. 4) Damit gehören sie zu den wenigen Designer*innen ihrer Generation, deren Karriere analog zur westlichen Gesellschaft eine Entwicklung von der Konsumkultur zum Informationszeitalter vollzog.[30] Wären sie heute aktiv statt vor einem halben Jahrhundert, wären sie mit großer Wahrscheinlichkeit Designer und Influencer zugleich.

1
Diesen Aspekt erwähnen u. a. Pat Kirkham, Charles and Ray Eames: Designers of the Twentieth Century, Cambridge, MA, und London 1998, S. 4; Beatriz Colomina, „Enclosed by Images: The Eameses' Multimedia Architecture", in: Grey Room, Nr. 2, 2001, S. 6–29, bes. S. 22; sowie Catherine Ince, „Einblicke in die Welt von Charles und Ray Eames", in: Catherine Ince und Lotte Johnson (Hg.), Die Welt von Charles und Ray Eames, Ausst.-Kat. Barbican Art Gallery, London, Köln 2016, S. 12–15, bes. S. 13.

2
Vgl. Beatriz Colomina, „Gedanken zum Eames-Haus", in: Diana Murphy (Hg.), Die Welt von Charles & Ray Eames, Ausst.-Kat. Library of Congress, Washington, DC/Vitra Design Museum, Weil am Rhein, Berlin 1997, S. 126–149, bes. S. 136f.

3
Vgl. die originale Ankündigung des Programms durch John Entenza in Arts & Architecture, www.artsandarchitecture.com/case.houses/pdf01/csh_announcement.pdf, zugegriffen am 16.12.2024, sowie Marilyn Neuhart und John Neuhart, Eames House, Berlin 1994, S. 18–21.

4
Ebd., S. 7.

5
Vgl. Colomina 1997 (wie Anm. 2), S. 143–146.

6
Vgl. ebd., S. 128, sowie Ince 2016 (wie Anm. 1), S. 13f.

7
Colomina 1997 (wie Anm. 2), S. 127, sowie Neuhart 1994 (wie Anm. 3), S. 7.

8
Außer in Arts & Architecture wurde das Eames House u. a. in folgenden Magazinen besprochen: Architectural Forum (September 1950), Architectural Review (Oktober 1951), Arquitectura (Mexico, Juni 1952), L'Architecture d'aujourd'hui (Dezember 1953), Interiors (November 1959), Domus (May 1963) und Architectural Design (September 1966).

9
„A Designer's Home of His Own. Charles Eames Builds a Home of Steel and Glass", in: LIFE, 11.9.1950, S. 148–152, https://tinyurl.com/jf6tvwea, zugegriffen am 15.12.2024.

10
Donald Albrecht, „Einführung", in: Ausst.-Kat. Weil a. R. 1997 (wie Anm. 2), S. 13–17, bes. S. 16.

11
Vgl. Pat Kirkham, „Humanizing Modernism: The Crafts, ‚Functioning Decoration' and the Eameses", in: Journal of Design History, Jg. 11, Nr. 1, 1998, S. 15–29.

12
Für eine umfassende Diskussion darüber, wie Fragen der Ethnizität, des Geschlechts und der Identität die Vermittlung von modernem Design in den USA um die Mitte des 20. Jahrhunderts beeinflusst haben, siehe Kristina Wilson, Mid-Century Modernism and the American Body: Race, Gender, and the Politics of Power in Design, Princeton 2021, sowie Shelley Nickles, „More Is Better: Mass Consumption, Gender, and Class Identity in Postwar America", in: American Quarterly, Jg. 54, Nr. 4, Dezember 2002, S. 581–622.

13
Vgl. Kirkham 1998 (wie Anm. 11), S. 23, 26. Obwohl Ray aufgrund ihres Hintergrundes als Künstlerin die Hauptverantwortung für die Anordnung trug, hatten beide Eames eine Vorliebe sowohl für die von ihnen gesammelten Objekte als auch für kunsthandwerkliche Praktiken im Allgemeinen. Charles hatte vor seiner Heirat mit Ray eine mehrmonatige Reise nach Mexiko unternommen, um das lokale Kunsthandwerk zu studieren, und setzte sich genau wie Ray in Cranbrook mit kunsthandwerklichen Techniken auseinander. Siehe hierzu ausführlich Kirkham 1995 (wie Anm. 1), S. 9–59.

14
Vgl. Kirkham 1998 (wie Anm. 11), S. 15, 26. Alexander Girard, der eine enge Beziehung zu den Eames pflegte, verfolgte eine vergleichbare Strategie und wird häufig als Inspirationsquelle für die „functioning decoration" angeführt, siehe dazu ebd., S. 27, sowie Neuhart (wie Anm. 3), S. 50.

15
Neuhart 1994 (wie Anm. 3), S. 50.

16
Siehe hierzu Marilyn Neuhart und John Neuhart & Ray Eames, Eames Design: The Work of the Office of Charles and Ray Eames, New York 1989, S. 199.

17
Vgl. Pat Kirkham: „‚At Home' With – zu Hause bei den Eames: Inszenierung und Gastfreundschaft", in: Ausst.-Kat. London 2016 (wie Anm. 1), S. 112–121, sowie Neuhart 1994 (wie Anm. 3), S. 51–53.

1
This aspect is mentioned by, among others, Pat Kirkham, Charles and Ray Eames: Designers of the Twentieth Century (Cambridge, MA: MIT Press, 1998), 4; Beatriz Colomina, "Enclosed by Images: The Eameses' Multimedia Architecture," Grey Room 2 (2001): 6–29, esp. 22; and Catherine Ince, "Einblicke in die Welt von Charles und Ray Eames," in Die Welt von Charles und Ray Eames, ed. Catherine Ince and Lotte Johnson, exh. cat. Barbican Art Gallery, London (Cologne: DuMont, 2016), 12–15, esp. 13.

2
See Beatriz Colomina, "Gedanken zum Eames-Haus," in Die Welt von Charles & Ray Eames, ed. Diana Murphy, exh. cat. Library of Congress, Washington, DC/Vitra Design Museum, Weil am Rhein (Berlin: Ernst, 1997), 126–49, esp. 136ff.

3
See John Entenza's original announcement of the program in Arts & Architecture, www.artsandarchitecture.com/case.houses/pdf01/csh_announcement.pdf, accessed December 16, 2024, as well as Marilyn Neuhart and John Neuhart, Eames House (Berlin: Ernst & Sohn, 1994), 18–21.

4
Neuhart and Neuhart, Eames House, 7.

5
See Colomina, "Gedanken zum Eames-Haus," 143–46.

6
See ibid., 128, and Ince, "Einblicke in die Welt," 13ff.

7
Colomina, "Gedanken zum Eames-Haus," 127, and Neuhart and Neuhart, Eames House, 7.

8
In addition to Arts & Architecture, the Eames House was discussed in other magazines including Architectural Forum (September 1950), Architectural Review (October 1951), Arquitectura (Mexico, June 1952), L'Architecture d'aujourd'hui (December 1953), Interiors (November 1959), Domus (May 1963), and Architectural Design (September 1966).

9
"A Designer's Home of His Own: Charles Eames Builds a House of Steel and Glass," LIFE (Sept. 11, 1950): 148–52, https://tinyurl.com/jf6tvwea, accessed December 15, 2024.

10
Donald Albrecht, "Einführung," in Murphy, Die Welt von Charles & Ray Eames, 13–17, esp. 16.

11
See Pat Kirkham, "Humanizing Modernism: The Crafts, 'Functioning Decoration' and the Eameses," Journal of Design History 11, no. 1 (1998): 15–29.

12
For an extensive discussion of how issues of ethnicity, gender, and identity influenced the spread of modernist design in the United States in the mid-twentieth century, see Kristina Wilson, Mid-Century Modernism and the American Body: Race, Gender, and the Politics of Power in Design (Princeton, NJ: Princeton University Press, 2021), and Shelley Nickles, "More Is Better: Mass Consumption, Gender, and Class Identity in Postwar America," American Quarterly 54, no. 4, (December 2002): 581–622.

13
See Kirkham, "Humanizing Modernism," 23, 26. Although Ray, due to her training as an artist, assumed primary responsibility for the arrangement, both of the Eameses had a predilection for the objects they collected as well as for arts and crafts practices in general. Before his marriage to Ray, Charles spent several months in Mexico studying local handicrafts and, like Ray, explored handicraft techniques at Cranbrook. See Kirkham, Charles and Ray Eames, 9–59.

14
See Kirkham, "Humanizing Modernism," 15, 26. Alexander Girard, who had a close relationship with the Eameses, followed a similar strategy and is often cited as a source of inspiration for "functioning decoration." See Kirkham, "Humanizing Modernism," 27, and Neuhart and Neuhart, Eames House, 50.

15
Neuhart and Neuhart, Eames House, 50.

16
See Marilyn Neuhart, John Neuhart, and Ray Eames, Eames Design: The Work of the Office of Charles and Ray Eames (New York: Abrams, 1989), 199.

17
See Pat Kirkham, "'At Home With'—zu Hause bei den Eames: Inszenierung und Gastfreundschaft," in Ince and Johnson, Die Welt von Charles und Ray Eames ,112–21, and Neuhart and Neuhart, Eames House, 51–53.

18
Kirkham 2016 (wie Anm. 17), S. 116.
19
Zu den Showrooms vgl. Margaret Maile Petty, „Attitudes Toward Modern Living: The Mid-century Showrooms of Herman Miller and Knoll Associates", in: Journal of Design History, Jg. 29, Nr. 2, 2016, S. 180–199, bes. S. 187f. Zu der vom MoMA in Zusammenarbeit mit dem Merchandise Mart in Chicago lancierten Good Design-Initiative siehe u. a. Mildred Friedman, „From Futurama to Motorama", in: Vital Forms. American Art and Design in the Atomic Age, Ausst.-Kat. Brooklyn Museum of Art, New York, u. a., New York 2001, S. 164–205, bes. S. 171–176.
20
Donald Albrecht, „Design ist etwas, was man tut", in: Ausst.-Kat. Weil a. R. 1997 (wie Anm. 2), S. 19–43, bes. S. 24.
21
Vgl. ebd., sowie Ince 2016 (wie Anm. 1), S. 13.

22
Siehe u. a. Joseph Giovannini, „Das Büro von Charles Eames und Ray Kaiser: Den Dingen auf der Spur", in: Ausst.-Kat. Weil a. R. 1997 (wie Anm. 2), S. 44–71, sowie Kirkham 1998 (wie Anm. 11), S. 20–23.
23
Vgl. hierzu ausführlich Kirkham 1995 (wie Anm. 1), S. 61–95.
24
Vgl. Petty 2016 (wie Anm. 19), S. 181f.
25
Ebd., S. 188.
26
Vgl. hierzu und für eine allgemeine Einführung in die politischen, historischen und sozialen Entwicklungen in den USA Mitte des 20. Jahrhunderts Paul Boyer, „The United States, 1941–1963: A Historical Overview", in: Ausst.-Kat. New York 2001 (wie Anm. 19), S. 38–74.

27
Siehe hierzu und grundsätzlich zu den Filmen, Multimedia- und Multiscreen-Installationen der Eames Colomina 2001 (wie Anm. 1), sowie Kirkham 1995 (wie Anm. 1), S. 309–361.
28
Albrecht 1997 (wie Anm. 10), S. 13.
29
Vgl. Alison Moloney, „The Dress of Charles and Ray Eames", in: Ausst.-Kat. London 2016, S. 148–151.
30
Ince 2016 (wie Anm. 1), S. 15.

18
Kirkham: "At Home With," 116.
19
On the showrooms, see Margaret Maile Petty, "Attitudes Toward Modern Living: The Mid-century Showrooms of Herman Miller and Knoll Associates," Journal of Design History 29, no. 2 (2016): 180–99, esp. 187ff. On the Good Design initiative launched by MoMA together with the Merchandise Mart in Chicago, see e. g. Mildred Friedman, "From Futurama to Motorama," in Vital Forms: American Art and Design in the Atomic Age, exh. cat. Brooklyn Museum of Art, New York, et al. (New York: Abrams, 2001), 164–205, esp. 171–76.
20
Donald Albrecht, "Design ist etwas, was man tut," in Murphy, Die Welt von Charles & Ray Eames, 19–43, esp. 24.
21
See ibid., and Ince, "Einblicke in die Welt," 13.

22
See e. g. Joseph Giovannini, "Das Büro von Charles Eames und Ray Kaiser: Den Dingen auf der Spur," in Murphy, Die Welt von Charles & Ray Eames, 44–71, and Kirkham, "Humanizing Modernism," 20–23.
23
See Kirkham, Charles and Ray Eames, 61–95.
24
See Petty, "Attitudes Toward Modern Living," 181ff.
25
Ibid., 188.
26
For a general introduction to political, historical, and social developments in the United States in the mid-twentieth century, see Paul Boyer, "The United States, 1941–1963: A Historical Overview," in Vital Forms, 38–74.

27
On the films and multimedia and multiscreen installations by the Eameses, see Colomina, "Enclosed by Images," and Kirkham, Charles and Ray Eames, 309–61.
28
Albrecht, "Einführung," 13.
29
See Alison Moloney, "The Dress of Charles and Ray Eames," in Ince and Johnson, Die Welt von Charles und Ray Eames, 148–51.
30
Ince, "Einblicke in die Welt," 15.

Ruhm kann, wie die Welt des Designs festgestellt hat, ein brutales und janusköpfiges Phänomen sein. Als Mittel, um die Glaubwürdigkeit eines Berufsstandes zu demonstrieren, der sich erst im frühen 20. Jahrhundert etabliert hatte, schien der Ruhm zunächst so verführerisch wie nützlich. Er funktionierte auf zwei Ebenen: als Instrument, um Kundschaft zu gewinnen, aber auch, um ein breiteres Publikum zu erreichen, was wiederum mehr Kund*innen anlockt. Doch sobald er zum festen Repertoire eines Designers oder einer Designerin gehörte, unterlag der Ruhm so unweigerlich den Gesetzen der eingebauten Überalterung wie die von Raymond Loewy gestaltete Karosserie eines Studebaker *Avanti*.

Man denke nur an den Aufstieg, Fall und möglichen Wiederaufstieg des Renommees von Michael Graves, eines Architekten, der nie vorhatte, Designer zu werden. Graves war nicht irgendein Architekt: Er war Gegenstand der BBC-Fernsehsendung *Kings of Infinite Space* des einflussreichen Kritikers Charles Jencks. Sie ging von der Behauptung aus, Graves sei der größte Architekt, den Amerika seit Frank Lloyd Wright hervorgebracht habe. Angesichts von Konkurrenten wie I. M. Pei, Louis Kahn, Paul Rudolph und Frank Gehry war das eine ziemlich gewagte These.

Doch der Film war kaum fertig, da begann der Glanz von Graves' eben aufkeimendem Ruhm jenseits der Architekturbranche bereits zu verblassen. Das Magazin *W* hatte bereits ein unvorteilhaftes Foto von ihm abgedruckt, das mit Bildern von Gloria von Thurn und Taxis, Klaus von Bülow und Stephanie von Monaco um einen Platz auf derselben Seite wetteiferte. Sein strahlendes,

The Uses and Temptations of Fame

Fame, as the world of design has discovered, can be a brutal and two-edged phenomenon. As a means of demonstrating the credibility of a profession established as recently as the early twentieth century, it initially seemed both seductive and useful. It worked on two levels: as a way to attract clients, and also to reach a wider public, which in turn attracts more clients. But once it had become part of the designer's regular repertoire, inevitably it was as subject to the laws of built-in obsolescence as the bodywork of a Studebaker *Avanti* styled by Raymond Loewy.

Consider the rise, fall, and potential rise again of the reputation of Michael Graves, an architect who didn't even set out to be a designer. Graves wasn't just any architect: he was the subject of a BBC television program by the influential critic Charles Jencks titled *Kings of Infinite Space*. It was based on the assertion that Graves was the greatest architect America has produced since Frank Lloyd Wright. Given that the contenders included I. M. Pei, Louis Kahn, Paul Rudolph, and Frank Gehry, it was quite a claim.

But even when the film was made, the gloss of Graves's first moments of fame outside the architectural compound was beginning to fade. *W* magazine had already printed a dismissive photograph of him jostling Gloria von Thurn und Taxis, Klaus von Bulow, and Stephanie of Monaco for position on the same page. His gleaming, even smile and aviator glasses had been partially obliterated by a red cross and scarred by the word "out," like a latter-day version of Willi Baumeister's *Wie Wohnen* poster for the Stuttgart Weissenhof Siedlung.

While Graves was still being commissioned to design postmodern skyscrapers and wedding cake hotels for Disney in Florida topped by giant dolphins and swans with necks stretching five floors high, he could afford to respond to the mockery in *W* with a measure of equanimity. "I've been out so long, it seems like in to me," he told *Vanity Fair*. But the very fact that *Women's Wear Daily* had noticed the existence of a living architect of any kind, regardless of what they wrote about him, counted as a kind of endorsement at the time.

Graves might have found his 2015 obituary in the *New York Times* more upsetting. The first two sentences read: "One of the most prominent and prolific American architects of the latter 20th century, who designed more than 350 buildings around the world but was perhaps best known for his teakettle and pepper mill, died on Thursday at his home in Princeton, N. J. He was 80." It was a disconcerting summation of the career of an individual who was once regarded as the most talented architect of his generation, demoted from the pantheon of culture to the shelves of an out-of-town discount store. Not even his work from later years—when, confined to a wheelchair as a paraplegic, he applied his considerable design skill to creating products to adapt homes to the needs of the disabled with wit and sensitivity—could change the perception that Graves had lost his way.

His early career, built on a degree from Harvard, a scholarship in Rome, and an early professorship at Princeton,

ebenmäßiges Lächeln und seine Pilotenbrille waren teilweise von einem roten Kreuz verdeckt und durch das Wort „out" entstellt, wie eine Neuauflage von Willi Baumeisters Plakat *Wie Wohnen* für die Stuttgarter Weissenhofsiedlung.

Während Graves noch postmoderne Wolkenkratzer und Hochzeitstorten-Hotels für Disney in Florida baute, die von riesigen Delfinen und Schwänen mit fünf Stockwerke hohen Hälsen gekrönt wurden, konnte er es sich leisten, gelassen auf den Spott in *W* zu reagieren. „Ich bin schon so lange draußen, dass es mir wie drinnen vorkommt", sagte er gegenüber *Vanity Fair*. Allein die Tatsache, dass *Women's Wear Daily* die Existenz eines lebenden Architekten überhaupt zur Kenntnis genommen hatte, galt zu dieser Zeit als eine Art Bestätigung – unabhängig davon, was man dort über ihn schrieb.

Mehr geärgert hätte sich Graves vermutlich über seinen Nachruf in der *New York Times* im Jahr 2015: „Einer der prominentesten und produktivsten amerikanischen Architekten des späten 20. Jahrhunderts, der mehr als 350 Gebäude auf der ganzen Welt entwarf, aber vielleicht vor allem für seinen Teekessel und seine Pfeffermühle bekannt war, starb am Donnerstag in seinem Haus in Princeton, New Jersey. Er wurde 80 Jahre alt." Es war eine befremdliche Zusammenfassung der Karriere eines Mannes, der einmal als der talentierteste Architekt seiner Generation gegolten hatte und dann vom Pantheon der Kultur in die Regale eines Vorstadt-Discounters verbannt worden war. Nicht einmal seine Arbeiten aus späteren Jahren, als er querschnittsgelähmt im Rollstuhl seine beachtlichen gestalterischen Fähigkeiten einsetzte, um mit Witz und Einfühlungsvermögen Produkte zu entwerfen, die das Zuhause an die Bedürfnisse von Menschen mit Behinderung anpassten, konnten etwas an der Wahrnehmung ändern, Graves habe die Orientierung verloren.

Seine Karriere, die auf einem Abschluss in Harvard, einem Stipendium in Rom und einer früh erlangten Professur in Princeton aufbaute, geriet ins Schlingern, als Architektur und Design mit Konsumismus in Verbindung gebracht wurden. Ein Architekt, der einst als Intellektueller galt, ein brillanter Zeichner mit einem besonderen Gespür für Farben, wurde zu einer Berühmtheit, die bereit war, einen Kessel mit einem pfeifenden roten Plastikvogel für den italienischen Haushaltswarenhersteller Alessi zu entwerfen. Was sein Ansehen bei der Kritik betrifft, so war der erste Fehler wahrscheinlich der Schritt von einem 175 Dollar teuren Alessi-Wasserkocher mit seiner Signatur zur Zusammenarbeit mit dem Discounter Target für einen ähnlichen Artikel zum Preis von nur 20 Dollar. Doch wie das Graves-Büro inzwischen betont, war er dabei lediglich dem Credo aller Modernisten gefolgt, Design zu demokratisieren und erschwinglicher zu machen. Die beste Chance, seinen Ruf wiederherzustellen, wäre das Wirksamwerden von Lavers Gesetz: James Laver, in den 1940er Jahren Kurator am Victoria and Albert Museum, postulierte, es bedürfe nur einer ausreichenden Zeitspanne, damit das Unanständige schick und das Schicke altmodisch und anschließend abscheulich werde, bevor es soweit rehabilitiert sei, dass es zunächst als amüsant und schließlich als unbezahlbar gelte. Laver bezog sich im konkreten Fall zwar auf Kleidung, doch seine Beobachtungen lassen sich ebenso gut auf Objekte und Gebäude übertragen. Dieser Prozess führte bereits zur Rehabilitierung des Brutalismus und vollzieht sich derzeit bei der Postmoderne.

In puncto Ruhm war Frank Gehry wählerischer als Michael Graves. Als er in den 1960er Jahren noch als Designer am Rande der Kunstwelt in

einem Loft in Santa Monica arbeitete, begann er, mit geklebter Wellpappe zu experimentieren, um preiswerte Möbel für den Eigenbedarf herzustellen. Die Experimente waren so vielversprechend, dass er dafür die finanzielle Unterstützung desselben Investors erhielt, der Vidal Sassoon vom Besitzer eines einzigen Friseursalons in London zu einem internationalen Franchiseunternehmen gemacht hatte. Gemeinsam bauten sie eine Fabrik auf und brachten die *Easy Edges*-Serie erschwinglicher und praktischer Stühle und Tische mit einer aufwendigen Präsentation bei Bloomingdale's auf den Markt. Dies sorgte für viel Aufmerksamkeit und führte zu Fotos von Gehry in schwarzem Hemd und Anzug, auf einem Pappkarton stehend, um zu demonstrieren, wie robust dieses neue Material tatsächlich war. Das Projekt schien ein voller Erfolg zu werden, doch laut Gehrys Biograf Paul Goldberger bekam er bei dem Gedanken an die ganze Angelegenheit kalte Füße. Gehry entschied sich, etwas spät, als Architekt und nicht als Designer modischer Möbel berühmt werden zu wollen – wie profitabel Letzteres auch sein mochte. Und er wollte auf keinen Fall die Kontrolle über seinen Namen verlieren. Daher zog er sich aus der *Easy Edges*-Vereinbarung zurück und beendete damit eine ehedem herzliche persönliche Beziehung auf ziemlich schroffe Weise. Die Erfüllung seiner vertraglichen Verpflichtungen für die Bestellungen, die Bloomingdale's bereits erhalten hatte, war für ihn mit erheblichen Kosten verbunden.

Wenigstens teilweise sollte indessen Alessandro Mendini für den Weg verantwortlich gemacht werden, den Graves eingeschlagen hatte. Obwohl der Kunstkritiker Germano Celant Mendini als radikalen Designer bezeichnete – ein Begriff, den Celant erfunden hatte, um damit die Gegner des Konsumismus zu charakterisieren –, zählte er, bewusst oder unbewusst, zu denen, die alles

had been destabilized when architecture and design became associated with consumerism. An architect once regarded as an intellectual, a brilliantly gifted draftsman with a particular sensitivity to color, was turned into a celebrity, ready to put his signature on a kettle with a whistling red plastic bird spout for the Italian housewares company Alessi. From the point of view of his critical reputation, the shift from giving his name to a $175 Alessi kettle to working with supermarket discounter Target on a similar item for $20 was probably the first mistake. But as the Graves office now points out, he was simply following the dictum of all modernists: he was trying to democratize design and make it more affordable. The best chance of redemption for his reputation would be the natural workings of Laver's Law. James Laver, a curator at the Victoria and Albert Museum in the 1940s, postulated that all it takes for the indecent to become chic and the chic to become old hat and subsequently hideous, before being sufficiently rehabilitated to be considered amusing and then priceless, is the sufficient passage of time. Laver was talking specifically about clothing, but his observations are equally applicable to objects and buildings. It is a process that has already seen the rehabilitation of Brutalism and is now underway for Postmodernism.

Frank Gehry has been more fastidious with regard to fame than Michael Graves. When he was still a designer on the edges of the art world, working in a Santa Monica loft in the 1960s, he had begun experimenting with glued corrugated cardboard to make low-cost furniture for his own use. The experiments were promising enough to attract financial backing from the same investor who had turned Vidal Sassoon from the owner of a single hair salon in London into an international franchise. They set up a factory together and launched the *Easy Edges* series of affordable and practical chairs and tables with an elaborate display in Bloomingdale's. It attracted a lot of publicity and gave rise to photographs of Gehry in a black shirt and suit, standing on top of a cardboard table to demonstrate how robust this new material really was. The project showed every sign of success, but according to Gehry's biographer Paul Goldberger, he got cold feet about the whole idea. Gehry decided a little late that he wanted to be known as an architect and not as a designer of fashionable furniture, no matter how profitable. And he certainly didn't want to lose control of his name. He pulled out of the *Easy Edges* agreement, bringing what had once been a warm personal relationship to a bruising end. Meeting his contractual obligations for the orders Bloomingdale's had already received came at a significant cost to him.

Alessandro Mendini should be held at least partly responsible for the trajectory Graves took. Despite having been defined as a radical designer by the art critic Germano Celant, who invented the term to describe those who rejected consumerism, Mendini did as much as anyone, knowingly or not, to turn a generation of designers into brand names. As the editor of *Domus* from 1979 to 1985, he had learned a lesson from Andy Warhol's *Interview* and put artfully manipulated portraits of designers on the covers as if they were Hollywood stars.

In the interest of full disclosure, I should make it clear that as the editor of *Blueprint*, the magazine started in

taten, um eine Generation von Designern zu Markenzeichen zu machen. Als Herausgeber des Magazins *Domus* von 1979 bis 1985 hatte Mendini seine Lehre aus Andy Warhols *Interview* gezogen und kunstvoll manipulierte Porträts von Designer*innen auf die Titelseiten gesetzt, als handelte es sich um Hollywoodstars.

Der Vollständigkeit halber sollte ich klarstellen, dass ich als Herausgeber von *Blueprint*, einem Magazin, das 1983 in London von einer Gruppe von Autoren und Fotografen gegründet wurde, ähnlich vorging. Bei *Blueprint* wollten wir Design auf eine Weise präsentieren, die das Thema einem breiteren Publikum zugänglich machen würde. Aber Mendini vermochte mehr, als nur Fotos von Bald-Modischem auf das Cover seines Magazins zu bringen. Durch seine enge Verbindung zu Alberto Alessi, mit dem er seit 1979 zusammenarbeitete, konnte er Designern wie Graves ebenso wie Aldo Rossi, Richard Sapper, Frank Gehry und vielen anderen Aufträge für Wasserkocher, Kaffeekannen, Armbanduhren und Pfeffermühlen sichern. Wenig später arbeitete er mit einer ähnlichen Auswahl von Personen an Uhrenserien für Swatch. Die damit verbundenen Lizenzgebühren dürften willkommen gewesen sein, waren bis auf wenige Ausnahmen im Vergleich zu den Honoraren für ihre architektonischen Arbeiten vermutlich aber eher bescheiden. Der eigentliche Reiz bestand in der erwünschten Prominenz, für die die Arbeit an Konsumgütern sorgte. Und sobald der Alessi-Katalog eine kritische Masse an Designer*innen und Architekt*innen umfasste, galt es als berufliche Bestätigung, wenn man gebeten wurde, dabeizusein.

Michael Graves Design existiert noch immer, doch die Architekturprojekte des Büros neigen eher zu Zahnarztpraxen im amerikanischen Kernland als zu Versuchen, das Whitney Museum von Marcel Breuer in New York neu zu erfinden oder die erste Memphis-Kollektion zu erweitern, an deren Gestaltung Graves auf Einladung von Ettore Sottsass beteiligt war. Wie ein Modelabel, das von einem Luxuskonzern geschluckt wurde, wo Designer*innen mit dem Tempo von Fußballtrainer*innen kommen und gehen, hat das Unternehmen jetzt einen Chief Design Officer, Rob van Varick. Donald Strum, der seit 1985 und der Einführung des pfeifenden Kessels im Unternehmen tätig ist, trägt den Titel des Präsidenten, um ein gewisses Maß an Kontinuität zu gewährleisten.

Auf seiner Website beschreibt sich Michael Graves Design als „die zugänglichste Designmarke, die funktionale, erschwingliche und schöne Produkte für alle schafft. Wir haben eine Merchandising-Strategie namens *Perfect Placement* erfunden, die einen neuen Standard für große Fachmarktketten setzt. Mit dieser Strategie hat Michael Graves Design im Verlauf von 15 Jahren mehr als 2000 originale, exklusive Produkte in 20 Kategorien bei Target verkauft." Im Podcast *Design Uncensored* der amerikanischen Innenarchitektin Stacy Garcia erklärte Strum kürzlich: „Der Designprozess beginnt mit der Entscheidung, welche Markensprache man kreieren möchte. Man sollte sich fragen: ‚Was wird die Erkennungsfarbe sein? Was wird das Unterscheidungsmerkmal sein?' und ‚Welche Funktion wird es erfüllen?'. Sobald das festgelegt ist, geht es darum, dieses gewöhnliche Objekt zu nehmen und auf das Level *guten* Designs zu bringen, indem man es für alle zugänglich macht, auch für Menschen mit einem geringeren Budget."

Diese fragwürdige Weisheit geht auf das Projekt *Tea and Coffee Piazza* zurück, das Mendini und Alessi 1980 mit einem Auftrag über zwölf exquisite Tafelsilber-Sets begannen. Es fiel mit der Architekturbiennale *The Presence of the Past* in Venedig zusammen, die 1980 unter der Leitung von Paolo

Portoghesi stattfand und die allgemein als Initialzündung der postmodernen Explosion gilt. Gemeinsam mit Michael Graves, Aldo Rossi und neun weiteren Personen steuerte Mendini selbst eines der Sets bei. Es handelte sich um kostbare Einzelstücke, die eher an die handwerkliche Produktion der Wiener Werkstätte erinnerten als an die in China für Target hergestellten Toaster für den Massenmarkt, die eines Tages die Signatur von Michael Graves tragen sollten.

Mendini hatte etwas aufgeschnappt, das in der Luft lag: den Hunger nach Objekten mit einer Persönlichkeit, die eine Geschichte erzählen konnten. Es war eine Stimmung, in der man bereit war, Standardisierung und rationale Lösungen abzulehnen, und die zu Philippe Starcks *Juicy Salif* führte, der Zitronenpresse, die heute als Miniaturversion sämtlicher Exzesse der 1980er und 1990er Jahre gilt. Während Graves vielleicht zum Opfer der verlockenden Möglichkeiten wurde, die der ihm aufgedrängte Ruhm ihm bot, schuf sich Starck seinen Ruhm geschickt selbst. Seine Zusammenarbeit mit dem Modedesigner Pierre Cardin, einem Pionier in der Kunst der Markenerweiterung und Lizenzierung, hatte ihm nützliche Einblicke in das Starsystem gegeben.

Im Jahr 1984 hieß die angesagteste Bar in der angesagtesten Straße von Paris für etwa fünf Minuten Café Costes. Die Hauptattraktion war weder das Essen noch der Wein. Es war die Chance, eine halbe Stunde lang auf einem dreibeinigen Stuhl in Philippe Starcks allererstem Interieur zu sitzen und auf einen Kaffee zu warten, der nie kam.

Starck bezeichnete das Erscheinungsbild des Costes als „Dritte-Klasse-Wartehalle im Budapester Bahnhof um 1956". Es gab eine steile Treppe, eine

London in 1983 by a group of writers and photographers, I did much the same. In *Blueprint*'s case, we thought we were presenting design in a way that made the subject accessible to a wider public. But Mendini was able to do more than simply put photographs of the soon-to-be-fashionable on the cover of his magazine. Through his close connection with Alberto Alessi, with whom he began working in 1979, he was able to secure commissions to design kettles, coffeepots, wristwatches, and pepper grinders for Graves, along with Aldo Rossi, Richard Sapper, Frank Gehry, and many others. A little later he was working with a similar roster of designers on several series of watches for Swatch. The royalties involved would have been welcome, but in all but a few cases would have seemed modest compared to their architectural fees. The real attraction was the desirable visibility that working on consumer products gave to an architect. And once the Alessi catalogue had achieved a critical mass of designers and architects, being asked to join them was regarded as a professional endorsement.

Michael Graves Design still exists; but its architectural projects tend toward dental practices in the American heartland rather than attempts to rebuild Marcel Breuer's Whitney Museum in New York or add to the first Memphis collection to which Ettore Sottsass invited him. Like a fashion label swallowed up by a luxury conglomerate—where designers come and go with the speed of football managers—the company now has a chief design officer named Rob van Varick. Donald Strum, who has been with the company since 1985 and the launch of the whistling kettle, has the title of president to ensure a degree of continuity.

On its website, Michael Graves Design describes itself as "the most accessible design brand, creating functional, accessible, and beautiful products for everybody. We invented a new merchandising strategy called Perfect Placement that set a new standard for big box retailers. With it, Michael Graves Design sold more than 2000 original, exclusive products across Target in 20 categories, over 15 years." On the American decorator Stacy Garcia's podcast *Design Uncensored*, Strum recently stated: "The design process starts with deciding the brand language you want to create. Ask yourself, 'What will be the identifying color? What will the distinguishing element be?' and 'What function will it serve?' Once this is determined, it's all about taking that ordinary object and uplifting it to a place of *good* design, making it accessible to everyone, even those with lower budgets."

This questionable wisdom can be traced back to the *Tea and Coffee Piazza* project, on which Mendini and Alessi embarked in 1980 with a commission for twelve tableware sets, exquisitely made in silver. It coincided with *The Presence of the Past*, the 1980 Venice architecture biennale directed by Paolo Portoghesi that is generally credited with launching the postmodern explosion. Mendini himself contributed one of the sets, along with Michael Graves, Aldo Rossi, and nine others. These were precious one-offs, more like the craft production of the Wiener Werkstätte than the mass-market electric toasters made in China for Target that would one day carry the Michael Graves signature.

Mendini had caught something in the air: the hunger for objects with personality that could tell a story. It was a mood that was ready to reject standardization and rational

riesige Uhr, die fast eine ganze Wand einnahm, und eben diesen Stuhl. Dabei handelte es sich um eine Art-Deco-Sitzschale aus Sperrholz in Mahagoni-Imitat, die auf drei schwarzen Stahlbeinen stand, „um den Kellnern zu helfen, weil es so weniger gibt, worüber sie stolpern können", wie Starck es in dem ersten aufgezeichneten Beispiel seines Witzes und seiner Weisheit ausdrückte. Dies war noch nicht jener Starck, der sich selbst zum Thema seiner Arbeit machte, aber es definierte eine neue, narzisstische Sensibilität. Starcks Karriere verdankt sich ebenso seiner eigenen Persönlichkeit wie dem Charakter der von ihm entworfenen Objekte. Er überzeugte sogar Vitra, den anspruchs-vollsten aller Möbelhersteller, dass es eine gute Idee wäre, seine Signatur in das Aluminiumgestell des Stuhls *Louis 20* zu gießen, den er 1991 auf den Markt brachte.

Bevor seine Aussage auf ihren Wahrheitsgehalt überprüft werden konnte, war das Café Costes in eine Vergessenheit geraten, die noch trauriger war als die Melancholie des Balkans unter dem Stalinismus. Die Modebewussten zogen weiter und überließen die Stühle den Rucksacktouristen. Das Café Costes löste eine Welle von Designerkesseln, Designerhotels, Designermineralwasser, Designerpasta und Designerzahnbürsten aus, die noch immer um die Welt schwappt. Doch im Gegensatz zu Michael Graves, der seine riesige klassische Zwergenordnung für ein Disney-Gebäude nicht mit einem Achselzucken ab-tun konnte, entkam Starck dem Costes-Moment und passt dasselbe Konzept nach wie vor an neue Umstände an. Es basiert auf einer gut ausgearbeiteten dekorativen Palette, surrealen Maßstabssprüngen, niedlichem anthropo-morphem Design und der Angewohnheit, Alltagsgegenständen unaussprech-liche Namen zu geben. Kund*innen aufzufordern, nach einem Radio namens *Moa Moa* zu fragen, ist eine Grausamkeit, die Frank Zappas Namensgebung für sein Kind, Moon Unit, in nichts nachsteht.

Zitronen auf *Juicy Salif* zu pressen, ist eine Herausforderung, aber darum ging es natürlich gar nicht. Es ist eine Zitronenpresse, die ausdrücklich als Ge-schenk entworfen wurde und Starcks Persönlichkeit widerspiegelt. In dieser Hinsicht ist sie rundum gelungen. Noch wichtiger aber ist, dass selbst seine Pressspan-Fernseher, Retro-Radios und CD-Player, so sehr er sich auch be-mühte, das Schicksal des französischen staatlichen Unterhaltungselektronik-Herstellers Thomson in den 1990er Jahren nicht abwenden konnten. Sein Motorrad für Aprilia mochte niedlich aussehen (in seinen Worten: „Es hat die roten Ohren und die tropfende Nase eines echten Tieres"), aber es verkaufte sich nicht.

Graves und Starck sind die vielleicht prominentesten Beispiele für Design-schaffende, die als Verkörperung ihrer eigenen Produkte angesehen wurden. Vor allem Starck posierte immer wieder mit seinen Werken, um sie zu be-werben. Im Fall des Stuhls *Dr. Glob* aus Kunststoff und Stahl, hergestellt von Kartell, wurde ein Foto sorgfältig so inszeniert, dass es wirkt, als würde Starck ihn nur mit der Fingerspitze über seinem Kopf mit Schirmmütze und Sonnen-brille balancieren.(Abb. 1) Es erinnert an ein Bild aus den 1950er Jahren, auf dem ein kleiner Junge den Stuhl *Leggera* von Gio Ponti mühelos mit einer Hand in der Luft hält.(Abb.2) Aber Starck ist das eigentliche Thema des Fotos, während es bei Gio Pontis *Leggera* die Leichtigkeit des Stuhls selbst ist, die zählt.

Seit Beginn der Massenproduktion von Möbeln im 18. Jahrhundert ver-suchen Designer*innen, ihre Arbeit zu personalisieren und zu bewerben. Wo genau diese Tradition ihren Anfang nahm, ist nicht klar, aber Thomas Chippendales *The Gentleman and Cabinet Maker's Director* von 1754, eine

wunderschön gestochene, im Selbstverlag erschienene Verkaufsbroschüre, hat sicherlich einen bedeutenden Beitrag dazu geleistet. Chippendale bot eine Reihe von Möbeln in verschiedenen Stilen und Ausarbeitungsgraden an, aus denen seine Kundschaft wählen konnte, und legte damit den Grundstein für eine Entwicklung, die schließlich über Rem Koolhaas' dickes Buch *SMLXL* und Terence Conrans Habitat-Katalog, die beide auf ihre Weise Selbstporträts, Manifeste und Verkaufsinstrumente sind, zum Ikea-Katalog führen sollte. Wie Chippendale war auch Conran vielleicht nicht der originellste Gestalter seiner Zeit, aber sicherlich einer der einflussreichsten. Was ihn wirklich auszeichnete, war seine Art, einen Lebensstil zu kreieren, den auch andere Menschen pflegen wollten.

Zwischen Chippendale und Conran brachte Großbritannien zwei weitere wegweisende Designer hervor. William Morris und Christopher Dresser waren Zeitgenossen; Morris gehörte zu den ersten Designern, die das Konzept einer moralischen Mission entwickelten, während Dresser vielleicht der erste war, der Lizenzgebühren verdiente und seine Signatur auf Produkten einer Vielzahl unterschiedlicher Hersteller anbrachte. William Morris' Image ist uns viel gegenwärtiger als das von Dresser, wenngleich Morris das Gegenteil von Design als Verkaufsargument war. Doch mit der Namensgebung seines Unternehmens Morris & Co. schuf er einen Präzedenzfall und veranschaulichte den Zusammenhang von Ruhm und Markenbildung.

In vielerlei Hinsicht kann Philippe Starck als Reinkarnation von Raymond Loewy gelten. Beide wurden in Frankreich geboren, beide waren in der Lage, Produkten eine gewisse Ausstrahlung zu verleihen, und beide waren sehr geschickt darin, ihr Image zur Bewerbung ihrer Arbeit zu nutzen.

solutions and that led to Philippe Starck's *Juicy Salif*, the lemon squeezer now regarded as the embodiment in miniature of all of the excesses of the 1980s and 1990s. While Graves may have been the victim of the tempting possibilities offered by the fame that was thrust upon him, Starck skillfully created his own fame. His early experiences working with Pierre Cardin, the fashion designer who pioneered the art of brand extension and licensing, gave him useful insight into the star system.

For about five minutes in 1984, the most fashionable bar on the most fashionable street in Paris was called the Café Costes. The main attraction was neither the food nor the wine. It was the chance to spend half an hour sitting on a three-legged chair in Philippe Starck's very first interior, waiting for a coffee that never came.

Starck called the look of Costes "Budapest railway station third-class waiting-room circa 1956." There was a plunging staircase, a gigantic clock filling most of one wall, and that chair. It was an art deco, faux mahogany plywood shell, held up on three black steel legs "to help the waiters, because it gives them less to trip over," as Starck put it in the first recorded example of his wit and wisdom. This was not yet Starck making Starck the subject of his own work, but it was defining a new and narcissistic sensibility. Starck's career has been built as much on his own force of personality as on the character of the objects he designs. He persuaded even Vitra, the most fastidious of furniture manufacturers, that it would be a good idea to cast his signature into the aluminum base of the *Louis 20* chair he launched in 1991. Before his statement could be fact-checked, Café Costes had

faded into an oblivion even sadder than the melancholy of the Balkans under Stalinism. The fashionable moved on, leaving the chairs to backpackers. Café Costes triggered the wave of designer kettles, designer hotels, designer mineral water, designer pasta, and designer toothbrushes that still laps around the world. But unlike Michael Graves, who could not shrug off his giant classical order of dwarves for a Disney building, Starck escaped from the Costes moment and is still adapting the same formula to new circumstances. It is based on a well-worked decorative palette, surrealistic jumps of scale, cute anthropomorphic styling, and a habit of attaching unpronounceable names to everyday objects. Inviting a customer to ask for a radio named *Moa Moa* is cruelty on a level with Frank Zappa's when he named his child Moon Unit.

Squeezing lemons on *Juicy Salif* is a challenge, but we all knew that was not the point. It is a lemon squeezer that was designed specifically to be a gift and to carry with it a reflection of Starck's personality. In those terms, it has succeeded brilliantly. More importantly, try as he might, even his pressed chipboard TV sets, retro radios and CD players could not improve the fortunes of the French state-owned consumer electronics company Thomson in the 1990s. His motorcycle for Aprilia might have looked cute (in his words: "it has the red ears and dripping nose of a real animal"), but it didn't sell.

Graves and Starck were perhaps the most prominent examples of designers who came to be seen as the incarnations of their own products. Starck in particular has been photographed time and again, posing with his work in

Vom Nutzen und den Versuchungen des Ruhms
The Uses and Temptations of Fame

Die Unterschiede zwischen den beiden sind oberflächlicher Natur: Loewy trug einen adretten Anzug und einen akkurat gestutzten Schnurrbart, während er neben großen Maschinen auffällige Posen einnahm. Starck hingegen hatte bis vor Kurzem einen weniger gepflegten Look als Loewy, war aber ebenso bedacht auf sein Image. Das Metropolitan Museum of Art baute 1934 für eine Ausstellung eine stark stilisierte Version von Loewys Büro. Als das Centre Pompidou in Paris Starck einen Saal für eine Retrospektive zur Verfügung stellte, gestaltete er ihn wie ein abgedunkeltes Zirkuszelt. Im Inneren stand ein Reigen aus riesigen neoklassizistischen, lorbeerbekränzten Büsten auf drei Meter hohen Fiberglas-Sockeln, die wie Marmor aussahen. Über jedem Kopf lief ein Video zu Starck, sodass der dunkle Raum mit elf verschiedenen Soundtracks beschallt wurde, die sich zu einem Stimmengewirr vermischten.

Loewy beauftragte eine PR-Beraterin damit, ihn auf das Cover des *Time*-Magazins zu bringen. Sie hatte Erfolg: 1949 setzte *Time* ein druckgrafisches Porträt von Loewy auf das Deckblatt, Unterschrift: „He streamlined the sales curve" (Er hat die Verkaufskurve optimiert). Starck spielte in einer Reality-TV-Show der BBC die Rolle von Donald Trump in der Designerversion von *The Apprentice*.

Sowohl Raymond Loewy als auch Philippe Starck gehören im Wesentlichen dem analogen Zeitalter an. Die größten Veränderungen in den letzten dreißig Jahren waren die Verlagerung der Produktion nach Asien und die Auswirkungen der digitalen Explosion. Eine der überraschenderen Folgen dieser beiden Entwicklungen ist, dass chinesische Fabriken und asiatische Lieferketten es einem Designer wie George Sowden ermöglicht haben, sein eigener

order to promote it. In the case of the *Dr. Glob* plastic and steel chair made by the furniture company Kartell, one key photograph has been carefully choreographed to suggest that Starck is holding it over his head on nothing more than the point of one finger, while wearing a peaked cap and dark glasses **(fig. 1)**. It recalls an image from the 1950s of a small boy effortlessly holding Gio Ponti's *Leggera* chair with one hand **(fig. 2)**. But Starck is the real subject of the photograph, while in the case of Gio Ponti's *Leggera*, it is the lightness of the chair itself that counts.

Designers have been trying to personalize and publicize their work since the start of the mass production of furniture in the eighteenth century. Exactly where this tradition began is not clear, but certainly Thomas Chippendale's *The Gentleman and Cabinet Maker's Director* of 1754, a beautifully engraved, self-published sales brochure, made a significant contribution. Chippendale offered series of furniture in a variety of styles and degrees of elaboration from which his clients could choose, starting a trail that would eventually lead to the Ikea catalogue by way of Rem Koolhaas's brick-thick book *SMLXL* and Terence Conran's Habitat catalogue—both of which are, in their own way, self-portraits, manifestos, and sales pitches. Like Thomas Chippendale, Terence Conran may not have been the most original designer of his time, but he was certainly one of the most influential. What really made Conran stand out was the way he was able to create a way of life that other people wanted to live too.

Between Chippendale and Conran, Britain produced two other designers who played a key role. William Morris and Christopher Dresser were contemporaries; Morris was among the first designers to develop the concept of a moral mission, while Dresser was perhaps the first to earn royalties and apply his signature to products for a variety of different manufacturers. We are much more aware of William Morris's image than of Dresser's, even if Morris was the antithesis of design as a sales tool. By naming his business Morris & Co., he set a precedent and demonstrated the connection between fame and branding.

In many ways, Philippe Starck can be seen as the reincarnation of Raymond Loewy. Both were born in France, both were able to give products a certain charisma, and both were highly skilled in using their image to promote their work. The differences between the two are superficial: Loewy wore a dapper suit and had a neatly trimmed moustache, while being photographed striking attitudes next to large pieces of machinery. Starck, on the other hand, has until recently adopted a more disheveled look than Loewy, but has been equally aware of his image. The Metropolitan Museum of Art created a highly stylized version of Loewy's office for an exhibition in 1934. When the Pompidou Centre in Paris gave Starck a gallery for a retrospective exhibition, he designed it like a darkened circus tent. Inside, a ring of giant neoclassical laurel-wreathed heads stood on fiberglass plinths three meters high, mocked up to look like marble. Each one had a video of Starck himself, haranguing the darkened room with eleven different soundtracks that blended into a simultaneous babble.

Loewy hired a publicist with a brief to get him on the cover of *Time* magazine. She succeeded in 1949, when

Kunde zu werden. In den letzten zehn Jahren hat Sowden die Fähigkeiten, die er sich im Laufe seiner Karriere bei Olivetti und Ettore Sottsass angeeignet hat, genutzt, um Haushaltsgegenstände und Leuchten unter seinem eigenen Namen herzustellen und zu vermarkten. Für Sowden geht es nicht darum, dass er seinen Namen auf ein Produkt setzt, sondern dass er sich dadurch auf das Design dieses Produkts konzentrieren kann.

Time featured an engraved image of Loewy and the words "He Streamlined the Sales Curve." Starck starred on a BBC reality TV show playing the role of Donald Trump in the designer version of *The Apprentice.*

Both Raymond Loewy and Philippe Starck essentially belong to the age of analogue. The biggest shift in the last thirty years has been the offshoring of manufacturing to Asia and the impact of the digital explosion. One of the more unexpected consequences of these two developments is that Chinese factories and Asian supply chains have made it feasible for a designer such as George Sowden to become his own client. In the last decade, Sowden has used the skills he acquired over a career that began working for Olivetti and Ettore Sottsass to make and market domestic objects and lights under his own name. For Sowden, the point is not that he puts his name on a product, but that it allows him the freedom to concentrate on designing that product.

Deyan Sudjic

Konstantin Grcic entwarf 1998/99 die Leuchte *Mayday* und kreierte damit ein Objekt, das erschwinglich und von der Industrie einfach, kostengünstig und massenhaft zu produzieren war. Der italienische Leuchtenhersteller Flos inszenierte die Leuchte zunächst mit minimalem Aufwand – als freistehendes Objekt vor neutralem Hintergrund. Später produzierte Grcic mit dem befreundeten Fotografen Florian Böhm eine alternative Inszenierung. Zwanzig Jahre darauf zeigte die Journalistin und Bloggerin Jasmin Jouhar die Leuchte auf ihrem Instagram-Account, den sie der *Mayday* und den Lebenswelten ihrer Besitzer*innen gewidmet hat. Viktoria Lea Heinrich spricht mit Konstantin Grcic über den Entwurfsprozess dieses ikonischen Objekts und über den Wandel in der Inszenierung von Design in einer sich verändernden Medienlandschaft.

VH   Wir sprechen über deine Leuchte *Mayday*, die 1999 von Flos auf den Markt gebracht wurde. Wie kam es zu diesem Entwurf und der langjährigen Kooperation mit Flos?

KG   Das Projekt war selbstinitiiert. Die *Mayday* war mein erstes Projekt für die Firma, und solche Anfangsprojekte sind immer wackelig. Damals war mein Büro noch ziemlich jung, und die Zusammenarbeit mit einer renommierten Firma wie Flos bedeutete eine große Chance. Genau davon hatte ich geträumt. Der Kontakt zu Flos entstand ursprünglich durch einen Artikel in der Zeitschrift *Domus* im November 1993, in dem mich der italienische Designkritiker Marco Romanelli als junges Talent porträtierte.[1] Dazu war mein Modell einer kugelförmigen Lampe abgebildet, die an einem Scherengitter von der Decke

A Conversation with Konstantin Grcic

Konstantin Grcic designed the *Mayday* lamp in 1998–99, creating an object that was affordable as well as simple and cost-effective for the industry to mass produce. The Italian lighting company Flos initially staged the lamp with a minimum of fuss—as a free-standing object in front of a neutral background. Grcic later produced an alternative presentation together with his friend, the photographer Florian Böhm. Twenty years later, the journalist and blogger Jasmin Jouhar featured the lamp on an Instagram account dedicated to the *Mayday* and the living environments of its owners. Viktoria Lea Heinrich spoke with Konstantin Grcic about the design process for this iconic object and the transformation in the staging of design in a changing media landscape.

VH   We're talking about your *Mayday* lamp, which was launched by Flos in 1999. How did the design and longstanding collaboration with Flos come about?

KG   I initiated the project myself. The *Mayday* was my first object for the company, and such initial projects are always shaky. My office was still quite new at the time, and working with a renowned company like Flos was a great opportunity. It was exactly what I had dreamed of. The contact with Flos originally came about through an article in the magazine *Domus* in November 1993, in which the Italian design critic Marco Romanelli portrayed me as a young talent.[1] It featured my model of a spherical lamp hanging from the ceiling on scissor arms. On the basis of this article,

Piero Gandini, who had taken over Flos from his father in 1997, contacted me. He found the design of the scissor lamp interesting, but he wasn't focused just on this specific lamp. He was on the lookout for new designers and invited me to meet him in person. It was very noncommittal at first; we explored our commonalities and contemplated what working together could be like. The first joint project was a very technical lamp called *Boxer*. The diecast aluminum housing resembled a baking tin with a light source. I imagined that they would be hung in large numbers in underground garages, but the result was bulky and far too expensive. At that moment, my dream with Flos could have been over—but the idea for the *Mayday* was born precisely out of this need.

VH   How did the collaboration with Flos differ from that with other manufacturers at that time?

KG   I was already working with the furniture manufacturers SCP Ltd, ClassiCon, and Nils Holger Moormann. My collaboration with the German firm Authentics was especially important. This company near Stuttgart made everyday products from translucent polypropylene. The look and feel of these items was completely new and exciting at the time because they combined artistic expression and industrial production. A very intensive collaboration and close friendship developed between Hansjerg Maier-Aichen, the founder and creative head of the company, and myself. He gave me a lot of creative freedom. I was able to try things out, and in the process I learned a great deal. At that time,

hängt. Auf Grundlage dieses Artikels nahm Piero Gandini, der Flos 1997 von seinem Vater übernommen hatte, Kontakt zu mir auf. Er fand den Entwurf der Scherenlampe interessant, aber es ging ihm nicht unbedingt nur um diese konkrete Leuchte. Er hielt Ausschau nach neuen Designer*innen und lud mich zu einem persönlichen Kennenlernen ein. Das blieb zunächst sehr unverbindlich, wir loteten Sympathien füreinander aus und überlegten, wie eine Zusammenarbeit aussehen könnte. Das erste gemeinsame Projekt war eine sehr technische Lampe namens *Boxer*. Das im Aluminium-Druckguss gefertigte Gehäuse ähnelte einer Kasten-Backform mit Leuchtmittel. Ich stellte mir vor, dass man sie massenweise in Tiefgaragen aufhängen würde, aber das Ergebnis war sperrig und viel zu teuer. In diesem Moment hätte mein Traum mit Flos schon vorbei sein können – aber genau aus dieser Not entstand dann die Idee zu *Mayday*.

VH   Wie unterschied sich die Zusammenarbeit mit Flos von der mit anderen Herstellern zu diesem Zeitpunkt?

KG   Ich arbeitete schon mit den Möbelherstellern SCP Ltd, ClassiCon und Nils Holger Moormann zusammen. Besonders wichtig war die Kooperation mit dem deutschen Unternehmen Authentics. Die Firma in der Nähe von Stuttgart stellte Alltagsprodukte aus transluzentem Propylen her. Die Anmutung dieser Dinge war damals völlig neu und spannend, weil sich künstlerischer Ausdruck und industrielle Fertigung darin trafen. Zwischen Hansjerg Maier-Aichen, dem Gründer und kreativen Kopf des Unternehmens, und mir entwickelte sich eine sehr intensive Zusammenarbeit und enge Freundschaft. Maier-Aichen hat mir viele Freiheiten gelassen. Ich konnte mich ausprobieren und habe dabei enorm viel gelernt. Mein Büro hieß damals noch Konstantin Grcic Industrial Design, da ich genau das wollte – für die Industrie arbeiten. Mein Ideal von Design war, Produkte günstig und effizient und dennoch in sehr hoher Qualität herstellen zu können. Authentics war die erste Firma, die mir diese Möglichkeiten bot, allerdings waren es relativ niederkomplexe Kunststoffprodukte wie zum Beispiel der Papierkorb *Square* oder der Wäschekorb *2-Hands*. Die *Mayday*-Lampe für Flos wurde auch im Kunststoff-Spritzgussverfahren und für eine große Serie entwickelt, aber die technischen Anforderungen an eine elektrische Lampe waren deutlich komplexer als das, was ich von Authentics kannte.

VH   Wie wichtig war die Zusammenarbeit mit der Entwicklungsabteilung von Flos, insbesondere bei der technischen Umsetzung von *Mayday*? Welchen Einfluss hatte sie auf den Entwurf?

KG   Eine Firma wie Flos, die in der besten Tradition italienischer Nachkriegsunternehmen steht, verfügt über eine hervorragende technische Entwicklungsabteilung mit hochqualifizierten Ingenieur*innen, die dafür verantwortlich sind, die Ideen der Designer*innen umzusetzen. Oft wird die Bedeutung dieser Abteilung innerhalb der Unternehmen unterschätzt. Damals war ich noch jung und sicherlich unerfahren, doch auch heute ist es noch so, dass die Zusammenarbeit mit den Ingenieur*innen eine entscheidende Rolle in der Designentwicklung spielt. Gute Ingenieur*innen sind auf die technische Konstruktion und Umsetzbarkeit fokussiert, was wiederum Einfluss auf das Design hat.

VH   Unternehmen wie Flos oder auch Authentics sind also auf dich aufmerksam geworden, und aus Gesprächen entwickelten sich dann Kollaborationen. Wie muss ich mir generell die Situation für Designer*innen Ende der 1990er Jahre vorstellen?

KG In den 1980er Jahren war es darum gegangen, alte Strukturen aufzubrechen und hinter sich zu lassen. Beherrschend war das Gefühl der Befreiung und Freiheit. Die Zeit war vor allem geprägt von Designmanifesten, Experimenten und Prototypen, von starken Bildern und insbesondere von gestalterischer Autonomie. Diese bedeutete unter anderem auch, dass man sich aus den Abhängigkeiten industrieller Produktion lösen wollte. Meine Generation wollte dann in den 1990er Jahren diese neu gewonnenen Freiheiten konsolidieren und in konkrete Produkte überführen. Wir wollten wieder die Industrie ansprechen. Dabei muss man differenzieren: In den 1980er Jahren kam ein starker Impuls aus Italien, wo Gruppen wie zum Beispiel Memphis von der Industrie und Unternehmen wie Artemide unterstützt und finanziert wurden. Die Situation in Deutschland war eine andere.

VH Welches Designverständnis prägte die deutsche Designszene in dieser Zeit?

KG In Städten wie Hamburg, Berlin, Frankfurt oder München gab es damals kaum Unterstützung aus der Industrie. Die Designer*innen des sogenannten Neuen Deutschen Designs arbeiteten hauptsächlich in ihren eigenen Werkstätten mit verfügbaren Materialien und konzentrierten sich darauf, Einzelstücke oder kleine Serien zu schaffen.[2] Meine eigene Haltung setzte immer auf das Ideal einer Zusammenarbeit mit der Industrie. Die Vorbilder der Designgeschichte, die mich besonders geprägt haben, kamen genau aus dieser Partnerschaft zwischen Design und Industrie. In den 1990er Jahren erlebte die Designszene eine Hinwendung zur Industrie, mit prominenten Designern wie Philippe Starck, Marc Newson und Jasper Morrison, die für Flos arbeiteten. Die Zeitschrift *Domus* wurde zu einem wichtigen

my office was still called Konstantin Grcic Industrial Design, because that's exactly what I wanted to do—work for industry. My ideal of design was to be able to manufacture products cheaply and efficiently and yet with very high quality. Authentics was the first company to offer me these opportunities, although they were relatively low-complexity plastic products, such as the *Square* wastepaper bin or the *2-Hands* laundry basket. The *Mayday* lamp for Flos was also developed using plastic injection molding and for a large series, but the technical requirements for an electric lamp were much more complex than what I was accustomed to at Authentics.

VH How important was the cooperation with the research and development department at Flos, especially as regards the technical realization of the *Mayday*? What influence did it have on the design?

KG A company like Flos, which follows in the best tradition of postwar Italian companies, has an excellent technical development department with highly qualified engineers who are responsible for implementing the designers' ideas. The importance of this department within the business is often underestimated. At that time I was still young and certainly inexperienced, but even today it is still the case that collaborating with engineers plays a crucial role in design development. Good engineers focus on technical construction and feasibility, which in turn has an influence on the design.

VH So companies like Flos or Authentics became aware of you, and conversations then developed into collaborations. How

should I imagine the situation for designers in general at the end of the 1990s?

KG The 1980s were about dismantling old structures and leaving them behind. The feeling of liberation and freedom prevailed. The period was marked above all by design manifestos, experiments, and prototypes, by vivid images, and especially by the autonomy of design. This meant, among other things, that you wanted to free yourself from dependency on industrial manufacturing. Then in the 1990s, my generation wanted to consolidate these newly gained freedoms and translate them into specific products. We wanted to communicate with industry again. But one has to differentiate: in the 1980s, a powerful impulse came from Italy, where groups such as Memphis were supported and financed by industry and by companies like Artemide. The situation in Germany was different.

VH What conception of design dominated the German design scene at that time?

KG In cities like Hamburg, Berlin, Frankfurt, or Munich there was hardly any support from industry. The designers of the so-called New German Design worked primarily in their own workshops with available materials and concentrated on making single pieces or small series.[2] My own approach was always focused on the ideal of collaborating with industry. The examples from the history of design that made a strong impact on me came precisely from this partnership between design and industry. In the 1990s, the design scene experienced a turn toward industry, with prominent designers like Philippe Starck, Marc Newson, and Jasper

Im Gespräch: Konstantin Grcic
A Conversation with Konstantin Grcic

234

Sprachrohr für diese Entwicklung. Trotz des neuen Fokus auf innovative Designer*innen setzte Flos weiterhin auf langjährige Kooperationen, etwa mit Achille Castiglioni, der auch in den 1990ern noch aktiv war. Castiglionis Einfluss blieb spürbar, und Piero Gandini war immer noch im Austausch mit ihm. Castiglionis Lampe *Diabolo* wurde zeitgleich mit der *Mayday* auf der Mailänder Möbelmesse 1998 vorgestellt. 1997 hatte er die Auszeichnung „Designer des Jahres 1997" der Zeitschrift *AW Architektur + Wohnen* erhalten, und ein Teil dieser Auszeichnung war die Förderung der jungen Designer*innen. Castiglioni wählte mich für diese Förderung aus. Es gab also eine direkte Beziehung, und obwohl *Mayday* vielleicht anders und neu war, passte sie dennoch zu Castiglionis Designauffassung. Er sah die Lampe fast wie ein Spielzeug oder ein Werkzeug.

VH Die *Mayday* ist ein industriell hergestelltes Produkt, die mit ihrem Werkzeugcharakter eine ganz eigene Ästhetik ausstrahlt. Die Frage der Inszenierung spielt eine wichtige Rolle bei der Vermarktung und Präsentation eines neuen Produkts. Wie wurde die Leuchte von Flos damals in Szene gesetzt?

KG Wenn wir über die späten 1990er Jahre sprechen, muss man bedenken, dass zu diesem Zeitpunkt weder das Internet noch die digitale Fotografie verbreitet waren. Das vorherrschende Medium war Print, insbesondere Zeitschriften und Editorials und Werbung, die geschaltet werden konnte. Auch Messen wie die Mailänder Möbelmesse hatten zu dieser Zeit noch eine andere Relevanz als heute. Die Vernetzung der Welt war auf den Moment der Veröffentlichung und den persönlichen Austausch angewiesen. Während einer Messe konnte man das neue Produkt überhaupt das erste Mal sehen. An die Inszenierung der

Morrison working for Flos. The magazine *Domus* functioned as a leading mouthpiece for this tendency. In spite of the new focus on innovative designers, Flos continued to rely on longstanding collaborations, such as with Achille Castiglioni, who was still active in the 1990s. Castiglioni's influence remained palpable, and Piero Gandini was always in touch with him. Castiglioni's *Diabolo* lamp was presented together with the *Mayday* at the Milan Furniture Fair in 1998. The previous year, he had received the "Designer of the Year 1997" award from the magazine *AW Architektur + Wohnen*, an award that was intended in part to support young designers. Castiglioni chose me for this funding. And so there was a direct connection, and although the *Mayday* may have been different and new, it still fit into Castiglioni's conception of design. He regarded the lamp as almost a toy or a tool.

VH The *Mayday* is an industrially manufactured product that radiates a very personal aesthetic because of its tool-like character. The question of *mise-en-scène* plays a vital role in the marketing and presentation of a new product. How was the lamp staged by Flos at that time?

KG When we talk about the late 1990s, you have to bear in mind that neither the Internet nor digital photography was widespread at that time. The predominant medium was print, especially magazines and editorials, as well as advertising that could be positioned. Trade fairs such as the Milan Furniture Fair had a different relevance at that time than they do today. Global networking was dependent on the moment of publication and on personal exchange.

It was at trade fairs that you could see a new product for the first time. I don't remember exactly how the *Mayday* was staged at the Flos stand, but I do know that back then, the photographer Ramak Fazel took pictures. The graphic designer Michael Loos (Michael Loos Visual Communications, Milan) designed the original packaging for the *Mayday*—a simple box that went well with the unpretentious appearance and easy handling of the product. The box was made of printed corrugated cardboard and deliberately kept simple, which was also the idea behind the product: a lamp that was very affordable and ordinary. You saw it, and if you liked it, you could buy it immediately and take it home. In those days, delivery times for design products were usually quite long, and Flos wanted to change that. The idea was to put the *Mayday* boxes on pallets in stores and market the product as a takeaway item. The minimal packaging was part of this concept. Another good example from this period is the advertising display, which is similar in shape and size to the actual *Mayday*. This means of communication was also created by Michael Loos, who designed the packaging. On the front is a photographic image of the *Mayday* and on the back are instructions for how and where the *Mayday* can be used—standing on the floor or hanging from the ceiling or from a hook on the wall (**figs. 1 + 2**).3 Even today, Flos still uses the same photo, showing the *Mayday* against a neutral background (**fig. 3**). What has always annoyed me in this picture is that the plug is omitted. You can see the long, black cable wound around the two spikes on the handle, but the most important part of the power supply is missing. It's interesting that even so, the marketing of the lamp is still effective.

Viktoria Lea Heinrich

Mayday auf dem Messestand von Flos erinnere ich mich nicht mehr genau, aber ich weiß, dass der Fotograf Ramak Fazel damals Bilder gemacht hat. Der Grafikdesigner Michael Loos (Michael Loos Visual Communications, Milan) hatte die erste Verpackung für die *Mayday* entworfen – eine einfache Schachtel, die gut zur unprätentiösen Aufmachung und leichten Handhabung des Produkts passte. Der Karton war aus bedruckter Wellpappe und bewusst schlicht gehalten, das war ja auch die Idee hinter dem Produkt: Eine Leuchte, die sehr günstig und alltäglich war. Man sieht sie, und wenn man sie mag, dann kann man sie sofort kaufen und mitnehmen. Damals waren die Lieferzeiten für Designprodukte meist lang, und das wollte Flos ändern. Die Idee war, die *Mayday*-Schachteln palettenweise in die Läden zu stellen und das Produkt als Mitnahme-Objekt zu vermarkten. Die reduzierte Verpackung war Teil dieses Konzepts. Ein weiteres gutes Beispiel aus dieser Zeit ist der Werbe-aufsteller, der in Form und Größe der tatsächlichen *Mayday* ähnelt. Dieses Kommunikationsmittel stammte ebenfalls von Michael Loos, der die Ver-packung entworfen hatte. Auf der Vorderseite ist die *Mayday* fotografisch ab-gebildet, und auf der Rückseite finden sich die Hinweise, wie und wo die *Mayday* verwendet werden kann – stehend auf dem Boden, hängend von der Decke oder an einem Haken an der Wand [Abb. 1 + 2].[3] Auch heute noch verwendet Flos das immer gleiche freigestellte Foto, das die *Mayday* vor neutralem Hinter-grund zeigt [Abb. 3]. Was mich immer schon ärgert ist, dass auf diesem Bild der Stecker abgeschnitten ist. Man sieht zwar das lange, schwarze, an den beiden Dornen am Griff aufgewickelte Kabel, aber der wichtigste Teil der Strom-zuführung fehlt. Es ist interessant, dass die Vermarktung der Lampe dennoch so funktioniert.

Abb. / Fig. 2:   Konstantin Grcic, Digitale Zeichnung der Mayday-Leuchte in unterschiedlichen Nutzungsszenarien / digital drawing of the Mayday lamp in various application scenarios, 1997–1998

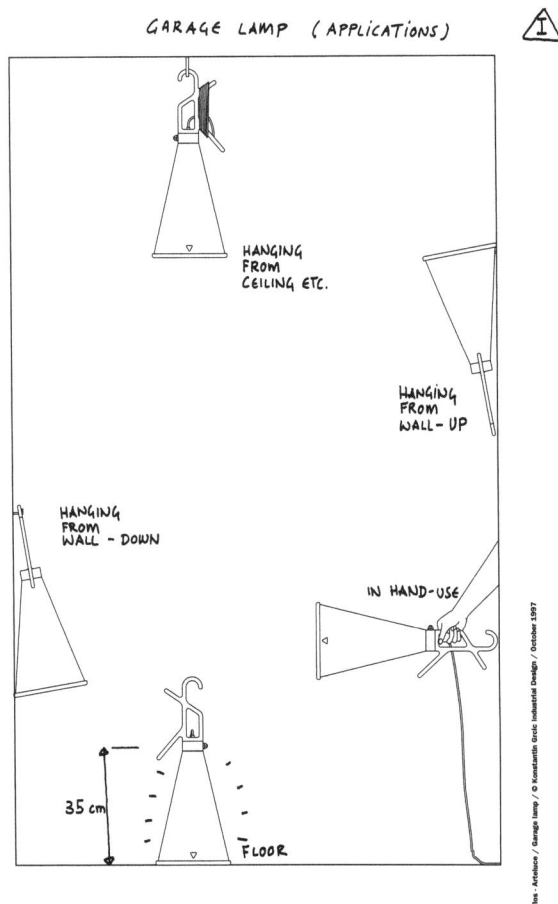

VH Welche Rolle spielte die Inszenierung und Vermarktung der *Mayday* im Vergleich zum Marketing für andere Produkte von Flos?

KG Flos legte großen Wert auf ein sehr zeitgenössisches und cooles Image der Produkte. Sie arbeiteten eng mit dem französischen Modefotografen Jean-Baptiste Mondino zusammen, der ikonische Fotokampagnen mit Philippe Starck, Marc Newson und anderen machte, die dann als ganzseitige Werbung für Flos auf Magazinrückseiten geschaltet wurden. Für die *Mayday* gab es diese Art der Inszenierung nicht. Die Lampe war ein Produkt, das sich im Markt über seine Einfachheit und den günstigen Preis behaupten sollte. Flos verstand die Lampe als Werkzeug, das man entweder braucht oder nicht. Und genau wie bei einem Schraubenzieher oder Hammer würde man sich dafür nie eine Werbekampagne ausdenken. Auch als die *Mayday* 2001 die Auszeichnung „Compasso d'Oro" des italienischen Verbands für Industriedesign (ADI) gewann, änderte Flos diese Strategie nicht.

VH Erst 2004 wurde die *Mayday* von dem Fotografen Florian Böhm und dir für die Publikation *KGID (Konstantin Grcic Industrial Design)* aufwendig inszeniert.

KG Florian Böhm und ich arbeiteten damals an einer umfangreichen Monografie über meine Arbeit. Für unser Buch wollten wir die Produkte fotografisch ganz anders erzählen als die Industrie das tat. Uns ging es ja nicht darum, die Produkte abzubilden, um sie zu verkaufen. Wir wollten die Dinge lebendig machen und ihre Geschichten erzählen. Heute würde man das Storytelling nennen. Florian fotografierte Menschen, die Möbel tragen, Plastikkörbe, die auf einem See schwimmen oder die *Mayday* auf dem schmutzigen Boden einer Autowerkstatt. Es war eine aufregende Zeit, in der wir intensiv

VH What role did the staging and marketing of the *Mayday* play in comparison to the marketing for other Flos products?

KG Flos attached great importance to a very contemporary and cool image for their products. They worked closely with French fashion photographer Jean-Baptiste Mondino, who created iconic photo campaigns with Philippe Starck, Marc Newson, and others, which were then used as full-page advertisements for Flos on the back covers of magazines. This type of staging was not employed for the *Mayday*. The lamp was a product that was intended to assert itself on the market through its simplicity and low price. Flos saw the lamp as a tool that you either needed or didn't. And just like a screwdriver or a hammer, you would never come up with an advertising campaign for it. Even when the *Mayday* lamp won the "Compasso d'Oro" award from the Italian Association for Industrial Design (ADI) in 2001, Flos didn't change this strategy.

VH It wasn't until 2004 that the *Mayday* was elaborately staged by you and the photographer Florian Böhm for the publication *KGID (Konstantin Grcic Industrial Design)*.

KG Florian Böhm and I were working on an extensive monograph on my work. For our publication we wanted to narrate the products photographically in a very different way than the industry had done. We were not concerned with depicting the products in order to sell them. We wanted to make the objects come alive and tell their stories. Today, we would call this "storytelling." Florian photographed people carrying furniture, plastic baskets floating on a lake, or the *Mayday* on a dirty garage floor. It was an exciting time of

intense collaboration. We had the feeling of infinite creative freedom, and that inspired us to keep coming up with new ideas. Back then, Florian lived part-time in New York, so the pictures of the *Mayday* were spontaneously taken in an auto repair shop in the Bowery in Manhattan (**fig. 4** + **p. 180**). The staging of the lamp as a cool implement was taken up again by the Belgian newspaper *De Standaard* for a cover in 2000. A model in red boots uses the *Mayday* to illuminate the open engine compartment of a rusty pickup (**p. 179**).

VH What has changed since then?

KG Today, there are many more images than back then. Digital photography and the fact that we are all constantly taking pictures of everything with our smartphones has led to a veritable flood of images. But a lot of it is very short-lived, and although it has become so easy to take photos, the quality of images as a narrative tool has been lost. Social media enables a simultaneity of images that often seems very uniform to me. Without wanting to idealize the past, we had the feeling then that we were creating something completely new.

VH The *Mayday* was staged again in 2022 as an everyday tool, this time in an outdoor version with a comic by the illustrator Oscar Grønner.

KG I like the drawings because they tell a completely different story than the photos from the New York garage. Oscar's story has something romantic about it. It shows how the *Mayday* is used again and again in everyday life, at different

zusammengearbeitet haben. Wir hatten das Gefühl unendlicher kreativer Freiheit, und das beflügelte uns zu immer neuen Ideen. Florian lebte damals zum Teil in New York, die Fotos der *Mayday* sind spontan in einer Autowerkstatt in der Bowery in Manhattan entstanden (**Abb. 4** + **S. 180**). Die Inszenierung der Leuchte als cooles Werkzeug hat die belgischen Zeitung *De Standaard* im Jahr 2000 nochmals für ein Cover aufgegriffen. Ein Model mit roten Stiefeln leuchtet mit der *Mayday* in den geöffneten Motorraum eines rostigen Pick-ups (**S. 179**).

VH   Was hat sich seitdem verändert?

KG   Heute gibt es viel mehr Bilder als damals. Die digitale Fotografie und die Tatsache, dass wir alle ständig alles mit unseren Smartphones fotografieren, hat zu einer regelrechten Bilderflut geführt. Aber vieles ist sehr schnelllebig, und obwohl es so einfach geworden ist, Fotos zu machen, ist die Qualität der Bilder als Erzählmittel verloren gegangen. Social Media ermöglicht eine Gleichzeitigkeit von Bildern, die mir oft sehr uniform erscheint. Ohne die Vergangenheit verklären zu wollen, hatten wir zu dem Zeitpunkt das Gefühl, etwas völlig Neues zu schaffen.

VH   Die *Mayday* wurde 2022 erneut als alltägliches Werkzeug inszeniert, diesmal in einer Outdoor-Version mit einem Comic des Illustrators Oscar Grønner.

KG   Ich mag die Zeichnungen, weil sie eine ganz andere Geschichte erzählen als die Fotos aus der New Yorker Werkstatt. Oscars Erzählung hat etwas Romantisches. Sie zeigt, wie die *Mayday* im Alltag immer wieder genutzt wird, zu verschiedenen Zeiten und an unterschiedlichen Orten. Besonders spannend ist die enge Beziehung zwischen Mensch und Lampe, die in den

times and in different places. The close relationship between human and lamp that becomes visible in the illustrations is particularly exciting. The handle of the lamp is an invitation to interact—a simple trick that I used to employ frequently: a hole becomes a handle that immediately establishes a relationship with the object—a kind of active empowerment of the user. The *Mayday* makes use of a certain symbolism or sign prompt that is inherent in its design. People intuitively know how they want to use the lamp. The illustrations by Oscar Grønner show this too.

VH   Since 2022, the journalist Jasmin Jouhar has published photographs on her Instagram account @made_my_mayday, in which the *Mayday* can be seen in various contexts of use: in private households, public institutions, as an exhibition object, or in a stable. The lamp enjoys great popularity among certain connoisseurs and in the design and architecture scene. Is this the only example of how one of your objects has become the subject of social media?

KG   I know Jasmin Jouhar, but I didn't know about her Instagram account at first. She launched that account on her own (**p. 180**).4 Independently of that, I had started collecting pictures of my products in use, because I was always interested in the different ways people employ them. In addition to the *Mayday*, the *chair_ONE* for Magis (2003) and the *Stool-Tool* for Vitra (2016) also went viral on social media. There, people show how they use these objects in their everyday lives. I always found these photos exciting because they offer a true glimpse into the users' reality. As a designer, the best thing is to see your product in the real world—it's

even better when people use things without knowing who designed them. I've always been curious about these images.

VH   So the *Mayday* as a utilitarian object is much more important for you than information on the lamp's designer?

KG   Yes, that hardly interests anyone, does it? Yet I would still like to differentiate a bit here: There are many beautiful pictures in which the *Mayday* casually appears in everyday situations. And then there is the deliberate staging, in which the lamp becomes the protagonist. Both are fascinating. What interests me is that the *Mayday* is sometimes a practical solution and sometimes a design statement. But in both types of *mise-en-scène*, the lamp is very approachable in its form and appearance. There is no psychological barrier that sparks questions like "Can I touch it? Is that design? Can I afford it?" or even "Does the lamp suit me?"

VH   You said that there were unconscious as well as deliberate stagings of the *Mayday*. Can you explain that in more detail?

KG   There are situations in which the *Mayday* appears without necessarily being the center of attention. It is simply part of the household, almost like when you have a hammer or a broom somewhere and get it out when you need it. At the same time, there are very deliberate stagings. In them, the lamp as a design object is clearly a part of a studied context. It then becomes a symbol for a certain lifestyle and attitude.

Illustrationen sichtbar wird. Der Griff der Leuchte ist eine Einladung zur Interaktion – ein einfacher Trick, den ich früher häufiger verwendet habe: Ein Loch wird zum Griff, der sofort eine Beziehung zum Objekt herstellt – eine Art aktives Ermächtigen der Nutzer*in. Die *Mayday* bedient sich dabei einer bestimmten Symbolik oder Zeichenaufforderung, die der Gestaltung inhärent sind. Menschen wissen intuitiv, wie sie die Lampe nutzen wollen. Das stellen auch die Illustrationen von Oscar Grønner dar.

VH   Seit 2022 veröffentlicht die Journalistin Jasmin Jouhar auf ihrem Instagram-Account @made_my_mayday Fotografien, auf denen die *Mayday* in verschiedenen Nutzungskontexten zu sehen ist – in privaten Haushalten, öffentlichen Einrichtungen, als Ausstellungsobjekt oder in einem Stall. Die Leuchte erfreut sich großer Beliebtheit unter bestimmten Kenner*innen und in der Design- und Architektur-Szene. Ist dies das einzige Beispiel dafür, wie ein Objekt von dir Gegenstand der sozialen Medien geworden ist?

KG   Ich kenne Jasmin Jouhar, aber von ihrem Instagram-Account wusste ich anfangs nichts. Sie hat diesen Account eigenständig ins Leben gerufen (S.180).4 Unabhängig davon hatte ich selbst begonnen, Bilder von der Nutzung meiner Produkte zu sammeln, weil mich die unterschiedlichen Arten, wie Menschen sie verwenden, immer interessiert haben. Neben der *Mayday* hat sich auch der *chair_ONE* für Magis (2003) und der *Stool-Tool* für Vitra (2016) in den sozialen Medien verbreitet. Dort zeigen Menschen, wie sie diese Objekte in ihrem Alltag nutzen. Ich fand diese Fotos immer spannend, weil sie einen echten Einblick in die Realität der Nutzer*innen bieten. Als Designer ist es das Schönste, das eigene Produkt in der realen Welt zu sehen – noch toller ist es,

Abb. / Fig. 3:   Unbekannt / Unknown, offizielles Produktfoto für Mayday / official product photo for Mayday, 2024 (Design für / for Flos, Bovezzo)

wenn Menschen Dinge benutzen, ohne zu wissen, von wem sie entworfen sind. Ich war immer neugierig auf diese Bilder.

VH Die *Mayday* als Gebrauchsobjekt ist für dich also viel wichtiger als die Information über den Gestalter der Leuchte?

KG Ja, das interessiert eigentlich kaum, oder? Und trotzdem möchte ich hier differenzieren: Es gibt viele schöne Bilder, auf denen die *Mayday* beiläufig im Alltag zu sehen ist. Und dann gibt es die bewussten Inszenierungen, in denen die Leuchte zur Protagonistin wird. Beides ist interessant. Mich interessiert dabei, dass die *Mayday* mal eine praktische Lösung ist und mal ein Design-Statement. Für beide Szenarien gilt aber, dass die Lampe in ihrer Form und Anmutung sehr nahbar ist. Es gibt also keine besondere Hemmschwelle, die Fragen aufwirft wie: „Darf ich das anfassen? Ist das Design? Kann ich mir das leisten?", oder auch „Passt die Lampe zu mir?"

VH Du hast gesagt, es gibt sowohl unbewusste als auch bewusste Inszenierungen der *Mayday*. Kannst du das näher erläutern?

KG Es gibt Situationen, in denen die *Mayday* auftaucht, ohne dass sie unbedingt im Mittelpunkt steht. Sie ist einfach Teil des Haushalts, fast so, wie man eben irgendwo einen Hammer oder Besen hat und den herausholt, wenn man ihn braucht. Gleichzeitig gibt es auch sehr bewusste Inszenierungen. Hier ist die Leuchte als Designobjekt klar Teil eines durchdachten Kontexts. Die Lampe ist dann Sinnbild für einen bestimmten Lebensstil und eine Haltung.

Abb. / Fig. 4:   Florian Böhm, Mayday, NYC, 2004

1
Marco Romanelli, „Konstantin Grcic. Tra il 1990
e il 1993", in: Giovanna Mazzocchi Bordone (Hg.),
Domus, Nr. 754, November 1993, S. 68.
2
Ausführlich zum Verständnis des Kunstmarkts
der 1980er Jahre siehe Claudia Banz, „Vom
besseren Wohnen über die Galerie zum Kunstmarkt und zurück", in: Tobias Hoffmann und
Markus Zehentbauer (Hg.), Schrill Bizarr Brachial.
Das Neue Deutsche Design der 80er Jahre, Köln
2014, S. 104–129.

3
Diese Nutzungshinweise basieren auf einer
digitalen Zeichnung der Mayday und ihrer unterschiedlichen Verwendungen, die Konstantin
Grcic im Oktober 1997 anfertigte. (Abb. 2)

4
„Die Motivation hinter dem Projekt war, die Vielzahl
von Verwendungsmöglichkeiten der Leuchte zu
veranschaulichen und zu zeigen, wie Menschen
die Mayday in ihren Alltag integrieren und für sich
persönlich anpassen – sie sich also aneignen
(daher der Account-Name @made_my_mayday).
Das Wortspiel mit ‚Made my Day' drückt die
Freude aus, die darin liegt, die individuellen An-
eignungen zu beobachten und die darin zum
Ausdruck kommende Kreativität zu würdigen.
In diesem Kontext versteht sich der Account
auch als Hommage an das Design der Leuchte,
das die verschiedenen Möglichkeiten der Aneignung erst ermöglicht." Aus der Korrespondenz
zwischen Jasmin Jouhar und Viktoria Lea Heinrich,
16.10.2024.

1
Marco Romanelli, "Konstantin Grcic. Tra il 1990
e il 1993," Domus 754 (November 1993): 68.
2
For an extensive discussion of the art market
of the 1980s, see Claudia Banz, "Vom besseren
Wohnen über die Galerie zum Kunstmarkt
und zurück," in Schrill Bizarr Brachial. Das Neue
Deutsche Design der 80er Jahre, ed. Tobias
Hoffmann and Markus Zehentbauer (Cologne:
Wienand, 2014), 104–29.

3
The instructions for use are based on a
digital drawing of the Mayday and its various
applications made by Konstantin Grcic in
October 1997 (fig. 2).

4
"The motivation for the project was to make
visible the many ways in which the lamp can be
used as well as to show how people integrated
the Mayday into their everyday lives and
adapted it for themselves. In other words, how
they appropriated it (thus the account name
@made_my_mayday). The pun on 'made my day'
expresses the joy that arises from observing
the individual examples of appropriation and from
the creativity inherent in such adoptions. In this
way the account also represents an homage
to the lamp's design, which makes the various
forms of appropriation possible in the first place."
From correspondence between Jasmin Jouhar
and Viktoria Lea Heinrich, October 16, 2024.

Viktoria Lea Heinrich

Konstantin Grcic

ist ein Designer, der Funktion in menschlichem Maßstab definiert und formale Strenge mit großer intellektueller Schärfe und Humor verbindet. Seine Arbeit ist geprägt von sorgfältigen Recherchen in der Kunst-, Design- und Architekturgeschichte und seiner Leidenschaft für Technologie und Materialien.

Viktoria Lea Heinrich

ist seit 2024 Kuratorin und Leiterin der Sammlung Kunstgewerbe und Design am MK&G. Sie studierte Industriedesign und Designwissenschaft in Dresden und Essen. Die Schwerpunkte ihrer Arbeit liegen in der Designgeschichte ab 1950 und Mikrogeschichte. Im Rahmen ihrer Dissertation forscht sie über den Designer und Hochschullehrer Hans Roericht.

Tanja Hwang

hat Kunstgeschichte und Medienwissenschaften studiert und ist seit 2024 Kuratorin für modernes Design am Museum of Modern Art in New York. Ihre Forschungsinteressen liegen in den Bereichen Visuelle Kultur und Ästhetik. Sie hat an der Ausstellung *An Eames Celebration* (2017) und dem *Eames Furniture Sourcebook* mitgearbeitet.

Linus Rapp

ist Historiker, Autor und freier Kurator. Er wurde 2020 an der Folkwang Universität der Künste Essen mit einer Arbeit zur Ausstellungsgestaltung an der Hochschule für Gestaltung (HfG) Ulm promoviert. Zu den Schwerpunkten seiner Forschung gehören die HfG Ulm, das Schaffen von Otl Aicher sowie Ausstellungsgeschichte und Grafikdesign.

Esther Ruelfs

hat Kunstgeschichte studiert und ist seit 2013 Kuratorin und Leiterin der Sammlung Fotografie und neue Medien am MK&G. Sie interessiert sich für die Kontexte der Fotografie und hat zu fotohistorischen und gesellschaftsrelevanten Themen gearbeitet, zuletzt: *Mining Photography. Der ökologische Fußabdruck der Bildproduktion* (2022).

Sven Schumacher

studierte Kunstgeschichte an der Universität Hamburg und Visuelle Kommunikation an der Hochschule für Bildende Künste Hamburg und ist wissenschaftlicher Mitarbeiter der Sammlung Fotografie und neue Medien des MK&G.

Deyan Sudjic

war Direktor des Design Museums, London, und ist Professor für Architektur- und Designstudien an der Lancaster University. Als Gründungsredakteur von *Blueprint*, einer Zeitschrift für zeitgenössische Architektur und Design, im Jahr 1983 und als Redakteur von *Domus* von 2000 bis 2004 erlebte er unmittelbar, wie Designer*innen Teil einer Kultur der Prominenz wurden.

Konstantin Grcic

is a designer who defines function in human terms, combining formal rigor with intellectual acuity and humor. His work is shaped by careful study of the history of art, design, and architecture and by his passion for technology and materials.

Viktoria Lea Heinrich

has been curator and head of the Applied Arts and Design Collection at the MK&G since 2024. She studied industrial design and design theory in Dresden and Essen. Her work concentrates on the history of design after 1950 and microhistory. For her dissertation, she is conducting research on the designer and professor Hans Roericht.

Tanja Hwang

studied art history and media science and has been curator of modern design at the Museum of Modern Art in New York since 2024. Her research focuses on the areas of visual culture and aesthetics. She has worked on the exhibition *An Eames Celebration* (2017) as well as the *Eames Furniture Sourcebook*.

Linus Rapp

is a historian, author, and independent curator. He received his doctorate from the Folkwang Universität der Künste in Essen with a dissertation on exhibition design at the Hochschule für Gestaltung (HfG) in Ulm. His research focuses primarily on the HfG Ulm, the work of Otl Aicher, and the history of exhibitions and graphic design.

Esther Ruelfs

has a degree in art history and has been curator and head of the Photography and New Media Collection at the MK&G since 2013. She is interested in the contexts of photography and has worked on photographic-historical and socially relevant topics, most recently on *Mining Photography. The Ecological Footprint of Image Production* (2022).

Sven Schumacher

studied art history at the Universität Hamburg and visual communication at the Hochschule für Bildende Künste Hamburg. He is a research associate in the Photography and New Media Collection at the MK&G.

Deyan Sudjic

is Director Emeritus of the Design Museum, London, and Professor of Architecture and Design Studies at Lancaster University. As founding editor of *Blueprint*, a magazine for contemporary architecture and design, in 1983 and editor of *Domus* from 2000 until 2004, he saw designers become part of the culture of celebrity at first hand.

Dank / Acknowledgments
Volker Albus, Frankfurt a. M.
Hendrik A. Berinson, Berlin
Florian Böhm
Uwe Bölts, Archiv der Böttcherstraße, Bremen
Dr. Michaela Breil, Staatliches Textil- und Industriemuseum Augsburg
Dr. Jörn Brinkhus und Heike Grünbauer, Staatsarchiv Bremen
Dr. Julia Bulk, Wilhelm Wagenfeld Stiftung
Santi und Alvaro Caleca, Mailand / Milan
Mahaut Champetier de Ribes, Starck Network, Paris
Thomas Derda, Berlin
Ramak Fazel, New York
Michael Feith, Hamburg
Dr. Simone Förster, Stiftung Ann und Jürgen Wilde, Pinakothek der Moderne, München / Munich
Konstantin Grcic, Berlin
Jojo Gronastay, Wien / Vienna
Judith Hanft, Schott Archiv, Jena
Kathrin Hasskamp, Berlin
Hillary Hatch-Conrad, Köln / Cologne
Manfred Heiting, Los Angeles
Petra Helck, Galerie Kicken Berlin
Günther Höhne, Berlin
Silke Ihden-Rothkirch, Berlin
Jasmin Jouhar, Berlin
Phil Kenny, Vitsœ, Lamington Spa
Burckhard Kieselbach, Bramsche
Prof. Dr. Klaus Klemp und Cassandra Peters, Rams Foundation Archive im
Museum für Angewandte Kunst, Frankfurt a. M.
Thorsten Krause, Haus der Geschichte der Bundesrepublik Deutschland, Bonn/Berlin
Dr. Susan Krüger Saß
Rouli Lecatsa, Hamburg
Wilfried Leuthold und Dr. Detmar Schäfer, Pelikan GmbH, Hannover
Dr. Katrin Lege, Boehringer Ingelheim
Michael Loos, Mailand / Milan
Ute Mahler, Berlin
Dr. Martin Mäntele und Christiane Wachsmann, HfG Archiv Museum Ulm
Almut Müller, Düsseldorf
Klara Nemeckova, Kunstgewerbemuseum, Staatliche Kunstsammlungen Dresden
Andreas Nutz, Weil am Rhein
Horst Oberquelle, Hamburg
Katia Reich, Berlinische Galerie, Berlin
Christa Scheld, HfG Offenbach a. M.
Claudia Schneider-Esleben, Hamburg
Thomas Seelig und Petra Steinhardt, Museum Folkwang, Essen
Prof. Dr. René Spitz, Köln / Cologne
Christina Stehr, bpk-Bildagentur
Dr. Lucie Vlčková, U(P)M. The Museum of Decorative Arts in Prague
Ulrich Wüst, Berlin

Leihgeber*innen / Lenders
  Archiv Ann und Jürgen Wilde
  Archiv der Böttcherstraße, Bremen
  Archivio Ugo Mulas, Mailand / Milan
  Pierre Balmain SAS, Paris
  Bauhaus-Archiv Berlin
  Florian Böhm
  bpk-Bildagentur, Berlin
  Santi Caleca, Mailand / Milan
  Civico Archivio Fotografico, Musei del Castello Sforzesco, Mailand / Milan
  Computer-Museum, Hamburg
  Eames Office, LLC, Los Angeles
  Emilio Fioravanti, Mailand / Milan
  Flos S.p.A., Bovezzo
  Galerie Gianni Manhattan, Wien / Vienna
  Konstantin Grcic Design GmbH, Berlin
  Helmut Hannes, Bremen
  Viktoria Lea Heinrich, Kassel
  HfG-Archiv Museum Ulm
  Hochschule für Gestaltung, Offenbach a. M., Archiv Wolfgang Schmidt
  Jasmin Jouhar, Berlin
  Julian Rr. v. Klier, München / Munich
  KPM Königliche Porzellan-Manufaktur Berlin
  Kunstmuseum Moritzburg Halle (Saale)
  Maāt Gallery, Paris
  Jean-Baptiste Mondino
  Museum Folkwang, Essen
  Museum für Gestaltung Zürich
  Ian Padgham (@origiful)
  Pelikan GmbH, Hannover
  The Irving Penn Foundation, New York
  Privatsammlung, Niederlande / private collection, Netherlands, courtesy Galerie Derda, Berlin
  Privatsammlung / private collection, Hamburg
  Rams Foundation Archive im Museum für Angewandte Kunst, Frankfurt a. M.
  Sammlung Sabine Bohle-Heintzenberg
  Tapetenfabrik Gebr. Rasch, Bramsche
  Claudia Schneider-Esleben, Hamburg
  Schott Archiv, Jena
  Sprengel Museum Hannover
  Staatliches Textil- und Industriemuseum Augsburg
  Staatsarchiv Bremen
  Stiftung F.C. Gundlach, Hamburg
  Stiftung Haus der Geschichte der Bundesrepublik Deutschland, Berlin, Bonn
  Stiftung Jüdisches Museum Berlin
  Telfar, New York
  Juergen Teller Ltd, London
  U(P)M. The Museum of Decorative Arts in Prague
  Wilhelm Wagenfeld Stiftung, Bremen

Ausstellung / Exhibition

Direktorin / Director
    Tulga Beyerle
Kaufmännischer Geschäftsführer / Business Manager
    Alexander Stockinger
Kuratorinnen / Curators
    Esther Ruelfs, Viktoria Lea Heinrich
Kuratorische Beratung / Curatorial consulting
    Julia Meer (Sammlung Grafik & Plakat / Graphics & Poster
    Collection), Bisrat Negassi (Sammlung Mode & Textil /
    Fashion & Textile Collection), Erika Pinner (Sammlung
    Kunstgewerbe & Design / Applied Arts & Design Collection)
Projektleitung / Project management
    Dennis Conrad
Wissenschaftliche Mitarbeit / Research assistance
    Thorben Frieling, Sven Schumacher
Ausstellungsgestaltung / Exhibition design
    Katleen Arthen
Praktikant*innen / Interns
    Nicholas Siao-Claassen, Katharina Pottmeier
Werkstudent / Student assistant
    Lucas Stübbe
Grafische Gestaltung / Graphic design
    strobo B M
Ausstellungsproduktion / Exhibition production
    Hauke Stoelken
Wissenschaftliche Referentinnen der Direktorin /
Research assistants to the director
    Nina Lucia Gross, Stephanie Regenbrecht

Assistentin der Direktorin /
Administrative assistant to the director
    Gerrit Irmela Scharpen
Registrar / Registrar
    Ludovica Chiodi, Lennart Schütt
Kommunikation / Communication
    Ulrike Blauth, Lisa Enders, Philipp Göbel, Gudrun Herz,
    Dominik Nürenberg, Silke Oldenburg
Bildung & Vermittlung / Education
    Friederike Fankhänel, Manuela van Rossem
Restaurierung / Conservation
    Carola Klinzmann, Patricia Rohde-Hehr,
    Maximilian Muncke, Alicia Fisch
Sammlungsmanagement / Collection management
    Jenny Brauer, Joanna Kłysz-Hackbarth, Katharina Müller,
    Sven Schumacher, Klaus Stemmler, Stefanie Zimmern
Technische Leitung / Technical direction
    Dennis Gabriel
Medientechnik / Media services
    Leonie Krüger
Ausstellungs- & Haustechnik / Technical services
    Sabine Deguttis, Moritz Klostermann, Damian Kowalczyk,
    Moritz Krantz, Mike Martens, Ahmed Salmann,
    Petra Schoof, Andreas Torneberg
Veranstaltungsmanagement / Event management
    Julia Bremer, Lennart Schütt
Verwaltung / Administration
    Birthe Tredup, Kai Heitmann, Silke Zimmermann

Förderer / Supported by
    Die Ausstellung wird gefördert durch den Ausstellungsfonds der Freien und Hansestadt Hamburg,
    die Hubertus Wald Stiftung und die Ernst von Siemens Kunststiftung. /
    The exhibition is sponsored by the Exhibition Fund of the Free and Hanseatic City of Hamburg,
    the Hubertus Wald Foundation, and the Ernst von Siemens Kunststiftung.

Hamburg | Behörde für Kultur und Medien   HUBERTUS WALD STIFTUNG   EvS ERNST VON SIEMENS KUNSTSTIFTUNG

Impressum Ausstellung und Bildnachweis
Imprint Exhibition and Photo Credits

Dieser Katalog erscheint anlässlich der Ausstellung /
This catalogue is published in conjunction with the exhibition
Hello Image
Die Inszenierung der Dinge / The Staging of Things
Museum für Kunst & Gewerbe Hamburg
4.4.2025–12.4.2026

Bibliografische Information der Deutschen Nationalbibliothek / Bibliographic information published by the
Deutsche Nationalbibliothek
Die Deutsche Nationalbibliothek verzeichnet diese
Publikation in der Deutschen Nationalbibliografie;
detaillierte bibliografische Daten sind über
https://www.dnb.de abrufbar. / The Deutsche Nationalbibliothek lists this publication in the Deutsche
Nationalbibliografie; detailed bibliographic data are
available at https://www.dnb.de.

ISBN 978-3-7774-4548-9

Erschienen im / Published by
Hirmer Verlag / Hirmer Publishers
Geschäftsführerin / Managing Director
Kerstin Ludolph
Bayerstraße 57–59
D-80335 München / Munich

www.hirmerverlag.de
www.hirmerpublishers.com
www.hirmerpublishers.co.uk

Herausgeberinnen / Edited by
Esther Ruelfs, Viktoria Lea Heinrich, Tulga Beyerle
Konzeption und Redaktion / Concept and editorial team
Esther Ruelfs, Viktoria Lea Heinrich
Projektleitung / Project management
Dennis Conrad
Wissenschaftliche Mitarbeit / Research assistance
Thorben Frieling, Sven Schumacher
Projektmanagement Hirmer Verlag /
Project management, Hirmer Publishers
Judith Kárpáty
Übersetzung aus dem Deutschen / Translation from the German
David Sánchez Cano
Übersetzung aus dem Englischen / Translation from the English
Nikolaus G. Schneider
Lektorat Deutsch / Copyediting German
Barbara Delius
Lektorat Englisch / Copyediting English
Melissa M. Thorson
Gestaltung und Satz / Graphic design and typesetting
strobo B M
Produktion / Production
Sophie Friederich
Lithografie / Prepress and repro
Reproline mediateam, Unterföhring
Papier / Paper
Magno Volume, 135 g/m², Munken Print white, 90 g/m²
Druck und Bindung / Printing and binding
Longo, Bozen
Printed in Italy

Impressum Katalog
Imprint Catalogue